Simon Geissbühler (Hg.)

KIEW – REVOLUTION 3.0

Der Euromaidan 2013/14 und die Zukunftsperspektiven der Ukraine

ibidem-Verlag
Stuttgart

Bibliografische Information der Deutschen Nationalbibliothek
Die Deutsche Nationalbibliothek verzeichnet diese Publikation in der Deutschen Nationalbibliografie; detaillierte bibliografische Daten sind im Internet über http://dnb.d-nb.de abrufbar.

Bibliographic information published by the Deutsche Nationalbibliothek
Die Deutsche Nationalbibliothek lists this publication in the Deutsche Nationalbibliografie; detailed bibliographic data are available in the Internet at http://dnb.d-nb.de.

Coverbild: Maidan in Kiew, 2014. © Christine Brand, Abdruck mit freundlicher Genehmigung.

∞

Gedruckt auf alterungsbeständigem, säurefreien Papier
Printed on acid-free paper

ISSN: 1614-3515

ISBN-13 Paperback edition: 978-3-8382-0581-6

ISBN-13 Hardcover edition: 978-3-8382-0681-3

Printed in Germany

Soviet and Post-Soviet Politics and Society (SPPS) Vol. 126

ISSN 1614-3515

Soviet and Post-Soviet Politics and Society (SPPS)

ISSN 1614-3515

Founded in 2004 and refereed since 2007, SPPS makes available affordable English-, German-, and Russian-language studies on the history of the countries of the former Soviet bloc from the late Tsarist period to today. It publishes between 5 and 20 volumes per year and focuses on issues in transitions to and from democracy such as economic crisis, identity formation, civil society development, and constitutional reform in CEE and the NIS. SPPS also aims to highlight so far understudied themes in East European studies such as right-wing radicalism, religious life, higher education, or human rights protection. The authors and titles of all previously published volumes are listed at the end of this book. For a full description of the series and reviews of its books, see www.ibidem-verlag.de/red/spps.

Editorial correspondence & manuscripts should be sent to: Dr. Andreas Umland, DAAD, German Embassy, vul. Bohdana Khmelnitskoho 25, UA-01901 Kyiv, Ukraine. e-mail: umland@stanfordalumni.org

Business correspondence & review copy requests should be sent to: ***ibidem*** Press, Leuschnerstr. 40, 30457 Hannover, Germany; tel.: +49 511 2622200; fax: +49 511 2622201; spps@ibidem.eu.

Authors, reviewers, referees, and editors for (as well as all other persons sympathetic to) SPPS are invited to join its networks at www.facebook.com/group.php?gid=52638198614 www.linkedin.com/groups?about=&gid=103012 www.xing.com/net/spps-ibidem-verlag/

Recent Volumes

118 *Jana Podßuweit*
Estlands Außen- und Sicherheitspolitik II
Handlungsoptionen eines Kleinstaates im Rahmen seiner EU-Mitgliedschaft (2004-2008)
Mit einem Vorwort von Helmut Hubel
ISBN 978-3-8382-0440-6

119 *Karin Pointner*
Estlands Außen- und Sicherheitspolitik III
Eine gedächtnispolitische Analyse estnischer Entwicklungskooperation 2006-2010
Mit einem Vorwort von Karin Liebhart
ISBN 978-3-8382-0435-2

120 *Ruslana Vovk*
Die Offenheit der ukrainischen Verfassung für das Völkerrecht und die europäische Integration
Mit einem Vorwort von Alexander Blankenagel
ISBN 978-3-8382-0481-9

121 *Mykhaylo Banakh*
Die Relevanz der Zivilgesellschaft bei den postkommunistischen Transformationsprozessen in mittel- und osteuropäischen Ländern
Das Beispiel der spät- und postsowjetischen Ukraine 1986-2009
Mit einem Vorwort von Gerhard Simon
ISBN 978-3-8382-0499-4

122 *Michael Moser*
Language Policy and the Discourse on Languages in Ukraine under President Viktor Yanukovych (25 February 2010–28 October 2012)
ISBN 978-3-8382-0497-0 (Paperback edition)
ISBN 978-3-8382-0507-6 (Hardcover edition)

123 *Nicole Krome*
Russischer Netzwerkkapitalismus
Restrukturierungsprozesse in der Russischen Föderation am Beispiel des Luftfahrtunternehmens "Aviastar"
Mit einem Vorwort von Petra Stykow
ISBN 978-3-8382-0534-2

124 *David R. Marples*
'Our Glorious Past'
Lukashenka's Belarus and the Great Patriotic War
ISBN 978-3-8382-0574-8 (Paperback edition)
ISBN 978-3-8382-0675-2 (Hardcover edition)

125 *Ulf Walther*
Russlands "neuer Adel"
Die Macht des Geheimdienstes von Gorbatschow bis Putin
Mit einem Vorwort von Hans-Georg Wieck
ISBN 978-3-8382-0584-7

Inhaltsverzeichnis

Einleitung

Simon Geissbühler

Eric Hobsbawn sagte einst, "Historiker sind keine Propheten". Auch Politologen, Ökonomen oder Journalisten können die Zukunft nicht voraussagen. Die Lage in der Ukraine ist derart volatil, dass das, was heute tagespolitisch wichtig erscheint und in den Medien an Spekulationen vorgetragen wird, in zwei, drei Monaten längst wieder Makulatur sein kann. In dieser unübersichtlichen Situation ein Buch über die Ukraine zu publizieren, ist ein Risiko. Aber es gibt wohl nie einen idealen Augenblick, um ein solches Buch zu veröffentlichen, denn Stabilität dürfte auf absehbare Zeit kein typisches Charakteristikum der Ukraine sein. Dass sich die Autorinnen und Autoren – Ariel Cohen und Ivan Benovic, Paul Flückiger, Gerhard Gnauck, Rudolf Hermann, Wojciech Konończuk, Taras Kuzio, Ludmila Lutz-Auras, Jakob Mischke, Mykola Rjabtschuk sowie Lilia Shevtsova – trotzdem bereit erklärt haben, an diesem Projekt mitzuarbeiten, verdient Respekt und Anerkennung.

In diesem Sammelband geht es denn auch nicht in erster Linie um Tagespolitik, auch wenn diese selbstverständlich nicht ausgeblendet werden kann und soll. Vielmehr stehen hier einerseits die Analyse der Entstehung des Euromaidans und der Entwicklungen in der Ukraine vom Sommer 2013 bis zur Absetzung Präsident Janukowitschs am 22. Februar 2014 – also der hier als Revolution 3.0 bezeichnete Prozess – sowie andererseits strukturelle Fragen, geopolitische und geostrategische Überlegungen, Szenarien und die mittel- und langfristigen politischen, gesellschaftlichen und ökonomischen Perspektiven der Ukraine im Mittelpunkt des Interesses. Denn obwohl die Revolution 3.0 das Janukowitsch-Regime weggespült hat, sind damit die (strukturellen) Probleme des Landes keineswegs gelöst und die politischen und sozialen Cleavages noch lange nicht überwunden.

Die Wirkungsmacht der Revolution 3.0 – nach der Revolution "auf dem Granit" von 1990 und der Orangenen Revolution von 2004 die dritte postsowjetische ukrainische Revolution – sollte nicht überschätzt werden. Die revolutionäre Euphorie hat rasch Ernüchterung Platz gemacht. Die russische Besetzung und Annexion der Krim Ende Februar/Anfang März 2014 hat dem Umbruch in der Ukraine eine gänzlich neue Dimension verliehen und wird eine erfolgreiche Transition des Landes noch komplizierter machen, denn interne oder externe Konflikte verlangsamen tendenziell Transitionsprozesse (Fish/Kroenig 2006). Der Weg in Richtung Demokratie und Marktwirtschaft wird für die Ukraine lang und beschwerlich werden.

In dieser Einleitung gehe ich erstens kurz auf die Chronologie der Ereignisse vom Sommer 2013 bis Ende Februar 2014 ein. Zweitens stelle ich diese Ereignisse in den breiteren Kontext der verpassten demokratischen und marktwirtschaftlichen Transition des Landes, das seit mehr als zwei Jahrzehnten in der "Grauen Zone" des Halbautoritarismus verharrt. Drittens skizziere ich die Themencluster, die im Folgenden von den Autorinnen und Autoren detaillierter aufgenommen und diskutiert werden.

Die Chronologie

Als im Spätsommer 2013 die Idee für diesen Sammelband entstand, konnte ich nicht ahnen, dass die Situation in der Ukraine eskalieren, das Land für Monate in den internationalen Schlagzeilen sein würde und die Ereignisse sich auf eine zweite ukrainische Revolution nach 2004 zuspitzen würden. Obschon es Ende August kaum Anzeichen dafür gab, dass Präsident Viktor Janukowitsch alle Bedingungen der Europäischen Union (EU) für die Unterzeichnung des Assoziierungs- (AA) und des Freihandelsabkommens (DCFTA – Deep and Comprehensive Free Trade Agreement) beim Vilnius-Gipfel der Östlichen Partnerschaft Ende November 2013 zu erfüllen beabsichtigte (Malygina 2013), und Russland seinen Druck auf die Ukraine mit punktuellen Sanktionen erhöht hatte (Åslund 2013), gingen doch viele Experten davon aus, dass Janukowitsch wenigstens einzelne Konzessionen machen würde, um seine wichtigsten Fürsprecher in der EU, vor allem Polen, auf seine Seite zu ziehen und eine Unterzeichnung der beiden Abkommen in letzter Minute doch noch möglich zu machen. Zudem hatte Präsident Putins Druck in der Ukraine eine Jetzt-erst-recht-Stimmung aufkommen lassen (*The Economist*, 5.10.2013: 28; Åslund 2013: 10). Der Oppositionsführer Arsenij Jazenjuk meinte an einer Pressekonferenz in Brüssel Ende August 2013 gar, Putin verdiene eine Ehrenmedaille für seine Verdienste um die europäische Integration der Ukraine (Youtube: Putin "deserved medal" for pushing Ukraine toward EU, 29.8.2013).

Das Hauptproblem sahen manche Analysten eher auf der anderen Seite, nämlich bei einigen EU-Mitgliedsstaaten, namentlich Deutschland, die wenig Lust zu verspüren schien, sich angesichts der allgemeinen Erweiterungsmüdigkeit, der ungelösten Probleme in der Euro-Zone und der

Schwierigkeiten mit den Mitgliedsländern Rumänien und Bulgarien im Migrationsbereich (Schengen) und bei der Korruption mit einem assoziierten Mitglied Ukraine mit einer maroden Wirtschaft, einer desolaten Finanzlage, Korruption und innenpolitischer Dauerkrise beschäftigen zu müssen. In Bezug auf die Frage, ob in Vilnius der Zeitpunkt gekommen war, um das AA und das DCFTA mit der Ukraine zu unterschreiben, herrschte noch im Herbst 2013 in den Hauptstädten der EU-Staaten keineswegs ein Konsens, und die Beziehungen mit der Ukraine blieben für viele EU-Staaten auch in den Monaten vor dem Vilnius-Gipfel "ein zweit-, wenn nicht drittrangiges Thema" (Umland 2013b: 109). Die deutsche Bundeskanzlerin hatte zudem verschiedentlich deutlich gemacht, dass eine Freilassung von Julia Timoschenko eine *condicio sine qua non* sei (Müller-Härlin 2013). Die meisten mit dem Dossier vertrauten Experten waren sich aber einig, dass Janukowitsch genau diese Bedingung nicht erfüllen würde (Malygina 2013: 4; Weiss 2013).

Doch dann kam es ganz anders. Am 9. November 2013 machte Präsident Janukowitsch einen Blitzbesuch in Moskau (Bugriy 2013). Am 21. November 2013 brach die ukrainische Regierung die Verhandlungen mit der EU unilateral ab. Es war nicht die EU, die über das weitere Schicksal der Ukraine entschied – wie dies die meisten Experten vorausgesagt hatten –, sondern die ukrainische Führung übernahm – vor allem wegen des russischen Drucks – die Initiative. Somit konnten sich die versammelten Staats- und Regierungschefs der EU am Vilnius-Gipfel nur noch verdutzt die Augen reiben und mussten sich mit der Paraphierung der Assoziierungsverträge mit Georgien und der Republik Moldau zufriedengeben.

Was danach folgte, ist bekannt und braucht hier nicht im Detail rekapituliert zu werden: Von Teilen der ukrainischen Öffentlichkeit wurde die plötzliche Kehrtwende nicht akzeptiert (Malygina 2013: 5). Es formierte sich rasch starker Widerstand. Von den Demonstrationen auf dem Maidan in Kiew (Euromaidan), aber auch in anderen Städten der Ukraine liess sich Janukowitsch jedoch nicht beeindrucken. Am 17. Dezember 2013 reiste der ukrainische Präsident wiederum nach Moskau, wo Präsident Putin ankündigte, dass Russland ukrainische Staatsanleihen in der Höhe von rund 15 Milliarden US$ kaufen und zudem den Preis für Erdgaslieferungen um rund einen Drittel reduzieren werde (*Neue Zürcher Zeitung*, 18.12.2013: 4).

Die Demonstrationen gegen das Janukowitsch-Regime gingen indes weiter. Sie wurden zum "lebendigen und funktionierenden Modell einer künftigen, fast schon idealen Gesellschaft". Aber ist das Endziel des Euromaidans, nämlich die "absolute Neuformatierung" und "totale Reformierung" (Andruchowytsch 2013), angesichts der weitgehend verpassten demokratischen und marktwirtschaftlichen Transition der Ukraine und der politischen Machtverhältnisse überhaupt realistisch? Sind die in die EU gesetzten Hoffnungen vieler Ukrainerinnen und Ukrainer nicht überzogen? Wie die weitreichenden Forderungen des Euromaidans konstruktiv umgesetzt und die Erwartungen der proeuropäischen Mehrheit der Bevölkerung erfüllt werden könnten, ist jedenfalls auch nach der Revolution 3.0 weitgehend unklar.

Anfang 2014 schien Präsident Janukowitsch seine Machtposition gefestigt zu haben, und der Elan der Opposition schwand vorübergehend (*Neue Zürcher Zeitung*, 11.1.2014: 3), wobei noch immer Tausende auf dem Maidan verharrten. Doch anstatt die Proteste ins Leere laufen zu lassen und beispielsweise mit punktuellen Verhandlungen und Zugeständnissen die Spaltung der oppositionellen Kräfte voranzutreiben, peitschte Janukowitsch am 16. Januar 2014 ein Gesetzespaket, das die Meinungsäusserungs- und Versammlungsfreiheit drastisch beschnitt, durch das ukrainische Parlament und liess es zu, dass am 22. Januar 2014 mehrere Demonstranten getötet wurden. Dies führte nicht nur zu einer Radikalisierung von Teilen der Opposition, sondern dürfte auch der Tropfen gewesen sein, der das Fass für die EU und die USA zum Überlaufen brachte (Lucas 2014).

Am 25. Januar 2014 bot Präsident Janukowitsch den beiden Oppositionsführern Jazenjuk und Klitschko (angeblich) die Posten des Ministerpräsidenten bzw. des Ersten Stellvertretenden Ministerpräsidenten und eine Reihe von weiteren politischen Konzessionen an. Die meisten Analysten sahen in diesem Angebot einen Versuch, die Opposition zu spalten. Die Opposition lehnte das "vergiftete Angebot" Janukowitschs ab. Derweil besetzten Demonstranten vor allem im Westen des Landes Gebäude der staatlichen Verwaltung und zwangen verschiedene Janukowitsch-treue Gouverneure zum Rücktritt (*Neue Zürcher Zeitung*, 27.1.2014: 1). Der "Spiegel" sah das Land am Rande des Bürgerkriegs (*Der Spiegel*, 27.1.2014: 80-81).

Am 28. Januar 2014 erklärte Ministerpräsident Asarow seinen Rücktritt. Das Gesetz zur Meinungsäusserungs- und Versammlungsfreiheit wurde vom Parlament zurückgenommen. Präsident Janukowitsch liess sich für krank erklären und verschwand für vier Tage von der Bildfläche. Die EU und die USA liessen verlauten, dass sie an einem finanziellen Hilfspaket für die Ukraine arbeiteten (*Frankfurter Allgemeine Zeitung*, 4.2.2014: 1). Internationale Vermittler gaben sich in Kiew die Klinke in die Hand. Konkrete Fortschritte wurden bis Mitte Februar allerdings keine erzielt.

Nach einigen Tagen der relativen Ruhe eskalierte die Situation in Kiew am 18. Februar 2014 erneut. Bei Strassenschlachten kamen über 20 Menschen, sowohl Demonstranten als auch Polizisten, ums Leben: Die "friedlichen Proteste in Kiew sind ausser Kontrolle geraten" (*Neue Zürcher Zeitung*, 19.2.2014: 3). Am 19./20. Februar 2014 wurden mehrere Dutzend Menschen getötet, die meisten davon offenbar von Scharfschützen regelrecht exekutiert. Die EU und die USA kündigten daraufhin Sanktionen gegen die Verantwortlichen für die Gewalt an. Am 21. Februar 2014 unterzeichneten Präsident Janukowitsch und die Oppositionsführer ein von einem internationalen Vermittlerteam fazilitiertes Abkommen. Doch die Konzessionen Janukowitschs kamen zu spät: Viktor Janukowitsch floh, das ukrainische Parlament enthob – mit Unterstützung diverser Überläufer der Partei der Regionen – den Präsidenten des Amtes, und Julia Timoschenko kam frei. Die Revolution 3.0 war vollendet. Am 23. Februar 2014 begann in der Ukraine die postrevolutionäre Zeit voller Unsicherheiten und Risiken: Ist diese zweite ukrainische Revolution erfolgreicher und nachhaltiger als diejenige von 2004?

Der Kontext

Das Transitionsparadigma ist in den letzten rund zehn Jahren in die Kritik gekommen. Es ist darauf hingewiesen worden, dass es selten eine lineare Entwicklung von autoritären Systemen zu Demokratien gibt und dass sich die idealtypischen Sequenzen der Demokratisierung – Eröffnung ("opening") des Prozesses, Durchbruch ("breakthrough") und Konsolidierung ("consolidation") – kaum je in dieser Klarheit vollziehen (Carothers 2002). Allerdings haben auch die Transitionsoptimisten nie behauptet, es gebe so etwas wie einen determinierten, historisch unabänderlichen Trend von autoritären Regimen zu Demokratien und Marktwirtschaften. Vielmehr seien Transitionen fast immer sehr langwierig und mit politischen Konflikten und Krisen und bisweilen auch mit Gewalt verbunden (Berman 2007).

Hingegen haben die Transitionsoptimisten im Fall der Ukraine tatsächlich die Bedeutung der Orangenen Revolution überschätzt. Sie haben ausgeblendet, dass eine Revolution noch keine Transition macht. Sie haben die massiven strukturellen Probleme des Landes, das Fehlen einer demokratischen Elite mit einem echten Willen zu Reformen und die stark verankerten postsowjetischen Einstellungen und Werte weiter Bevölkerungsteile unterschätzt. Kritische Stimmen, die darauf hinwiesen, dass auch nach der "Revolution" von 2004 eine Phase der erneuten demokratischen Stagnation oder sogar eine Rückkehr des Autoritarismus denkbar seien, haben Recht behalten (McFaul 2005: 17).

Fast ein Vierteljahrhundert nach dem Zusammenbruch der Sowjetunion haben keineswegs alle Staaten des ehemaligen Ostblocks ihre wirtschaftliche und ökonomische Transition abgeschlossen, und die Unterschiede zwischen Ländern wie Polen, Tschechien oder den baltischen Staaten einerseits und fast allen ehemaligen Sowjetrepubliken andererseits sind enorm (Way/Levitsky 2007: 48). Einige Länder initiierten gar nie Reformen, andere blieben im Prozess – in einer "Grauen Zone" – stecken (Carothers 2002; McFaul 2005; Ekiert et al. 2007; Ekiert/Ziblatt 2013), wieder andere wurden im Zeitraum zwischen Anfang der neunziger Jahre und 2004 sogar weniger demokratisch (Way/Levitsky 2007: 49).

Die Länder in dieser "Grauen Zone" sind weder Diktaturen noch Demokratien; sie sind als Hybridregime (Brownlee 2009) oder als defekte oder illiberale Demokratien (Merkel 1999) bezeichnet worden. Steven Levitsky und Lucan A. Way (2002) sprechen von einem "kompetitiven Autoritarismus". Diese Regime bewegen sich auch nicht eindeutig in Richtung einer Demokratie (Levitsky/Way 2010: 4). Sie kennen zwar demokratische Institutionen, zeichnen sich indes aus durch eine ausgeprägte Manipulation dieser Institutionen, eine starke Kontrolle der Medien, Korruption und die Dominanz einer politischen Kraft (z.B. eines politischen Führers oder einer politischen Partei) (Carothers 2002; Levitsky/Way 2010). Parteienwettbewerb und Wahlen gibt es zwar, sie sind aber nicht frei und fair (Levitsky/Way 2010: 3).

Die Ukraine erfüllt die Kriterien eines kompetitiv-autoritären Staates in der "Grauen Zone". Das Land konnte sich auch nach der Orangenen Revolution nicht nachhaltig aus dieser Zone lösen – was Levitsky und Way (2010: 183, 214) übrigens fälschlicherweise angenommen hatten. Das Land wurde dominiert durch den Präsidenten, seine "Familie" und die mit ihm verbündeten Oligarchen, die skrupellos die staatlichen Ressourcen abschöpften. Politischen Pluralismus gab es zwar, er war aber eingeschränkt. Demokratische Institutionen existierten Seite an Seite mit autokratischen Methoden des Regimes, was eine inhärente Quelle der Instabilität darstellt (Levitsky/Way 2002: 59). Zbigniew Brzezinskis Vorahnung, Russland und die Ukraine ("Europa 3") könnten sich noch mehrere Jahrzehnte lang mit internen Krisen konfrontiert sehen, scheint sich zu bewahrheiten (Brzezinski 1993: 139). Vitaly Portnikov (2013: 53) meint, die "Heilung der Metastase des Kommunismus" werde ein "sehr langer Prozess" sein.

Wer heute durch die Strassen von Kiew schlendert, wird tatsächlich sofort bemerken, dass dies einst eine andere Welt war und eben noch immer weitgehend ist. Genau dies ist aber der zugegebenermassen wenig wissenschaftliche, aber durchaus aussagekräftige Lackmustest einer erfolgreichen Transition: Ein junger deutscher oder englischer Tourist, der durch Kiew flaniert, würde nicht mehr das Gefühl haben, dass dies einst eine andere Welt war (Lavigne 1999: 276). Es ist indes offensichtlich, dass die Ukraine noch immer in einer "Grauen Zone", im "Post-Sowjetismus", in einem Modell personalisierter Macht und eines paternalistischen Staates verharrt und von einer Demokratie und Marktwirtschaft weit entfernt ist – wie Lilia Shevtsova in ihrem Beitrag in diesem Buch schreibt. Ein etwas regelmässigerer und aufmerksamer ausländischer Besucher mag in den letzten Jahren vielleicht sogar eine schleichende "Russifizierung fast aller Lebensbereiche und die Re-Sowjetisierung des symbolischen Raumes und der sozialen und politischen Praktiken" beobachtet haben (Mykola Rjabtschuk).

Heute verfügt ausser den drei baltischen Staaten keine einzige ehemalige Sowjetrepublik über gefestigte demokratische Strukturen (Peev/Mueller 2012). In der Ukraine gab es bei der Demokratisierung nach 1989/1991 lediglich inkrementale Fortschritte (Van Zon 2001). Die Orangene Revolution von 2004 war nur zum Teil eine Revolution *für* Demokratie und Marktwirtschaft, sondern primär *gegen* die bestehenden Machtverhältnisse im Allgemeinen und gegen die "Wahl" von Viktor Janukowitsch im Besonderen (Beissinger 2013).

Zwar schaffte die Orangene Revolution mehr Raum für die ukrainische Zivilgesellschaft (Kuschnir 2009) und gereichte der Demokratisierung kurzfristig zum Vorteil (Kalandadze/Orenstein 2009: 1414). Aber Präsident Viktor Juschtschenko war alles andere als ein demokratischer Revolutionär (Lane 2008). Auch andere wichtige Figuren der "Revolution" waren zuvor Regimeinsider gewesen (Levitsky/Way 2010: 219). Ludmila Lutz-Auras schreibt denn auch: "Letztlich blieb von der euphorischen Aufbruchsstimmung, welche auf die demokratische Konsolidierung der politischen Ordnung, eine nachhaltige Behebung der endemischen Korruption, die ökonomische Prosperität sowie die Integration der Ukraine in die Europäische Union und die NATO abzielte, nahezu nichts mehr übrig".

Das oligarchische System wurde während der Ära Juschtschenko keineswegs aufgeweicht, sondern hat sich, im Gegenteil, weiter verfestigt. Die Korruption wurde nicht systematisch bekämpft, und auch bei der Rechtsstaatlichkeit gab es kaum Verbesserungen (Francis Fukuyama, zit. in: Diamond et al. 2014: 98f.). Die Oligarchen kontrollieren heute die ukrainischen Medien weitgehend (Matuszak 2012; Ryabinska 2012). Im "World Press Freedom Index 2013" belegt die Ukraine den 126. Rang, nachdem das Land im Jahr zuvor noch zehn Plätze besser rangiert gewesen war (Reporters without Borders 2013). Seit 2010 hat es bei der Demokratisierung nur noch Rückschritte gegeben, und die Demokratie ist in der Ukraine eindeutig nicht "the only game in town" (Katchanovski 2012; Cameron/Orenstein 2012: 21; Kalandadze/Orenstein 2009: 1416). Vitaly Portnikov (2013: 52) spricht kritisch von den "Werten der postsowjetischen Degeneration", die in der Ukraine noch immer vorherrschten.

Die wirtschaftliche Transition und Modernisierung der Ukraine stagniert ebenfalls. Der Bürokratismus lähmt die Wirtschaft und Gesellschaft (Sherr 2013: 4). Die Oligarchisierung von Politik und Wirtschaft konnte bis heute nicht überwunden werden und hat sich in den letzten Jahren wieder verstärkt (Jilge/Stewart 2013: 2; Matuszak 2012). Rechtsstaatlichkeit fehlt. Die Ukraine nimmt den 144. Rang im "Corruption Perceptions Index 2013" ein (Transparency International 2013). Im "WJP Rule of Law Index" schneidet die Ukraine ebenfalls schlecht ab, besonders bei den Faktoren "absence of corruption" (94. Rang), "regulatory enforcement" (91. Rang) und "limited government powers" (87. Rang) (von insgesamt 97 untersuchten Staaten) (The World Justice Project 2013: 148).

Das ukrainische BIP pro Kopf brach bis 1999/2000 ein, danach wuchs die ukrainische Wirtschaft wieder (The World Bank 2013). Doch das Land ist von einer funktionierenden Marktwirtschaft weiterhin weit entfernt. Die Ukraine nimmt den 112. Platz im "Doing Business Index 2013" ein (IFC/The World Bank 2013). Im "Global Competitiveness Index" liegt die Ukraine auf dem 84. Rang (von 148 Ländern) – hinter Ländern wie Tunesien (83.), Georgien (72.), Russland (64.) oder Kasachstan (50.) (WEF 2013). 2013 dürfte die Ukraine wieder in eine Rezession geschlittert sein, das Leistungsbilanzdefizit vergrösserte sich auf über 12 Milliarden US$, und auch das Budgetdefizit wuchs (EIU 2013). Analysten sehen die Hauptgründe für die katastrophale und sich weiter verschlechternde wirtschaftliche und finanzielle Situation der Ukraine in den von Ineffizienz, Korruption und mit dem Staat verbundenen Monopolen geprägten Rahmenbedingungen (Toporowski 2014).

Die Ukraine hatte einerseits keine guten Startvoraussetzungen für eine erfolgreiche demokratische und marktwirtschaftliche Transition (Cameron/Orenstein 2012). Sie war beispielsweise – im Gegensatz zu den mittelosteuropäischen Staaten – seit 1922 eine Republik der UdSSR, konnte nicht auf eine marktwirtschaftliche, demokratische und eigenstaatliche Erfahrung zurückgreifen und hatte 1989/91 keine gemeinsame Grenze mit einem EU-Staat (Diffusionseffekt) (Ekiert et al. 2007; Ekiert/Ziblatt 2013). Die für eine erfolgreiche Transition entscheidend wichtigen "Linkages" (Way/Levitsky 2007) der Ukraine zum Westen waren viel weniger ausgeprägt als diejenigen der zentraleuropäischen Staaten.

Andererseits wurden in den letzten zwei Jahrzehnten Reformprojekte immer wieder aufgeschoben und politische Entscheide gefällt, die den Status Quo zementierten und der wirtschaftlichen Modernisierung und Demokratisierung des Landes zum Nachteil gereichten. Die auch durch eine Nomenklatura-Privatisierung (Birch 1997) beförderte Elitenkontinuität und Oligarchisierung war nach 1989/91 stark ausgeprägt. Bei den meisten Indikatoren, die den Fortschritt bei der strukturellen Transformation messen (z.B. Privatisierung, Restrukturierung von Unternehmen, Wettbewerbspolitik, Reform des Bankensystems), schnitt und schneidet die Ukraine mittelmässig bis schlecht ab (Lavigne 1999: 200-202; EBRD 2013). Die Ukraine nährt sich – um Lilia Shevtsova zu zitieren – weiterhin "aus dem sowjetischen Erbe", "aus den Überbleibseln des sowjetischen Wirtschaftssystems und den sowjetischen Gepflogenheiten und Stereotypen".

Die Annäherung an Europa war Teil einer "virtuellen Politik" (Kuzio 2012), also im Wesentlichen Rhetorik, die mit dem tatsächlichen Staatshandeln nichts zu tun hat. Das Vertrauen der ukrainischen Bevölkerung in die staatlichen Institutionen war und ist selbst im osteuropäischen Vergleich sehr gering (Narizhna 2014: 21; Mishler/Rose 1997). Vielen ukrainischen Politikern geht es noch immer primär um den Zugang zur Macht, um sich bereichern zu können (Kuzio 2012; Kalandadze/Orenstein 2009: 1416): "Wirklich gefährlich wird es, wenn Figuren, die demokratisch an die Macht gekommen sind, die Demokratie aushöhlen. Sie wollen ihre Macht für immer absichern, indem sie in Zukunft keine freien Wahlen mehr zulassen" (Andruchowytsch 2011).

Eine erfolgreiche demokratische und marktwirtschaftliche Transition und eine Abkehr vom kompetitiven Autoritarismus bedingen einen Wertewandel. Es ist evident, dass das, was Lilia Shevtsova und Mykola Rjabtschuk in ihren Beiträgen als postsowjetische Mentalität beschreiben, kaum mit Demokratie und Marktwirtschaft vereinbar ist. Nur ändern sich Einstellungen und Werte meist nur langsam. Rjabtschuk ist dennoch vorsichtig optimistisch, denn er weist nach, dass sich Einstellungen und Werte in der Ukraine wandeln und dass vor allem jüngere Ukrainerinnen und Ukrainer und besser Gebildete meist wenig übrig haben für die "alte" Ukraine. Rjabtschuk zitiert Anton Shekhovtsov, für den die Vorgänge in der Ukraine "eine demokratische Revolution gegen den Autoritarismus und den Nepotismus", "eine Revolte der Gebildeten gegen die arrogante Ignoranz der regierenden Elite", "eine Revolution unabhängiger Unternehmer gegen die unersättliche Allmacht von Janukowitschs ‚Familie' und seiner Oligarchen" und "eine Revolution gegen den hartnäckigen Geist des Sowjetismus" darstellen.

Vor diesem Hintergrund sei davor gewarnt, die Wirkungsmacht des Umbruchs 2013/14 in der Ukraine zu überschätzen. Die Kontextanalyse zeigt, dass die "Entfernung" der Vertreter des halbautoritären Regimes von der Macht zwar eine Grundbedingung, aber keineswegs die Garantie für einen echten Wandel und eine erfolgreiche Transition ist. Wie alle anderen Transitionsländer wird auch die Ukraine Demokratie und Marktwirtschaft nicht über Nacht erreichen. Der Marsch durch das "Tal der Tränen" wird weit.

Die Themen

Ein erstes Themencluster ist dem Vilnius-Gipfel bzw. dem AA sowie dem DCFTA gewidmet, die im Rahmen des Vilnius-Gipfeltreffens der EU-Staats- und Regierungschefs zur Östlichen Partnerschaft mit der Ukraine hätten paraphiert werden sollen. Eine erste Denkschule misst den Abkommen nachgerade historische Dimensionen zu. Sie hätten die Ukraine tiefgreifend transformiert und eine historische "Wendung nach Westen" bedeutet. Es wäre mit der Unterzeichnung der Abkommen zu einer "geopolitischen Neuordnung im Osten Europas" gekommen (*Zeit Online*, 14.10.2013). Einige Ökonomen zeigen sich überzeugt, das DCFTA hätte eine gewisse Reformdynamik ausgelöst (Giucci 2013).

Eine zweite Denkschule ist skeptisch und hebt tief liegende strukturelle und kulturelle Probleme hervor, die einer echten Transformation der Ukraine entgegenstehen. Es sei in der Ukraine kein Wille für Reformen zu erkennen (Jilge/Stewart 2013), und die Implementierung der Abkommen wäre aufgrund der zu erwartenden bürokratischen und politischen Widerstände sowie der Schwäche der Institutionen eine massive Herausforderung für die EU und die Ukraine geworden (*The Economist*, 23.11.2013; Sherr 2013). Janukowitsch hätte – davon sind Taras Kuzio und Lilia Shevtsova (2013) überzeugt – sein Doppelspiel weiter gespielt. Die Abkommen hätten vielleicht zu einer gewissen Liberalisierung, Modernisierung und Öffnung der ukrainischen Wirtschaft beigetragen, aber es seien zumindest keine kurzfristigen positiven Effekte auf die Politik und die politische Kultur zu erwarten gewesen (Shapovalova/Jarabik 2012: 5).

Aus meiner Sicht war das Kernproblem der Ukraine eben, dass das Land bis heute keine wirkliche ökonomische und demokratische Transition durchgemacht hat und in der "Grauen Zone" verharrt. Die Unterzeichnung des AA und des DCFTA hätte daher keine unmittelbar-kurzfristigen und direkten positiven Effekte auf die katastrophale Wirtschaftslage und die tiefe Finanzkrise, die politische Kultur und die politischen und sozio-kulturellen Bruchlinien der Ukraine gehabt. Mittel- und langfristig hätten sich die Abkommen u.U. positiv ausgewirkt, aber nur dann, wenn die Ukraine parallel dazu harte Reform- und Modernisierungspakete – vielleicht nach dem Vorbild des Balcerowicz-Plans in Polen – umgesetzt hätte. Ohne einschneidende Reformen wären auch das AA und DCFTA Stückwerk und die Ukraine auf absehbare Zeit ein kompetitiv-autoritärer Staat geblieben.

Ein zweites Thema der folgenden Beiträge ist die Entscheidung Janukowitschs, die Annäherung an die EU abrupt abzubrechen. Diese Entscheidung hatte – wie Ariel Cohen und Ivan Benovic in ihrem Beitrag aufzeigen – sowohl persönliche als auch tiefer liegende politische und ökonomische Gründe. Die Führungsriege in Kiew wusste, dass eine Annäherung an die EU im Allgemeinen und das AA im Besonderen den persönlichen Interessen Janukowitschs und seines Machtzirkels entgegengestanden hätten, weil beides wenigstens mittel- und langfristig zu mehr Demokratie, mehr Pluralismus, mehr Transparenz und einer stärkeren Zivilgesellschaft geführt hätte (Baev 2013; Rjabtschuk 2005: 33): "Trotz innerer Widersprüche eint ein Konsens die Machtnetzwerke, die den Präsidenten unterstützen: Die Machtvertikale soll ihnen den Zugang zu staatlichen Ressourcen sichern und sie vor unliebsamer Konkurrenz und rechtsstaatlicher wie demokratischer Kontrolle schützen" (Jilge/Stewart 2013: 2). Die Erhaltung der eigenen Machtpositionen war das Hauptziel Janukowitschs und seiner "Familie": "Janukowitsch und seine Mitstreiter haben keine Verbindung zur Ukraine.

Das Land ist für sie nur ein Instrument, um noch reicher und mächtiger zu werden" (Andruchowytsch 2011). Dies erklärt aber nicht, weshalb Janukowitsch erst ein paar Tage vor Vilnius zu diesem Schluss gekommen sein soll. Drei Vermutungen liegen in diesem Kontext nahe.

Einerseits war der gesamte Verhandlungsprozess mit der EU auch Teil der bewährten Schaukelpolitik der ukrainischen Führung – mit dem Ziel, "Brüssel und Moskau gegeneinander auszuspielen, um möglichst viel für sich herauszuschlagen" (*Neue Zürcher Zeitung*, 30.11.2013: 25; *The Economist*, 21.12.2013: 37; Weiss 2013). Tatsächlich spielte sich der Integrationsprozess auf ukrainischer Seite vorwiegend im Rhetorischen ab: Zwischen der "wiederholt deklarierten Priorität der europäischen Integration einerseits und dem Regierungshandeln andererseits besteht ein eklatanter Widerspruch" (Jilge/Stewart 2013: 3). Ob Janukowitsch und die russophonen Oligarchen – wie dies die "New York Times" (6.12.2013) suggeriert hat und Lilia Shevtsova in ihrem Beitrag schreibt – gar machiavellistisch die angebliche Annäherung an die EU instrumentalisiert haben, um einen möglichst guten Deal von Russland zu erhalten, ist möglich.

Andererseits erhöhte Russland im Sommer 2013 den wirtschaftlichen Druck auf die Ukraine und startete eine eigentliche Medienkampagne gegen die ukrainische Führung (Malygina 2013). Einzelne westliche Medien kolportierten die These, Putin habe bei seinen Treffen mit Janukowitsch vor dem Vilnius-Gipfel "handfeste persönliche Drohungen ausgesprochen" (*Die Welt*, 30.11.2013: 6). Mit "massivem Druck" wurde die Ukraine "in den russischen Einflussbereich zurückgeholt" (*Der Spiegel*, 16.12.2013: 74).

Schliesslich dürfte die Führung um Janukowitsch in den Monaten vor Vilnius immer deutlicher realisiert haben, wie katastrophal es um die ukrainischen Finanzen und die Wirtschaft stand (EIU 2013). Es gab für sie wohl nur zwei Optionen: entweder brutale Reformschritte und eine konsequente Öffnung gegen Westen oder aber sofortige und massive Cash-Injektionen, welche die EU – im Gegensatz zu Russland – nicht bieten konnte und wollte, denn sie hat keine riesigen Zuckerbrote im Angebot (aber auch keine grossen Knüppel) (Applebaum 2013).

Drittens interessiert im Folgenden die Frage, ob die EU in den letzten Jahren eine adäquate und zielgerichtete Ukraine-Politik geführt hat. Zeigte das Erstaunen in Brüssel ob der Entscheidung der ukrainischen Führung, die EU-Annäherung zu stoppen, nicht in aller Deutlichkeit, dass sich die EU verspekuliert hatte und sich der Komplexitäten des Dossiers zu wenig bewusst war? War es klug, Janukowitsch eine ganze Reihe von Bedingungen zu stellen, ohne ihm gleichzeitig entsprechende finanzielle und wirtschaftliche Soforthilfe anzubieten? Hat die EU tatsächlich "ihr Blatt überreizt, als sie die Unterschrift erst verschob und dann an zu viele Bedingungen knüpfte" (Hett 2013)? Oder war die EU letztlich "nur" das Opfer ihrer eigenen Naivität, weil sie dem "Doublespeak" Janukowitschs glaubte?

Die Tatsache, dass die EU die Unterzeichnung des AA und des DCFTA an Bedingungen knüpfte, ist legitim und logisch. Eine Wertegemeinschaft wie die EU würde jegliche Glaubwürdigkeit verlieren, wenn jeder, der wollte, einfach so (assoziiertes) Mitglied werden könnte (Portnikov 2013). Jeder Klub hat Regeln, die für alle Mitglieder gelten. Dass die Ukraine diese Regeln zu akzeptieren hat, wenn sie mitspielen will, war von Beginn an klar. Andreas Umland (2013b: 110) meint, dass die von der EU formulierten Bedingungen positiv zu werten waren, da sie einen Fortschritt gegenüber jenen Zeiten darstellten, "als die EU weitgehend kommentar- und tatenlos der Machtkonzentration von Präsident Viktor Janukowitsch zusah". Jakob Mischke findet, mit dem Angebot des AA habe die EU die "Zukunftsvorstellungen der ukrainischen Bevölkerung korrekt eingeschätzt".

Dagegen scheint Präsident Janukowitsch nicht verstanden zu haben, dass die Regeln in diesem Spiel auch für ihn gelten und nicht beliebig gedehnt, verhandelt oder schlicht "vergessen" werden können. Obwohl Janukowitsch seine politischen Gegner verfolgen und einsperren, die Medien ans Gängelband nehmen, die Demokratie aushöhlen und das Land ausplündern liess, setzte ihm die EU (zu) lange keine Schranken und führte die Verhandlungen weiter. Janukowitsch dürfte die Rechnung gemacht haben, er könnte mit dieser Strategie "durchkommen".

Die EU hat zudem die Entschlossenheit Russlands in Sachen Ukraine völlig unterschätzt. Es fehlte der EU eine klare Strategie (Weiss 2013), und sie war auf die absehbare Reaktion Russlands nicht hinreichend vorbereitet (Umland 2013b: 110). Die EU "hat den Konflikt zunächst vertrödelt" (*Neue Zürcher Zeitung*, 22./23.2.2014: 1), und erst als auf dem Euromaidan das Blut floss, wurde die EU wirklich aktiv.

Eine gewisse Ahnungslosigkeit lässt sich der EU also nicht absprechen. Lilia Shevtsova, aber auch Taras Kuzio sowie Ariel Cohen und Ivan Benovic gehen mit Europa hart ins Gericht und werfen der EU vor, in Bezug auf die Ukraine konzept- und ideenlos (gewesen) zu sein und sich "von ihren aussenpolitischen Werten verabschiedet" zu haben. Kritische Beobachter mahnten tatsächlich seit Jahren, dass der angebliche Integrationswille der Führung in Kiew nicht mehr als Rhetorik ist: "Die Regierenden wiederholen die Mantras der europäischen Integration, aber in der Realität machen sie etwas völlig anderes" (Andruchowytsch 2011).

Zudem gilt es zu unterstreichen, dass die EU in Bezug auf die Ukraine vor allem aus zwei Gründen nur einen beschränkten "Leverage" (Way/Levitsky 2007) hatte und hat. Erstens fehlte der EU eine einheitliche Position. Die Länder im Süden der EU interessierten sich nie gross für den Osten des Kontinents, sondern primär – was auch verständlich ist – für die südliche Nachbarschaft und die eigenen (wirtschaftlichen) Probleme. Aber auch die übrigen EU-Mitgliedstaaten verfolgten in Bezug auf die Ukraine (und auf Russland) unterschiedliche Politiken. Zweitens war der "Leverage" der EU beschränkt, weil die ukrainische Führung immer die Option Russland in der Hinterhand hatte (Levitsky/Way 2010: 185). Russland wiederum hatte den deutlich stärkeren "Leverage" als die EU.

Auch in der zweiten Dimension, welche gemäss Way und Levitsky (2007: 53ff.) entscheidend für erfolgreiche Demokratisierungen ist, nämlich bei den "Linkages", hatte die EU erhebliche Defizite. Es rächte sich 2013/14, dass die EU, aber auch die USA und andere Drittstaaten zum Teil relativ kritiklos mit dem halbautokratischen Regime Janukowitschs kooperiert und es verpasst hatten, "Linkages" zur Zivilgesellschaft und vor allem zur demokratischen Opposition aufzubauen und zu pflegen – wie übrigens auch in Nordafrika vor dem Arabischen Frühling. Ob die EU und die USA diesmal die Lehren gezogen haben?

Viertens lässt sich in den letzten Monaten eine krisenartige Zuspitzung des Verhältnisses zwischen der EU und den USA einerseits und Russland andererseits beobachten. Der Dialog mit Russland ist in den letzten Monaten zunehmend schwierig geworden (Aron 2013). Hauptgründe für diese "tiefgreifende Entfremdung" sind die "inkompatiblen innen- und aussenpolitischen Ziele und Perzeptionen" (Adomeit 2013: 57) der beiden Seiten und die Tatsache, dass der Kreml Aussenpolitik als Nullsummenspiel betrachtet (Joffe 2014). Spannungen ergaben sich beispielsweise aufgrund der Menschenrechtssituation in Russland (Fall Magnitsky; Gesetz gegen "homosexuelle Propaganda"), der Raketenabwehr, des Syrienkrieges sowie des Falls Snowden (Adomeit 2013; Aron 2013).

Das Seilziehen um die Ukraine, das mit der russischen Besetzung der Krim Ende Februar/Anfang März 2014 eskalierte, ist der vorläufige Höhepunkt in den zunehmend konfliktiven Beziehungen zwischen Russland und der EU bzw. den USA. Lilia Shevtsova sieht in diesen Spannungen einen eigentlichen zivilisatorischen Konflikt zwischen den orientierungslosen westlichen Demokratien und einem ambitiösen Russland, das sich als "einzigartige Zivilisation" definiert und sich in seiner Rolle als Zentrum "in dieser neuen Galaxie" von abhängigen ehemaligen Sowjetrepubliken gefällt.

Seit dem Vilnius-Gipfel haben beide Seiten mit Kritik nicht zurückgehalten. Der schwedische Aussenminister Carl Bildt meinte am 16. Dezember 2013 auf Twitter, es sei offensichtlich, dass Russland eine massive Desinformationskampagne gegen die EU und gegen das AA lanciert habe. EU-Kommissionspräsident Barroso sagte, die Zeit der "eingeschränkten Souveränität" sei vorbei, die EU werde kein Veto eines Nicht-EU-Landes dulden. EU-Ratspräsident Van Rompuy meinte, der Umgang Russlands mit der Ukraine sei "unvereinbar" mit heutigen Standards (zit. in: *Frankfurter Allgemeine Zeitung*, 30.11.2013: 1).

Umgekehrt hielt der russische Aussenminister mit schroffer Kritik an der EU nicht zurück: Die Demonstrationen auf dem Maidan, so erklärte Aussenminister Lawrow, seien das von langer Hand geplante Werk von Provokateuren. Die EU mische sich in die inneren Angelegenheiten der Ukraine ein und erpresse das Land (*RT News*, 14.12.2013). An der Münchener Sicherheitskonferenz wiederholte Lawrow seine Vorwürfe, wonach sich "viele angesehene europäische Politiker" auf die Seite von Demonstranten stellten, "die Verwaltungsgebäude stürmen und bis jetzt besetzt halten, die Polizisten angreifen und in Brand setzen und mit rassistischen, antisemitischen und nazistischen Losungen auftreten" (zit. in: www.mid.ru, 1.2.2014). Für die massive Gewalt am 18./19. Februar 2013 machte Lawrow die "radikalen Oppositionskräfte" verantwortlich und sprach von einer "braunen" Revolution: "Wir sehen auch keine verständliche Reaktion der europäischen Politiker und Strukturen, die sich weigern, anzuerkennen, dass die gesamte Verantwortung für die Handlungen der radikalen Kräfte in der Ukraine bei der Opposition liegt" (zit. in: www.mid.ru, 19.2.2014).

Westliche Beobachter konstatieren dagegen, dass Russland seine Interessen "auch jenseits seiner Grenzen" "brutal" umsetzt. Gegenüber der EU herrsche in Moskau ausgeprägtes Misstrauen, ja sogar Feindschaft (Baev 2013): "Ein Hauch von Kalte-Krieg-Stimmung zieht nun wieder durch die Welt" (*Der Spiegel*, 16.12.2013: 76). Erleben wir im ukrainischen Kontext tatsächlich das Vorspiel eines Kalten Krieges 3.0? Die Chancen, dass sich die Beziehungen zwischen dem Westen und Russland kurz- und mittelfristig nachhaltig verbessern, tendieren jedenfalls nach der russischen Besetzung der Krim gegen Null. Die Wirkung der Charmeoffensive Putins vor und während der Olympischen Spiele 2014 in Sotschi ist völlig verpufft.

Fünftens interessieren die innen- und aussenpolitischen Szenarien nach der Revolution 3.0. Wird sich die These Vitaly Portnikovs (2013: 54) bewahrheiten, dass die Ukraine aussenpolitisch auf absehbare Zeit im "Nirgendwo" zwischen Russland und der EU verharren wird – wie ein Kranker ohne Medizin, ohne Ausweg und ohne Hoffnung auf Genesung? Werden das AA und das DCFTA doch noch unterzeichnet? Welches sind die mittel- und langfristigen Auswirkungen des Moskauer Abkommens? Wie steht es um die Ost-West-Spannungen und – nach der russischen Annexion der Krim – um die territoriale Integrität des Landes? Droht die Ukraine zu zerbrechen? Ist das Teilungsszenario nicht genau die Option, die sich der Kreml schon immer gewünscht und auf die Moskau seit langem hingearbeitet hat (Keating 2014)?

Aussenpolitisch hatte das Moskauer Abkommen vom Dezember 2013 die Abhängigkeit der Ukraine von Russland nochmals erhöht: Präsident Putin hatte "seine Hände an der Gurgel Janukowitschs und kann diesem jederzeit die Luft abschnüren, sollte der ukrainische Präsident in den nächsten Monaten versuchen, nach Westen zu schielen" (*Neue Zürcher Zeitung*, 20.12.2013: 5). Nach der Revolution 3.0 hat sich die Situation geändert: Nun stellt sich die Frage, ob der Westen willens sein, der Ukraine als Gegengewicht zu Russland wirtschaftlich und finanziell massiv unter die Arme zu greifen. Die Ankündigungen der EU sowie der USA Anfang März 2014, die Ukraine finanziell zu unterstützen, lassen vermuten, dass der Westen (endlich) den Ernst der Lage erkannt hat (*The Wall Street Journal/Europe Edition*, 6.3.2014: 1, 4).

Innenpolitisch ist nach der Revolution 3.0 vieles offen. Vielleicht ist die Absetzung Janukowitschs am 22. Februar 2014 ein Wendepunkt; vielleicht ist sie bloss eine weitere Fussnote oder Episode. Was passiert mit denjenigen, die für die Eskalation in Kiew vom 18. bis 20. Februar 2014 mit über 70 Toten verantwortlich waren? Können sie mit Straflosigkeit rechnen? Was passiert mit den politischen Wendehälsen im Parlament und in der Verwaltung? Die meisten Oligarchen scheinen spät, aber noch rechtzeitig die Seiten gewechselt zu haben. Die neue Regierung ihrerseits hat erkannt, dass sie auf die Unterstützung der Oligarchen angewiesen ist, aus finanziellen Gründen, aber auch, um die Situation im Osten des Landes zu stabilisieren. Welches ist der Preis, den die Regierung für dieses Bündnis mit den Oligarchen zahlen muss?

Eine andere Herausforderung ist die Fragilität der Regierungskoalition. Noch hält das heterogene Bündnis. Der russische Druck auf die Ukraine bewirkt, dass sich die Reihen schliessen. Aber es ist wahrscheinlich, dass sich vor den Präsidentschaftswahlen am 25. Mai 2014 die Grabenkämpfe im revolutionären Lager zuspitzen werden.

Von echten Reformen ist die Ukraine weit entfernt. Die Lösung der enormen Herausforderungen des Landes – u.a. die Etablierung eines funktionierenden Rechtsstaates, die Modernisierung der Wirtschaft, längerfristige Investitionen in die völlig marode Infrastruktur und das Gesundheitswesen, die Bekämpfung der Korruption und die Überwindung der inneren Spaltung – bedürfte eines breit verankerten Reformwillens. Die Moskauer Abkommen vom Dezember 2013 waren nichts anderes als eine neue Dosis Drogen für einen Süchtigen. Sie machten eine Modernisierung und echte Reformen überflüssig. Nun die wirtschaftlichen Verkrustungen aufzubrechen, wird eine Herkulesaufgabe sein.

Wichtig ist ferner die Frage des innerukrainischen Ost-West-Cleavages. Dass diese Bruchlinie – auch wenn sie oft, wie Ludmila Lutz-Auras in ihrem Beitrag nachweist, verkürzt dargestellt wird – tatsächlich existiert und dass sie primär historisch bedingt ist (Rjabtschuk 2005: 16; Katchanovski 2006), ist weitgehend unbestritten. Wie tief ("salient") dieser Cleavage ist, ist indes strittig. Eine erste Denkschule hält den Ost-West-Cleavage für relevant und sieht durchaus die Gefahr einer Spaltung des Landes (Emerson 2014).

Taras Kuzio (2010) schreibt, die Mehrheit der Bevölkerung im Donbass fühle sich einem "ostslawischen" Nationalismus und einer "sowjetischen" Identität verpflichtet, die sich grundsätzlich vom westukrainischen Nationalismus und der westukrainischen Identität unterscheiden. Noch heute unterstütze in Umfragen nur eine Minderheit im Donbass die staatliche Unabhängigkeit der Ukraine (Kuzio 2013). Die Unterschiede zwischen Ost und West manifestierten sich auch deutlich in den parteipolitischen Präferenzen und dem Wahlverhalten (Shapovalova/Jarabik 2012: 4). Andreas Umland (2013b: 109) konstatiert zunehmende "zentrifugale Tendenzen".

Die Vorgänge auf der Krim Ende Februar/Anfang März 2014 zeigen, dass die Spaltung des Landes nicht mehr eine theoretische Frage, sondern eine Realität ist. Die Krim ist für die Ukraine wohl verloren. Die Frage ist vielmehr, ob es der neuen Regierung (mit Hilfe des Westens) noch gelingt, die massgeblich von Russland inszenierten Sezessionstendenzen im Osten (Donbass) und allenfalls im Süden der Ukraine einzudämmen.

Eine zweite Denkschule hält eine Spaltung der Ukraine für unwahrscheinlich und den Ost-West-Cleavage für überbewertet. Eine Mittelposition nehmen in diesem Buch Ludmila Lutz-Auras und Mykola Rjabtschuk ein.

Rjabtschuk zeigt anhand von Umfrageresultaten, dass es tatsächlich Spaltungslinien zwischen Russen und Ukrainern in der Ukraine und zwischen Bewohnern des Ostens und des Westens gibt. Rjabtschuk ist indes der Ansicht, dass die wahre Trennlinie in der Ukraine nicht ethnisch oder regional, sondern ideologisch ist: "Das Land besteht aus zwei sich überlappenden Nationen – eine sowjetische und eine anti-sowjetische, eine eurasische und eine europäische, eine Ukraine der bevormundeten Subjekte und eine Ukraine der emanzipierten Bürger. Die Ukraine ist gespalten entlang eines Wertegrabens, und genau dies macht es so schwierig, die beiden ‚Ukrainen' miteinander zu versöhnen."

Sechstens gehen einige der Autorinnen und Autoren im Folgenden auf die Handlungsoptionen der EU, der USA oder anderer Drittstaaten sowie Russlands ein. Die Ukraine hat in den Hauptstädten Westeuropas und in Washington nie eine hohe Priorität gehabt (Karatnycky/Motyl 2009: 120). Die Vision Brzezinskis (2002: 127), eine "umfassende deutsch-französisch-polnisch-ukrainische Zusammenarbeit" könnte sich "zu einer Partnerschaft" entwickeln, "die Europas geostrategische Tiefe verstärkt", blieb ein Hirngespinst. In Berlin hatten immer die Beziehungen zu Russland Vorrang. Andreas Umland (2013a) spricht denn auch von einer eigentlichen "Russlandfixierung" der deutschen Ostpolitik. Dass dabei eine "Angst" "vor der Notwendigkeit einer geographischen und politischen Neudefinierung Europas" mitspielte (Kuschnir 2009: 11), ist nicht von der Hand zu weisen. Wird der Westen diesmal längerfristig und nachhaltig handeln?

Das amerikanische Interesse an und der amerikanische Einfluss in Mittel- und Osteuropa sind in der vergangenen Dekade sukzessiv zurückgegangen (Michta 2013); dies gilt insbesondere für die Ukraine (Weiss 2013) und ist im Wesentlichen einer bewussten Verschiebung der aussenpolitischen Prioritäten in Washington und einem strategischen "Retrenchment" auf breiter Front geschuldet – auch wenn Washington gebetsmühlenartig behauptet, Mittel- und Osteuropa seien wichtig wie eh und je. Vor diesem Hintergrund waren die Vorwürfe der USA an die EU ("fuck the EU"), keine nachhaltige und zielgerichtete Ukrainepolitik verfolgt zu haben, eher heuchlerisch. Die USA haben mit ihrem "Rückzug" aus Zentral- und Osteuropa (und auch aus anderen Weltgegenden) ein Vakuum geschaffen, in das andere Mächte – vor allem Russland – ungehindert eindringen können (Hanson 2014; Judah 2014; Michta 2014).

Nach der Besetzung und Annexion der Krim reagierten die USA zwar rhetorisch heftig (John Kerry: "ein unglaublicher Akt der Aggression"), aber ihre Optionen waren und sind limitiert. Es fragt sich, wie weit Präsident Obama gehen will und kann, um die territoriale Integrität der Ukraine zu schützen und die neue Regierung in Kiew zu stützen, und ob angesichts der heterogenen Interessenlagen eine einheitliche transatlantische Position gegenüber Russland gefunden werden kann. Die Erfahrungen der letzten Monate stimmen diesbezüglich eher pessimistisch.

Für Russland hingegen ist die Ukraine von eminenter (geo-)politischer Bedeutung. Die ukrainische Unabhängigkeit 1991 stellte für Russland "einen zentralen Verlust" dar – insbesondere geostrategisch, politisch und ideologisch. Russland verlor damit seine beherrschende Position am Schwarzen Meer und musste zwischen sich und Mittel- bzw. Südosteuropa einen unabhängigen Staat mit einer starken russischen Minderheit akzeptieren (Brzezinski 2002: 136f.). Für die Landmacht Russland verstärkte der "Verlust" der Ukraine das traditionelle Gefühl der Unsicherheit (Kaplan 2013: 155).

Daher wird die potenzielle Anbindung der Ukraine an die EU in Moskau als "grosse geopolitische Gefahr wahrgenommen" (Malygina 2013: 2). Für viele Russinnen und Russen und sicher für die russische Führung ist die Ukraine der "kleine Bruder", der selbstverständlich Teil der russischen Einflusssphäre und der Zollunion sowie der Eurasischen Union sein muss (Shevtsova 2013). Die Ukraine ist bis heute die "zentrale Priorität Russlands im sogenannten ‚Nahen Ausland'" (Umland 2013a; Kaplan 2013: 180). Rjabtschuk (2005: 70) geht so weit, zu behaupten, "schon die Existenz der modernen ukrainischen Identität untergräbt die russische imperiale Identität". In Russland scheint die Angst vorzuherrschen, eine demokratische und rechtsstaatliche Ukraine könnte das russische Modell unterminieren (Applebaum 2013), ihm die Legitimität und die Strahlkraft entziehen: "Die Ukraine ist für den Kreml nicht ein Subjekt der internationalen Politik; sie ist ein Faktor der eigenen, russischen internen Stabilität" (Lilia Shevtsova).

Russland hatte im November 2013 sein (kurzfristiges) Hauptziel erreicht: Die Unterzeichnung des AA und des DCFTA wurde verhindert. Die Frage, ob die Kosten – finanziell, aber auch politisch –, um dieses Ziel zu erreichen, mittel- und langfristig in einem vernünftigen Verhältnis zum Resultat stehen, schien für Russland von sekundärer Bedeutung zu sein. Die wenig erfreuliche Aussicht, Belarus, die Ukraine, Armenien und andere Länder in der russischen Nachbarschaft auf unabsehbare Zeit finanzieren zu müssen, wurde offensichtlich weniger stark gewichtet als geostrategische und politisch-ideologische Überlegungen. Solange die Rohstoffpreise hoch und die Schatullen des Kremls prall gefüllt sind, mag das Sponsoring des "Nahen Auslandes" tatsächlich kein grösseres Problem darstellen.

Vom Westen hatte Russland in Sachen Ukraine lange wenig zu "befürchten" (Judah 2014; Hanson 2014). Moskau wisse, dass der Westen "zu müde, zu gespalten und zu ineffektiv ist, um seine Interessen und Werte" in der Ukraine zu verteidigen (Lucas 2014). Nach der Revolution 3.0, die für Russland einer schweren Niederlage gleichkam, zögerte der Kreml nicht lange und besetzt die Krim. Das Imperium schlug zurück und setzte seine geostrategischen und politisch-ideologischen Interessen militärisch durch. Wird Russland seinen Einfluss im Osten und im Süden der Ukraine ausbauen können, indem es die Krim als "Brückenkopf" nutzt? Welchen Preis ist Putin dafür zu zahlen bereit? Welche Politik wird die neue ukrainische Regierung gegenüber Russland verfolgen?

Der Westen kann, will und soll nicht bedingungslos Geld in die Ukraine pumpen; das wäre politisch wie ökonomisch dumm. Finanzielle Unterstützung soll von Reformen abhängen. Umgekehrt wäre es fatal, die Ukraine nach der Revolution 3.0 wieder sich selbst zu überlassen. Daher gilt es die ukrainische Zivilbevölkerung und die ukrainische Jugend zu unterstützen und die von Way und Levitsky (2007) definierten "Linkages" aufzubauen und zu pflegen. Eine starke Zivilgesellschaft garantiert zwar keine Demokratie, sie macht eine erfolgreiche demokratische Transition aber wahrscheinlicher (Brownlee 2009; Ekiert et al. 2007).

Eine Transition von einer Autokratie zu einer Demokratie kann nur erfolgreich und nachhaltig sein, wenn sie "von innen" und "von unten" getragen wird. Trotzdem können internationaler Druck (z.B. Sanktionen) und internationale Hilfe "sehr hilfreich" sein (Sharp 2011: 20). Da es für Demokratien Demokraten braucht (Muravchik 2009), macht es Sinn, langfristig demokratische Kräfte zu unterstützen, ideell und finanziell.

Eine Visaliberalisierung bzw. eine Abschaffung der Visapflicht ist im Moment wenig realistisch und wäre für die EU bzw. die Schengen-Staaten mit erheblichen (Sicherheits-)Risiken verbunden. Hingegen gibt es eine Reihe von anderen möglichen zielführenden Massnahmen, die auch kleinere Staaten (wie die Schweiz) umsetzen könnten. Erstens sollten Stipendienprogramme für ukrainische Studierende stark ausgebaut werden. Zweitens sollten auch junge Berufstätige aus der Ukraine die Chance erhalten, in Westeuropa Stages zu absolvieren. Drittens sollten junge Vertreter von ukrainischen NGO und Parteien die Möglichkeit haben, in den Westen zu reisen und den Dialog mit westeuropäischen NGO und Parteien zu pflegen.

Viertens sollte in den Aufbau demokratischer Parteien und einer leistungsfähigen Verwaltung sowie in Demokratisierungsprojekte insbesondere auf lokaler Ebene investiert werden. Fünftens sollten diejenigen, die für Gewalt verantwortlich waren, zur Rechenschaft gezogen werden. Sechstens macht gezielte, konditionierte Finanz- und Wirtschaftshilfe Sinn.

Anmerkungen

Sämtliche Manuskripte sind Anfang März abgeschlossen worden. Diese Publikation folgt den Regeln der Schweizer Rechtschreibung.

Ich danke den Autorinnen und Autoren, Andreas Umland, Valerie Lange und dem *ibidem*-Verlag für die ausgezeichnete Zusammenarbeit. Daniel Bochsler danke ich für den wichtigen Hinweis auf den Linkage/Leverage-Artikel von Levitsky/Way, Gerhard Gnauck für zwei nützliche Bemerkungen zu einer früheren Version dieses Texts.

Der Text von Ariel Cohen und Ivan Benovic ist vollständig, derjenige von Wojciech Konończuk zum grössten Teil von Eva-Raphaela Jaksch (zum kleineren Teil von mir) vom Englischen ins Deutsche übersetzt worden. Die Texte von Mykola Rjabtschuk, Lilia Shevtsova und Taras Kuzio sind von mir übersetzt worden.

Ich vertrete in diesem Beitrag meine persönliche Meinung, die sich nicht mit den Ansichten meines Arbeitgebers, des Eidgenössischen Departements für auswärtige Angelegenheiten (EDA), decken muss.

Literatur

Adomeit, Hannes (2013). Fehler im Betriebssystem. Die russisch-amerikanischen Beziehungen, *Osteuropa* 63(9): 57-78.

Andruchowytsch, Juri (2011). "Die grosse Ukraine ist heute einfach zu gross" – Interview, *Frankfurter Rundschau* (6.1.2011).

Andruchowytsch, Juri (2013). Neujahrsgrüsse aus Kiew, *Der Bund* (28.12.2013): 29.

Applebaum, Anne (2013). Chicken Kiev, *Slate* (28.11.2011).

Aron, Leon (2013). *Structure and Context in US-Russian Relations at the Outset of Barack Obama's Second Term.* Washington (AEI).

Åslund, Anders (2013). *Ukraine's Choice: European Association Agreement or Eurasian Union?* Washington: PIIE (Policy Brief 13-22).

Baev, Pavel K. (2013). Putin's Ukrainian Triumph Is a Major Setback for Russia, *Eurasia Daily Monitor* 10(212).

Beissinger, Mark R. (2013). The Semblance of Democratic Revolution: Coalitions in Ukraine's Orange Revolution, *American Political Science Review* 107(3): 574-592.

Berman, Sheri (2007). Lessons from Europe, *Journal of Democracy* 18(1): 28-41.

Birch, Sarah (1997). Nomenklatura Democratization: Electoral Clientelism in Post-Soviet Ukraine, *Democratization* 4(4): 40-62.

Brownlee, Jason (2009). Portents of Pluralism: How Hybrid Regimes Affect Democratic Transitions, *American Journal of Political Science* 53(3): 515-532.

Brzezinski, Zbigniew (1993). *Out of Control. Global Turmoil on the Eve of the 21st Century*. New York.

Brzezinski, Zbigniew (2002). *Die einzige Weltmacht. Amerikas Strategie der Vorherrschaft*. Frankfurt am Main.

Bugriy, Maksym (2013). Kyiv Testing "Pause" in EU Integration, *Eurasia Daily Monitor* 10(205).

Cameron, David R. and Mitchell A. Orenstein (2012). Post-Soviet Authoritarianism: The Influence of Russia in Its "Near Abroad", *Post-Soviet Affairs* 28(1): 1-44.

Carothers, Thomas (2002). The End of the Transition Paradigm, *Journal of Democracy* 13(1): 5-21.

Diamond, Larry et al. (2014). Reconsidering the Transition Paradigm, *Journal of Democracy* 25(1): 86-100.

EBRD (ed.) (2013). *Transition Report 2013*. London.

EIU (ed.) (2013). *Country Report Ukraine (December 2013)*. London.

Ekiert, Grzegorz et al. (2007). Democracy in the Post-Communist World: An Unending Quest?, *East European Politics and Societies* 21(1): 7-30.

Ekiert, Grzegorz und Daniel Ziblatt (2013). Democracy in Central and Eastern Europe One Hundred Years On, *East European Politics and Societies* 27(1): 90-107.

Emerson, Michael (2014). *Preparing for a Post-Yanukovich Ukraine*. Brüssel (CEPS).

Fish, M. Steven and Matthew Kroenig (2006). Diversity, Conflict and Democracy: Some Evidence from Eurasia and East Europe, *Democratization* 13(5): 828-842.

Giucci, Ricardo (2013). Wie wichtig ist das EU-Freihandelsabkommen für die Ukraine? Eine Einschätzung, *Ukraine-Analysen* 119: 2-3.

Hanson, Victor Davis (2014). Ukraine and Our Useless Outrage, *National Review Online* (27.2.2014).

Hett, Felix (2013). Ukraine: Schluss mit der Integrationskonkurrenz!, *IPG-Journal* (Dezember).

IFC/The World Bank (Hrsg.) (2013). Doing Business Index 2013: www.doingbusiness.org/rankings.

Jilge, Wilfried und Susan Stewart (2013). EU-Ukraine: Wie geht es weiter?, *SWP-Aktuell* 3: 1-8.

Joffe, Josef (2014). Zug und Druck, *Die Zeit* (6.3.2014): 1.

Judah, Ben (2014). Why Russia No Longer Fears the West, *Politico* (2.3.2014).

Kalandadze, Katya and Mitchell A. Orenstein (2009). Electoral Protests and Democratization: Beyond the Color Revolutions, *Comparative Political Studies* 42(11): 1403-1425.

Kaplan, Robert D. (2013). *The Revenge of Geography*. New York.

Karatnycky, Adrian and Alexander J. Motyl (2009). The Key to Kiev. Ukraine's Security Means Europe's Stability, *Foreign Affairs* 88(3): 106-120.

Katchanovski, Ivan (2006). *Cleft Countries. Regional Political Divisions and Cultures in Post-Soviet Ukraine and Moldova*. Stuttgart.

Katchanovski, Ivan (2012). *Democracy and Political Values in Ukraine*. Ottawa (Paper).

Keating, Joshua (2014). Crimean Foreshadowing, *Slate* (1.3.2014).

Kuschnir, Mykola (2009). "Orangene Revolution" und die Perspektiven der Ukraine, in Höhne, Steffen und Justus H. Ulbricht (Hrsg.). *Wo liegt die Ukraine?* Köln, S. 11-18.

Kuzio, Taras (2010). Nationalism, Identity and Civil Society in Ukraine: Understanding the Orange Revolution, *Communist and Post-Communist Studies* 43(3): 285-296.

Kuzio, Taras (2012). Twenty Years as an Independent State: Ukraine's Ten Logical Inconsistencies, *Communist and Post-Communist Studies* 45(3/4): 429-438.

Kuzio, Taras (2013). Ukraine cannot forever stay at the crossroads, *UPI Outside View* (5.9.2013).

Lane, David (2008). The Orange Revolution: "People's Revolution" or Revolutionary Coup?, *The British Journal of Politics & International Relations* 10: 525-549.

Lavigne, Marie (1999). *The Economics of Transition*. New York.

Levitsky, Steven and Lucan A. Way (2002). The Rise of Competitive Authoritarianism, *Journal of Democracy* 13(2): 51-65.

Levitsky, Steven and Lucan A. Way (2010). *Competitive Authoritarianism. Hybrid Regimes After the Cold War*. Cambridge.

Lucas, Edward (2014). *Ukraine Scenarios and Central Europe*. Bratislava (CEPI).

Malygina, Katerina (2013). Die Ukraine vor dem EU-Gipfel in Vilnius: Einflussversuche externer Akteure, abrupter Kurswechsel der Regierung und die Volksversammlung zugunsten der europäischen Integration, *Ukraine-Analyse* 124: 2-5.

Matuszak, Sławomir (2012). *The Oligarchic Democracy. The Influence of Business Groups on Ukrainian Politics*. Warsaw (OSW).

McFaul, Steven (2005). Transitions from Postcommunism, *Journal of Democracy* 16(3): 5-19.

Merkel, Wolfgang (1999). Defekte Demokratien, in Merkel, Wolfgang und Andreas Busch (Hrsg.). *Demokratie in Ost und West*. Frankfurt am Main, S. 361-381.

Michta, Andrew A. (2013). Back to the Frontier, *The American Interest* IX(2): 50-57.

Michta, Andrew A. (2014). The U.S.-Russia Problem: A Four-Step Recovery Program, *The American Interest* (7.3.2014).

Mishler, William and Richard Rose (1997). Trust, Distrust and Skepticism: Popular Evaluations of Civil and Political Institutions in Post-Communist Societies, *The Journal of Politics* 59(2): 418-451.

Müller-Härlin, Bernhard (2013). Die Ukraine umarmen, *Neue Zürcher Zeitung* (12.11.2013): 21.

Muravchik, Joshua (2009). *The Next Founders. Voices of Democracy in the Middle East*. New York/London.

Narizhna, Victoria (2014). A New Kind of Revolution, *New Eastern Europe* X(1): 14-21.

Peev, Evgeni and Dennis C. Mueller (2012). Democracy, Economic Freedom and Growth in Transition Economies, *Kyklos* 65(3): 371-407.

Portnikov, Vitaly (2013). The Sick Man of Europe, *New Eastern Europe* IX(4):51-55.

Reporters without Borders (Hrsg.) (2013). *World Press Freedom Index*: http://en.rsf.org/press-freedom-index-2013,1054.html#.

Rjabtschuk, Mykola (2005). *Die reale und die imaginierte Ukraine*. Frankfurt am Main.

Ryabinska, Natalya (2011). The Media Market and Media Ownership in Post-Communist Ukraine: Impact on Media Independence and Pluralism, *Problems of Post-Communism* 58(6): 3-20.

Shapovalova, Natalia and Balasz Jarabik (2012). *The EU and Ukraine: Hapless but not Hopeless*. Madrid/Brussels: FRIDE (Policy Brief No. 141).

Sharp, Gene (2011). *Von der Diktatur zur Demokratie*. München.

Sherr, James (2013). *Ukraine and Europe: Final Decision?* London (Chatham House).

Shevtsova, Lilia (2013). Ukraine's Choice is a Test for the West, *The American Interest* (1.11.2013).

The World Bank (Hrsg.) (2013). *World Development Indicators (WDI)*: http://data.worldbank.org/indicator/.

The World Justice Project (Hrsg.) (2013). *Rule of Law Index 2012-2013*. Washington.

Toporowski, Patryk (2014). The Macroeconomic Situation in Ukraine: Little Room for Improvement, *PISM Bulletin* 18(613).

Transparency International (Hrsg.) (2013). Corruption Perceptions Index 2013: http://cpi.transparency.org/cpi2013/results/.

Umland, Andreas (2013a). Berlin, Kiew, Moskau und die Röhre: Die deutsche Ostpolitik im Spannungsfeld der russisch-ukrainischen Beziehungen, *Zeitschrift für Aussen- und Sicherheitspolitik* 6(3): 413-428.

Umland, Andreas (2013b). Tor zum Osten oder Krisenherd? Wie das EU-Ukraine-Abkommen den postsowjetischen Raum verändern würde, *Internationale Politik* 6: 108-112.

Van Zon, Hans (2001). Neo-Patrimonialism as an Impediment to Economic Development: The Case of Ukraine, *Journal of Communist Studies and Transition Politics* 17(3): 71-95.

Way, Lucan A. and Steven Levitsky (2007). Linkage, Leverage, and the Post-Communist Divide, *East European Politics and Societies* 21(1): 48-66.

WEF (Hrsg.) (2013). *The Global Competitiveness Report 2013-2014*. Cologny.

Weiss, Andrew S. (2013). Ukraine: Responding to a Meltdown, *National Interest* (5.12.2013).

Der Autor

Simon Geissbühler (geboren 1973) ist Historiker, promovierter Politologe und Experte für Osteuropa.

Maidan 2.0:
Sich wandelnde Werte und stabile Identitäten

Mykola Rjabtschuk

Die Massenproteste von Regierungsgegnern, die das Zentrum Kiews Ende November 2013 erschüttert und sich alsdann auf verschiedene andere ukrainische Städte ausgedehnt haben, haben manchen Analysten die Frage nach den Unterschieden und den Ähnlichkeiten zwischen diesem Ereignis und den Vorgängen am gleichen Ort vor neun Jahren aufwerfen lassen. Damals, 2004, war es die spektakuläre "Orangene Revolution" gewesen, welche die Regierung zwang, die gefälschten Wahlen zu annullieren und einen zweiten Wahlgang anzusetzen, der den legitimen Sieg der Opposition brachte. Der neue Massenaufstand erhielt im Volksmund den Namen "Euromaidan". Er begann als Reaktion auf den Entscheid der Regierung, die Verhandlungen für das Assoziierungsabkommen mit der EU abzubrechen, weitete sich nach brutalen Polizeiinterventionen aus und transformierte sich in eine eigentliche Protestwelle gegen die weit verbreitete Rechtslosigkeit und Korruption.

Serhiy Kudelia hat – kurz nachdem die Protestwelle Ende 2013 ausbrach – eine umfassende Liste von Unterschieden zwischen den beiden Maidan-Aufständen vorgelegt. Er hat zu Recht unterstrichen, dass die ukrainische Opposition heute in einer schwächeren Position ist als vor neun Jahren, als erstens die "orangene" Mobilisierung letztlich "nur" die Weiterführung der Wahlkampagne war, zweitens die Wahlfälschung erwartet wurde und sich die Protestaktionen entsprechend frühzeitig planen liessen, drittens die Opposition in Viktor Juschtschenko einen gemeinsamen und allgemein respektierten Anführer hatte und viertens der Amtsinhaber, Leonid Kutschma, eine "lahme Ente" war und ein persönliches Interesse an einem angenehmen Ruhestand hatte. 2013 sind die Proteste "von unten" ausgebrochen und haben sogar die Oppositionsführer überrascht. Der Opposition fehlten der gemeinsame Anführer, eine einheitliche Position und eine klare Taktik. Die Präsenz der radikalnationalistischen Partei "Svoboda" in ihren Rängen machte die Opposition verletzlich, obwohl Oleh Tiahnybok, der Chef von "Svoboda", seine Unterstützung für den gewaltlosen Widerstand zusicherte. Die Amtsinhaber zeigten hingegen keinerlei Neigung zum Pazifismus. Das Muster für die weiteren Entwicklungen zeigte sich am 29./30.

November. Die Polizei verprügelte auf dem Euromaidan friedliche Demonstranten, vor allem Studenten. Dadurch wurde "die festliche Orangene Revolutionsstimmung der ersten Tage durch echte Wut und Animosität gegen die Sicherheitskräfte und die Führung des Landes ersetzt. Dies schuf das Potenzial für die Eskalation der kommenden Tage" (Kudelia 2013).

Tatsächlich sind die Unterschiede zwischen 2004 und 2013 substanziell. Langfristig jedoch werden nicht die Unterschiede zwischen den beiden "Maidanen", sondern die Gemeinsamkeiten die Entwicklung der Ukraine prägen. Einmal mehr hat die ukrainische Zivilgesellschaft ihre Widerstandskraft, ihre Fähigkeit der Selbstorganisation und eine überwiegend friedliche Protestkultur – trotz der Provokationen der Regierung und so genannt oppositioneller Radikaler, die verdächtig wurden, mit der Regierung kollaboriert zu haben – unter Beweis gestellt. Beide Proteste, 2004 und 2013, sind eindeutig von Werten getrieben. Die Menschen gingen nicht für Brot, höhere Gehälter oder einen populistischen Führer auf die Strasse, sondern für ihre eigene Würde, für Gerechtigkeit und in der Hoffnung, so leben zu können wie "in Europa". Sie versuchten erneut, die unvollendete Revolution, welche die korrupten autoritären Regime in Osteuropa 1989/91 hinweggespült, aber an der Westgrenze der Ukraine haltgemacht hat, zu Ende zu bringen.

Timothy Snyder hat diese Tatsache in einer bitteren Frage, welche die Aufmerksamkeit des Lesers auf etwas Aussergewöhnliches und auf den ersten Blick gar Merkwürdiges lenkt, zusammengefasst: "Würde sich irgendjemand auf der Welt einen Knüppel auf den Kopf schlagen lassen wegen einem Freihandelsabkommen mit den USA?" (Snyder 2013). Sicher nicht. Aber wie lässt sich erklären, dass so viele Ukrainerinnen und Ukrainer ihre Gesundheit, ihre Freiheit und ihr Leben riskieren und einige in den vergangenen Monaten tatsächlich echte Knüppel über den Kopf geschlagen erhielten, als sie gegen die Entscheidung der Regierung protestieren, das Assoziierungsabkommen mit der EU nicht zu unterschreiben? Timothy Snyder wusste natürlich sehr gut, dass es nicht das Assoziierungsabkommen war (das übrigens auch keine unmittelbaren Effekte gehabt hätte), das die Menschen mobilisiert hat, sondern die Hoffnung, ein "normales Leben in einem normalen Land" zu leben. "Wenn das eine Revolution ist, muss es eine der am meisten von gesundem Menschenverstand geprägten Revolutionen der Geschichte sein", so schrieb Snyder.

Anatoly Halchynsky, ein bekannter ukrainischer Ökonom, argumentierte, der Euromaidan sei weder eine "nationalistische Meuterei" noch "Wahlkampftechnologie" der Opposition – wie dies der Präsident und seine Entourage behaupteten. Der Euromaidan sei vielmehr eine klassische soziale Revolution, ein Versuch, die tiefgreifenden sozialen Transformationen, die 1991 ihren Anfang hatten, zu vollenden: "Die Ziele von 1991, 2004 und 2013 sind dieselben. Sie haben denselben Ursprung und haben die Behauptung der vollen ukrainischen Souveränität und das Ende der sowjetischen Epoche und die Befreiung unserer Mentalität von den Überbleibseln des Autoritarismus zum Ziel. Die europäische Integration ist nur die Richtung, in die der Wandel zielt" (Halchynsky 2014).

Der Ökonom Halchynsky lobte den nichtmerkantilen Charakter des Euromaidans, der aus seiner Sicht im globalen Trend der Abkehr vom ökonomischen Determinismus hin zu moralischen und spirituellen Werten liegt. Er hob zudem hervor, dass dies keine bolschewistische Revolution Randständiger war, sondern, im Gegenteil, in erster Linie von gebildeten Leuten, der Mittelklasse, Studenten, Fachkräften und Unternehmern getragen wurde. Die Revolution ähnelte den demokratischen Revolutionen von 1968, die sich über Europa und die ganze Welt ausbreiteten und eine radikal neue, nichtmaterialistische Agenda propagierten.

Wenn diese Thesen stimmen und auch in der Ukraine ein langsamer Wandel von materialistischen zu postmaterialistischen Werten im Gange ist, konnte kein Sieg der autoritären Kräfte um Präsident Janukowitsch und des archaischen, neo-sowjetischen Regimes langfristig und dauerhaft sein. Je mehr die ukrainische Gesellschaft eine Wissensgesellschaft wird und die neuen Generationen das (materielle) Überleben als gegeben betrachten, desto stärker wird auch die Forderung nach mehr Partizipation werden (The WVS Cultural Map of the World).

Dies ist genau die These des prominenten ukrainischen Historikers und Intellektuellen Yaroslav Hrytsak. Er stützt sich auf Analysen von Ronald Inglehart und Christian Welzel zum Zusammenhang zwischen Modernisierung und Demokratie. Er bezieht sich insbesondere auf die zweidimensionale Karte kulturübergreifender Variationen, die sich auf die Befunde der World Value Surveys abstützt. (Die Ukraine war Teil der entsprechenden Umfragen 1995, 2000 und 2006). Die "WVS Cultural Map" verortet jedes Land aufgrund der Werte seiner Bevölkerung. Eine Dimension bildet die Konfliktlinie zwischen säkular-rationalen und traditionellen Werten, die andere die Trennlinie zwischen Werten des Überlebens und Werten der Selbstverwirklichung ab. Der Trend von traditionellen zu säkular-rationalen Werten hatte seinen Ausgangspunkt in der Modernisierung und Industrialisierung, der Trend von Werten des Überlebens zu Werten der Selbstverwirklichung in den postindustriellen Entwicklungen. Die unterschiedlichen Wertedimensionen lassen sich auch auf den Bildungsstand einer Gesellschaft zurückführen – wie Welzel und Inglehart aufgezeigt haben (Inglehart/Welzel 2010: 555).

Yaroslav Hrytsak argumentiert, die Ukraine widerlege Ingleharts pessimistischen Befund, dass das Werteset, das tief in der Mentalität der Menschen im postsowjetischen Raum verankert ist, eine fast unüberwindbare Barriere für eine nachhaltige Entwicklung dieser Länder darstelle (Hrytsak 2013). Er weist insbesondere auf den Wandel in Bezug auf die Wertedimension Überleben/Selbstverwirklichung hin, der sich im vergangenen Jahrzehnt in der Ukraine vollzogen hat – in scharfem Gegensatz zur Stagnation der neunziger Jahre.

In der Tat bestätigen alle neueren Studien, dass sich die Werte in der Ukraine wandeln – wenn auch langsam und bisweilen inkohärent, so doch langfristig und wahrscheinlich unumkehrbar. Erstens fallen die Unterschiede in den Werten der verschiedenen Alterskategorien auf. Eine 2013 durchgeführte Umfrage belegt eine starke Korrelation zwischen dem *Alter* der Befragten und der Einstellung zu grundlegenden Fragestellungen wie "Demokratie vs. starke Hand", "Meinungsfreiheit vs. Zensur", "Planwirtschaft vs. freie Marktwirtschaft" und "Bedauern/kein Bedauern für den Untergang der Sowjetunion" (Rating Group 2013a). In der folgenden Tabelle sind nur die "Ja"- und "Nein"-Antworten (in %) aufgeführt, derweil die Kategorien "schwierig zu sagen" und "keine Antwort" weggelassen wurden.

Alter	Braucht die Ukraine mehr Demokratie oder eine "starke Hand"?	Braucht die Ukraine mehr Meinungsfreiheit oder mehr Zensur?	Sollte die Ukraine eine freie Marktwirtschaft anstreben oder zurückgehen zu einer Planwirtschaft?	Haben Sie Bedauern für den Untergang der Sowjetunion? (Ja/Nein)
60+	19/67	36/31	35/43	61/27
50-59	24/63	43/26	46/35	53/37
40-49	26/58	39/26	54/30	42/45
30-39	28/55	44/26	55/26	30/53
18-29	32/52	49/22	61/19	20/60

Eine andere Umfrage belegt denselben Zusammengang zwischen dem Alter der Befragten und der Einstellung gegenüber der EU bzw. der Zollunion. Während sich die jüngste Gruppe zu 51% für einen EU-Beitritt ausspricht, sind nur 29% für die Zollunion, während bei der ältesten Gruppe die Resultate gerade umgekehrt sind – 23% sind für die EU und 49% für die Zollunion (KIIS 2013).

Die Unterstützung für eine "starke Hand" – und zwar in allen Altersgruppen – steht im Widerspruch zur proeuropäischen Einstellung der Befragten, wobei sie wahrscheinlich nicht so sehr eine autoritäre Neigung widerspiegelt, sondern eine eher emotionale Reaktion auf eine "Demokratie", die im Fall der Ukraine vor allem mit Korruption, Rechtlosigkeit und institutioneller Dysfunktionalität in Verbindung gebracht wird. Für viele ist eine "starke Hand" nur ein Codewort für Stabilität und "Recht und Ordnung". Die meisten Befragten sind keineswegs bereit, ihre Rechte und Freiheiten für eine "härtere" Herrschaft zu opfern. Dies zeigt sich insbesondere daran, dass Zensur resolut zurückgewiesen und von allen Altersgruppen "mehr Meinungsäusserungsfreiheit" gefordert wird. Wenn direkt nach der Präferenz für Demokratie oder Autoritarismus gefragt wird, finden 51%, dass die Demokratie die adäquate Regierungsform für die Ukraine ist, während nur 20% eine autoritäre Regierung vorziehen würden. In derselben Umfrage geben 45% der Befragten an, sie wären bereit, gewisse materielle Einschränkungen für persönliche Freiheiten und Bürgerrechte zu akzeptieren, während nur 25% einverstanden wären, diese Werte einzuschränken zugunsten von persönlichem Wohlbefinden (Foundation "Democratic Initiatives" 2013a).

Der Zusammenhang zwischen Werten und dem *Bildungsstand* ist ebenfalls deutlich:

Bildungsstand	Braucht die Ukraine mehr Demokratie oder eine "starke Hand"?	Braucht die Ukraine mehr Meinungsfreiheit oder mehr Zensur?	Sollte die Ukraine eine freie Marktwirtschaft anstreben oder zurückgehen zu einer Planwirtschaft?	Haben Sie Bedauern für den Untergang der Sowjetunion? (Ja/Nein)
einfach	9/75	31/27	23/46	62/20
mittel/ spezialisiert	23/62	39/27	48/33	45/41
mittel/ allgemein	26/57	43/25	48/31	44/39
hoch	32/55	47/25	58/25	31/57

Es wäre sicher verfrüht zu behaupten, die Ukrainerinnen und Ukrainer hätten überwiegend und stark ausgeprägte moderne ("europäische") Werte. In den genannten, aber auch anderen Umfrageresultaten finden sich viele Ambiguitäten. Zum Beispiel fanden 47% der Befragten das Abkommen vom Dezember 2013 mit Russland über einen Kredit in der Höhe von 15 Milliarden US$ und verbilligtes Gas positiv, während nur 27% eine negative Einstellung gegenüber diesem Abkommen hatten (Research & Branding Group 2013). Eine Umfrage des "Razumkov Center" kam zu einem ähnlichen Befund (47% vs. 28%) (zit. in: Foundation "Democratic Initiatives" 2013a).

Diese Ergebnisse stehen im Gegensatz zum Verhältnis der Befürworter und Gegner der europäischen Integration der Ukraine, denn in nahezu allen Umfragen hat eine (deutliche) Mehrheit eine klare Präferenz für die EU gegenüber der Zollunion: 47% zu 36% (Razumkov Center, zit. in: Foundation "Democratic Initiatives" 2013a), 47% zu 29% (Rating Group 2013a), 43% zu 30% (Research & Branding Group 2013) bzw. 42% zu 37% (IRI 2013). Einzig in der Umfrage des Internationalen Instituts für Soziologie hielten sich die Befürworter der EU bzw. der Zollunion die Waage (38% vs. 38%) (KIIS 2013). In jedem Fall bleibt die Tatsache, dass auch ein substanzieller Teil der EU-Befürworter nichts gegen die Entscheidung der Regierung hatte, den bedenklichen russischen Fisch der europäischen Angel vorzuziehen.

Tatsächlich ist die Unterstützung für die EU in der Ukraine weder überwältigend noch ausschliesslich von Werten getrieben. Die aus der Sicht der ukrainischen Bevölkerung positivste Auswirkung der EU-Assoziierung wäre gemäss Umfragen die "Reisefreiheit" (70%) – dahinter folgen der "Schutz der Menschenrechte und der Freiheit" (57%) und der "Kampf gegen die Korruption" (49%). Das rein materialistische Item "Lebensstandard" folgt erst auf dem vierten Rang (48%) – wahrscheinlich ein Hinweis darauf, dass die relative Mehrheit der Ukrainerinnen und Ukrainer die EU, um bei der Metapher zu bleiben, eher als Zulieferer von Angelruten als von Tiefkühlfisch sieht (IRI 2013: 15).

Indirekt wird diese Beobachtung auch bestätigt durch eine frühere Meinungsumfrage, die eine erstaunliche Differenz aufzeigt zwischen denjenigen, welche die europäische Integration der Ukraine befürworteten (45%), und denjenigen, die glaubten, von einer solchen Integration persönlich zu profitieren (37%) (Tkachuk 2011). Die Differenz bedeutet wahrscheinlich, dass es eine durchaus stattliche Zahl von Personen gibt, welche die EU-Assoziierung unter nationalen strategischen Gesichtspunkten betrachten und *nicht* in erster Linie aus Hoffnung auf einen direkten persönlichen Gewinn befürworten. Dieselbe Differenz zwischen bürgerlichen und merkantilistischen Einstellungen, die sich mit Ingleharts Überleben/Selbstverwirklichung-Werten decken, zeigt sich auch bei einer neueren Umfrage, bei der die Befragten aus einer Liste von Items diejenigen drei auswählen konnten, die ihnen für ihr Land und für sich selbst am wichtigsten erschienen. Die Liste der persönlichen Prioritäten führten die Items Inflationskontrolle (58%), Bekämpfung der Arbeitslosigkeit (51%) und sozialer Schutz der Armen (40%) an. Bei der Aufzählung der nationalen Prioritäten führte die Bekämpfung der Arbeitslosigkeit (55%) die Rangliste an – gefolgt von der Erhöhung der tiefen Industrieproduktion (44%; aber nur 23% bei den persönlichen Prioritäten) und der Bekämpfung der Korruption (42%, aber nur 25% bei den persönlichen Prioritäten) (IRI 2013: 17, 21).

Die Vorstellung von Europäisch-Sein ist für viele Ukrainerinnen und Ukrainer ein konkreter, aber kein entscheidender Wert. Wenn die Frage gestellt wird, was der Befragte "bräuchte", um sich als Europäer zu fühlen, und eine Liste von Antworten vorgegeben wird, entscheiden sich die meisten Personen erwartungsgemäss für "ein gewisser materieller Lebensstandard" (59%). Aber die nächsten Antworten auf der Rangliste waren "mich durch das Gesetz geschützt fühlen" (41%) und "die Werte der Demokratie und der Menschenrechte respektieren" (32%). Die Items "Möglichkeit, ohne Visa nach Europa zu reisen" (24%), "Möglichkeit, die Regierung in freien und fairen Wahlen zu bestimmen" (15%) und "mich selbst als freie Person fühlen" (15%) folgten auf den weiteren Plätzen. Nur acht Prozent der Prozent meinten, sie "bräuchten" nichts Besonderes, um sich europäisch zu fühlen, da Ukrainer so oder so Europäer seien, und zehn Prozent gaben an, Ukrainer seien keine Europäer (Razumkov Center 2013b).

Diese Einstellungsmuster verdeutlichen auch, weshalb sich die Ukrainer weniger "europäisch" fühlen als die Weissrussen, die nie den Anspruch hatten, EU-Mitglied zu werden (White et al. 2010: 351). Was die Weissrussen unter dem Gesichtspunkt sehr lockerer historischer, geografischer und zivilisatorischer Gemeinsamkeiten betrachten, interpretieren die Ukrainer gemäss viel strikterer Kategorien der (unvollständigen) Zugehörigkeit zu einer Wertegemeinschaft. Der Euromaidan scheint signifikant zur europäischen Selbsterfahrung der Ukrainerinnen und Ukrainer beizutragen. Während sich im Mai 2013 nur 34% der Befragten als Europäer sahen (Razumkov Center 2013a), waren es Ende Dezember bereit 44% (Foundation "Democratic Initiatives" 2013b).

Schliesslich gab es zwei Umfragen, die direkt auf dem Maidan durchgeführt wurden, um ein soziales Porträt der Demonstrierenden zu skizzieren. Diese Umfragen sind zum Schluss gekommen, dass das Durchschnittsalter der Demonstranten bei 36 Jahren lag, die meisten (zwischen 76% und 78%) hatten einen höheren Bildungsabschluss, drei Viertel waren

Angestellte und ein Viertel Selbständige, und 38% hatten zuvor noch nie an einer Demonstration teilgenommen. Der Hauptgrund für ihr Engagement hatte eindeutig mit Werten zu tun: 51% wollten das korrupte Regime loswerden, 46% erhofften sich einen radikalen Machtwechsel, 47% wollten, dass die Regierung das Assoziierungsabkommen mit der EU unterschreibt, 30% waren empört über Polizeibrutalität, und 15% waren gegen ein Abdriften der Ukraine in Richtung Zollunion mit Russland (Zaxid.net 2014). Die jungen Demonstranten gebrauchten in ihrem Diskurs oft abstrakte Begriffe wie "EU-Beitrittsprozess", "universale Menschenrechte" oder "Freiheit". Sie warfen den älteren Generationen in der Ukraine vor, den "Banditen die Korruption durchgehen zu lassen", und sie seien – als "nichtsowjetische Kinder einer unabhängigen Ukraine" – dazu verpflichtet, "für die Demokratie zu kämpfen, da die älteren Generationen dazu nicht bereit sind".

Dieses Bild des Maidans mag etwas gar rosig sein, und einige Autoren, die nicht unbedingt auf der Lohnliste des Kremls stehen, wiesen auf dunklere Aspekte des Maidans hin (Katchanovski 2014). Zwei Kritikpunkte standen dabei im Mittelpunkt. Erstens repräsentiere der Maidan nicht die ganze ukrainische Gesellschaft und nicht einmal ihre Mehrheit und verstärke eher noch die ideologische Spaltung und politische Polarisierung der Ukraine. Zweitens spielten rechte Nationalisten, vor allem von "Svoboda", eine wichtige Rolle auf dem Maidan und unterminierten seine auf Werten basierende, proeuropäische Glaubwürdigkeit.

Beide Probleme sind seriös und so komplex, dass sie einer separaten Studie bedürften. Ich möchte hier nur einige wenige allgemeine Argumente darlegen. Erstens spielen der erwähnte gesellschaftliche Cleavage und die Mehrheitsverhältnisse in Bezug auf konkrete Politiken, auf spezifische politische Optionen (z.B. EU vs. Zollunion), auf die Wahl des Präsidenten oder auf die Verabschiedung der Verfassung selbstverständlich eine Rolle. Aber sie sind sicher irrelevant, wenn wir über universelle Werte wie Freiheit, Gerechtigkeit und Würde sprechen – also alles, was wir unter Menschen- und Bürgerrechten subsumieren können. Anders gesagt: Keine Mehrheit kann Sklaverei legitimieren, und kein gesellschaftlicher Cleavage kann eine Rechtfertigung für die Beibehaltung totalitärer "Werte" sein.

Tatsächlich wurde der Euromaidan von der relativen Mehrheit (und vielleicht sogar von der absoluten Mehrheit) der Bevölkerung unterstützt (42% zu 35% bzw. 49% zu 45%) (Rating Group 2013a; Research & Branding Group 2103). Aber selbst wenn dies nicht der Fall gewesen wäre, waren die Forderungen des Maidans legitim, da sie sich auf Werte stützten und friedlich vertreten wurden. Der Euromaidan war gemäss Anton Shekhovtsov eine "demokratische Revolution gegen den Autoritarismus und den Nepotismus", "eine Studentenrevolution gegen eine Regierung, die alle Träume und Hoffnungen zerstört", "eine Rebellion gegen die Polizei, die ukrainische Bürger schlägt, foltert, vergewaltigt und ermordet", "eine Revolte der Gebildeten gegen die arrogante Ignoranz der regierenden Elite", "eine Revolution unabhängiger Unternehmer gegen die unersättliche Allmacht von Janukowitschs 'Familie' und seiner Oligarchen", "eine Revolution gegen den hartnäckigen Geist des Sowjetismus" und "gegen die alte Ukraine und für eine neue Ukraine" (Shekhovtsov 2013).

Die Anhängerschaften dieser beiden "Ukrainen" mögen zahlenmässig ungefähr ausgeglichen sein, aber in ihrer Mobilisierung unterscheiden sie sich stark, eben weil ihre jeweilige Motivation auf unterschiedlichen Werten beruht. Dies wurde besonders deutlich, als die Regierung versuchte, Gegendemonstrationen zu organisieren. Staatsangestellte wurden gezwungen, teilzunehmen, viele erhielten dafür Geld, aber der offensichtliche Mangel an Enthusiasmus machte das ganze sowjetisch angehauchte Unterfangen so pathetisch und obsolet, dass die Behörden die Idee rasch wieder aufgaben und ihre Ressourcen dafür einsetzten, Rowdies anzuheuern, welche die Demonstranten belästigen und Provokationen inszenieren sollten.

Die Umfrageergebnisse bestätigen die Differenzen zwischen den beiden Gruppen. 5,7% der Befragten nahmen an Protesten gegen die Regierung teil, 17,5% gaben an, grundsätzlich bereit zu sein, an solchen Protesten teilzunehmen, und 21,6% signalisierten ihre Solidarität mit den Demonstrierenden. Umgekehrt gaben nur 0,5% der Befragten an, an Demonstrationen für die Regierung teilgenommen zu haben, 3,5% sagten, sie seien grundsätzlich bereit, an solchen Demonstrationen teilzunehmen, und 12% unterstützten diese Demonstrationen für die Regierung passiv (Rating Group 2013a). Eine andere Umfrage Ende Dezember bestätigte im Wesentlichen diese Befunde (Foundation "Democratic Initiatives" 2013a).

Bestimmt ist die Ukraine nicht so eindeutig gespalten zwischen Westen und Osten, zwischen Ukrainern und Russen und zwischen Ukrainophonen und Russophonen – wie dies gewisse oberflächliche Autoren behaupten. Soziologische Studien bestätigen zwar gewisse Korrelationen zwischen ethnischer Zugehörigkeit, Sprache und politischen Einstellungen, aber die Zusammenhänge sind nicht stark ausgeprägt. Zwar bedauern mehr Russen als Ukrainer in der Ukraine den Zerfall der Sowjetunion (55% vs. 38%), aber auch ein substanzieller Teil der Russen fühlt kein Bedauern (31%).

Dasselbe gilt für die Regionen: 70% der im Westen der Ukraine wohnhaften Personen bedauern den Untergang der UdSSR nicht, immerhin 30% der Bewohner der östlichen Landesteile fühlen ebenfalls kein Bedauern.

Ähnlich komplex sind die Einstellungen der Bevölkerung zu politischen Fragen. Ethnische Russen und Russischsprachige haben eine stärkere Präferenz für eine "starke Hand" (vs. Demokratie), für Zensur (vs. Meinungsfreiheit) und für eine Planwirtschaft (vs. freie Marktwirtschaft) (Rating Group 2013b: 8, 11, 14, 17, 18). Aber es geht hier um Wahrscheinlichkeiten und nicht um Determinismus. Der Grund für die Unterschiede ist einfach: Für Russen und Russophone war es viel einfacher, eine sowjetische Ideologie zu internalisieren als für Ukrainophone, die danach strebten, ihre kulturelle Identität gegen den Russifizierungsdruck zu verteidigen, und deshalb mehr Gründe dafür hatten, sich von der sowjetischen Ideologie zu distanzieren.

Sogar in der Stadt Donetsk, die als Hochburg der Partei der Regionen und als Verkörperung der pro-russischen, pro-sowjetischen und panslawischen Einstellungen gilt, wird ein Zusammenschluss der Ukraine mit anderen früheren Sowjetrepubliken nur von 50% der Befragten befürwortet. Eine beachtliche Minderheit von 22% schaut (politisch) westwärts (Center for Political Studies 2013: 13).

Die reale Trennlinie in der Ukraine ist weder ethnisch noch regional, sondern ideologisch. Das Land besteht aus zwei sich überlappenden Nationen – eine sowjetische und eine anti-sowjetische, eine eurasische und eine europäische, eine Ukraine der bevormundeten Subjekte und eine Ukraine der emanzipierten Bürger. Die Ukraine ist gespalten entlang eines Wertegrabens, und genau dies macht es so schwierig, die beiden "Ukrainen" miteinander zu versöhnen. Yevhen Zolotariov argumentiert, dass in der Ukraine seit zwei Jahrzehnten zwei soziale Realitäten, eine sowjetische und eine nichtsowjetische, Seite an Seite, in parallelen Welten, existieren und jeweils nur bei den Wahlen aufeinandertreffen. Jedes Mal gewann die nichtsowjetische Ukraine ganz knapp, nie entscheidend. Dann schaffte es Präsident Janukowitsch in wenigen Jahren, die meisten sowjetischen Praktiken und Symbole wiederherzustellen. Das Problem ist indes, dass eine sowjetische Ukraine keinen Existenzgrund und keine Ressourcen hat, um ohne die UdSSR zu existieren (Zolotariov 2014).

Ein amerikanischer Journalist bemühte dieselbe Metapher der zwei "Ukrainen" und brachte sie mit dem Konflikt in den USA zwischen Abolitionisten und Sklavenhaltern in Verbindung (wobei er, im Gegensatz zu Zolotariov, Janukowitsch gewisse versöhnliche Intentionen unterstellte): "In seinen drei Amtsjahren als Präsident hat Viktor Janukowitsch versucht, eine Balance zwischen den beiden Seiten zu finden – ungefähr so, wie die amerikanischen Präsidenten vor dem Bürgerkrieg versucht hatten, das amerikanische Haus in Ordnung zu halten, indem sie um die Sklaverei herum geschwafelt hatten. [...] Die Zeit wird zeigen, ob Präsident Janukowitsch die beiden Nationen der Ukraine unter einem Dach zusammenhalten kann" (Brooke 2013).

Der ukrainische Historiker und jüdische Aktivist Vitaly Nakhmanovych argumentiert, dass eine Versöhnung zwischen den beiden Lagern auf absehbare Zeit kaum möglich sein wird, weil sich Werte nur sehr langsam ändern (wenn überhaupt). Er fordert dagegen, dass die ukrainischen Politiker über einen Ausgleich nachzudenken beginnen. Er meint damit, dass eine Gruppe der anderen Gruppe eine gewisse Autonomie zugesteht und deren Werte respektiert. Es ist indes sehr unwahrscheinlich, dass die autoritäre Ukraine den demokratisch ausgerichteten und nach Europa hin orientierten Bürgern eine solche Autonomie gewähren würde. Hingegen ist es durchaus denkbar, dass eine demokratische Ukraine einen Ausgleich findet mit den obrigkeitsgläubigen, sowjetophilen und nach Russland ausgerichteten Mitbürgern (Nakhmanovych 2014).

Das zweite konzeptuelle Problem des Maidans – die Übervertretung nationalistischer Faktionen und, zum Teil, nationalistischer Rhetorik – ist eng mit dem oben beschriebenen ersten Problem verknüpft. Fast vier Jahre Herrschaft Janukowitschs haben nationalistischen Gefühlen und Bewegungen in zwei Weisen Vorschub geleistet. Erstens hat die Politik der schleichenden Russifizierung fast aller Lebensbereiche und die Re-Sowjetisierung des symbolischen Raumes und der sozialen und politischen Praktiken die Hoffnung vieler Ukrainerinnen und Ukrainer auf eine nationale Erweckung unterminiert und ihr Gefühl einer (neo-)kolonialen Unterwerfung und Marginalisierung wiederentfacht. Zweitens haben die Behörden augenscheinlich zur spektakulären Transformation der einst marginalen Rechtsaussengruppe Svoboda zu einer parlamentarischen Kraft mit zehn Prozent Wähleranteil beigetragen. In den letzten fünf Jahren hat Svoboda ihre finanzielle Situation deutlich verbessert – angeblich dank der verdeckten Unterstützung durch einige regierungstreue Oligarchen –, und die Präsenz der Partei in den regierungstreuen Fernsehsendern nahm – was doch sehr auffällig ist – stark zu, viel stärker als diejenige der deutlich moderateren Oppositionsparteien. Die Rechnung der Regierung dürfte zynisch, aber auch ziemlich vernünftig gewesen sein. Da die Partei der Regionen keine Chance hat, im Westen der Ukraine Wahlen zu gewinnen, erschien es ihr ratsam, die extreme Rechte zu stärken und somit die Position der liberalen Nationalisten (ihrer eigentlichen Konkurrenz) in ihren Stammlanden zu schwächen (Kuzio 2011). Indem sie die Westukraine in einen Themenpark eines radikalen Nationalismus transformierte, schlug die Regierung zwei Fliegen auf einen Streich. Einerseits schuf sie damit die Vogelscheuche eines ukrainisch-faschistischen Nationalismus, die den Rest des Landes und die internationale Gemeinschaft erschreckte. Andererseits verschmolz die Regierung die etablierte liberal-nationalistische Opposition mit den falschen "nationalistischen Taliban".

In gewisser Hinsicht wurde die Opposition von der Regierung dadurch in eine Lose-Lose-Situation gedrängt. Entweder ist die Opposition bereit, mit den Radikalen zu kooperieren, was die Gefahr in sich birgt, dass sie sich national und international diskreditiert, oder sie distanziert sich von radikalen Gruppen, was die Opposition spaltet und gegenüber dem Regime schwächt. Die Taktik der Regierung schien in Bezug auf den Maidan aufzugehen. Die Rechtsaussengruppen spielten der Regierung bei ihrem Versuch in die Hände, den Maidan als eine Masse marginaler Extremisten darzustellen, und erleichterten es dem Regime, durch falsche Radikale Provokationen im Namen der Demonstranten anzustacheln.

Die Oppositionsführer haben eine schwierige Entscheidung zu treffen, denn eine Distanzierung von ihren dubiosen Verbündeten "würde sicher ein Zeichen für die Spaltung des Maidans sein und für die Widersprüche in einigen fundamentalen Positionen seiner Akteure und Gruppen, und würde ihren Gegnern, den abwartenden Zuschauern und ihren Anhängern gleichermassen die Schwäche der Protestbewegung verdeutlichen" (Kulyk 2014). Das von Volodymyr Kulyk thematisierte Problem geht indes weit über den ukrainischen Fall hinaus: Welches sind die politischen und ideologischen Grenzen nationaler Befreiungsbewegungen und wo wird die Grenze gezogen zwischen geduldeten und nicht mehr tragbaren Alliierten im Widerstand, wenn es nicht bloss um die triviale Frage geht, wer die nächsten Wahlen gewinnt, sondern darum, ob in Zukunft überhaupt noch freie Wahlen möglich sein werden? Volodymyr Kulyk glaubt, dass sich die ukrainischen Demokraten von den Radikalen aus normativen Gründen distanzieren sollten: "Eine solche prinzipielle Haltung würde die Treue der oppositionellen Parteien gegenüber der Demokratie bestätigen und viele, nichtnationalistische

Demonstranten beflügeln, denn diese Demonstranten kämpfen zuerst und vor allem für die Demokratie".

Diese Empfehlung wurde allerdings rasch irrelevant, da die Regierung bereits die Eskalation der Gewalt orchestriert hatte und damit die Unterscheidung zwischen Moderaten und Radikalen auf dem Schlachtfeld des Maidans unwichtig wurde. Die Anti-Protest-Gesetze von Mitte Januar verwandelten die Ukraine faktisch in einen Polizeistaat (Karasov 2014). Nun war es das einzige Ziel der Protestierenden, eine Diktatur zu verhindern.

Die Demonstranten siegten. Sie sicherten der Ukraine einen offenen, kompetitiven und pluralistischen politischen Raum. Ideologische Spaltungen und politische Grabenkämpfe innerhalb des siegreichen Oppositionslagers scheinen nun unausweichlich. Starker russischer Druck oder eine explizite Aggression werden die heterogene Koalition von Liberalen, Sozialisten und Nationalisten temporär nochmals zusammenschweissen. Aber langfristig werden die Pfade dieser politischen Kräfte wieder auseinander gehen.

Die Ablösung der kommunistischen Vergangenheit dürfte schwierig werden und lange dauern. Aber die graduelle Verschiebung von Einstellungen und Werten führt zu einer zunehmenden Offenheit der ukrainischen Gesellschaft für demokratische Regierungsformen und macht sie immun gegenüber dem Autoritarismus. Die identitäre Spaltung der Ukraine kompliziert die demokratische Transition, denn die sowjetophile und panslawische Identität stärkt autoritäre Werte und erhöht die Wirkung der russischen oder prorussischen Propaganda. Der Erfolg der ukrainischen Demokratiebewegung hängt letztlich davon ab, ob es ihr gelingt, die Demokratisierungsagenda von der oft als nationalistisch wahrgenommenen nationalen Befreiung zu trennen und die identitäre Spaltung zu überwinden, indem der Diskurs von "Identität" zu "Werten" verschoben wird.

Literatur

Brooke, James (2013). *Can Ukraine's Two Nations Stay Under One Roof?*: http://blogs.voanews.com/russia-watch/.

Center for Political Studies (2013). Мнение жителей Донецка по актуальным политическим проблемам: https://docs.google.com/file/d/0B-ycAERGC7MIM1VvNFVZVEU4dWs/edit?usp=sharing&pli=1.

Halchynsky, Anatoly (2014). Анатомія революції: нотатки вченого: http://gazeta.dt.ua/internal/anatomiya-revolyuciyi-notatki-vchenogo-_.html.

[Hrytsak 2013] Грицак, Ярослав (2013). Як надати сенсу нашому безсенсовному становищу: http://zbruc.eu/node/17088.

Inglehart, Roland and Christian Welzel (2010). Changing Mass Priorities: The Link Between Modernization and Democracy, *Perspectives on Politics* 8(2): 551-567.

IRI (2013). *Public Opinion Survey – Residents of Ukraine, August 27-September 9, 2013*. Baltic Surveys Ltd./The Gallup Organization: www.iri.org/sites/default/files/IRI_Ukraine_August-September_2013_Edited%20Poll.pdf.

Foundation "Democratic Initiatives" (2013a). Два місяці протестів в Україні: що далі?, 20-24 грудня 2013: www.dif.org.ua/ua/publications/press-relizy/dva-misjaci-protestiv--v-ukraini-sho-dali_.htm.

Foundation "Democratic Initiatives" (2013b). Громадська думка: підсумки 2013 року, 20-24.12.2013: http://dif.org.ua/ua/publications/press-relizy/dkokbpkerpkhopk.htm.

[Karasov 2014] Карасьов, Вадим (2014). Янукович переходить до поліцейської моделі, *Газета по-українськи* (21.01.2014).

Katchanovski, Ivan (2014). The EuroMaidan, the European Union and the Future of Ukraine, *Kyiv Post* (15.1.2014).

KIIS (2013). Яким шляхом іти Україні — до якого союзу приєднуватись? Київський міжнародний інститут соціології, 9–20 листопада 2013: www.kiis.com.ua/?lang=ukr&cat=reports&id=204&page.

Kudelia, Serhiy (2013). *Ukraine's Perfect Storm: How Far Will It Go?* Washington (PONARS Eurasia).

Kulyk, Volodymyr (2014). On "Faecal March" and "Banderite Slogans", *Krytyka* (January).

Kuzio, Taras (2011). "Directed Chaos" Part of Attack on Real Nationalists?, *Kyiv Post*, (25.3.2011).

[Nakhmanovych 2014] Нахманович, Віталій (2014). Водкрите звернення до лідерів Майдану, *Критика* (січень 2014).

Onuch, Olga (2014). Social Networks and Social Media in Ukrainian "Euromaidan" Protests, *The Washington Post* (2.1.2014).

Rating Group (2013a). Суспільно-політична ситуація в Україні: грудень 2013, 7.-17.12.2013: http://ratinggroup.com.ua/products/politic/data/entry/14080/.

Rating Group (2013b). Кілька тез про ціннісні орієнтації українців. Kiew.

Razumkov Center (2013a). Чи вважаєте Ви себе європейцем? 17-22 травня 2013: http://razumkov.org.ua/ukr/poll.php?poll_id=894.

Razumkov Center (2013b). Що треба для того, щоб Ви відчули себе європейцем? 17-22 травня 2013: http://razumkov.org.ua/ukr/poll.php?poll_id=895.

Research & Branding Group (2013). Оценка социально-политической ситуации в Украине (23.-27.12.2013): http://rb.com.ua/rus/projects/omnibus/8877/.

Shekhovtsov, Anton (2013). The Ukrainian Revolution is European and National, *Eurozine* (13.12.2013).

Snyder, Timothy (2013). A Way Out for Ukraine?, *NYR Blog* (5.12.2013).

The WVS Cultural Map of the World: www.worldvaluessurvey.org/wvs/articles/folder_published/article_base_54.

Tkachuk, Viktor (2011). People First: The Latest in the Watch on Ukrainian Democracy, *Kyiv Post* (27.12.2011).

White, Stephen et al. (2010). Belarus, Ukraine and Russia: East or West?, *British Journal of Politics and International Relations* 12(3): 344-367.

Zaxid.net (2014). Половина євромайданівців вийшли, аби скасувати корупцію: http://zaxid.net/home/showSingleNews.do?polovina_yevromaydanivtsiv_viyshli_abi_skasuvati_koruptsiyu__opituvannya&objectId=1300453.

[Zolotariov 2014] Золотарьов, Євген (2014). Формула революції 2014 – від протесту до спротиву: www.pravda.com.ua/articles/2014/01/17/7009810/.

Der Autor

Mykola Rjabtschuk (geboren 1953) ist Politik- und Kulturanalyst in Kiew und Visiting EURIAS Research Fellow am Institut für die Wissenschaften vom Menschen in Wien. Sein Essay "Die reale und die imaginierte Ukraine" erschien 2005 bei Suhrkamp. Sein letztes Buch, "Gleichschaltung. Authoritarian Consolidation in Ukraine, 2010-2012" wurde in Ukrainisch und in Englisch veröffentlicht.

Zum Teufel mit den Parteien!
Der neue Maidan als Aufstand der Zivilgesellschaft gegen den ukrainischen Parteienfilz

Paul Flückiger

Ein kleines Rinnsal tropft aus den Zementsäcken am Kiewer Europaplatz. Die erste kleine Barrikade auf dem Weg ins Regierungsviertel droht bei leichten Plustemperaturen in der Sonne dahinzuschmelzen. "Freiheit oder Tod!", hat einer auf die Reklametafel gleich daneben gesprüht. Doch hinter der Barrikade lockt als erstes eine mobile Imbissbude.

Ein paar Hundert Meter weiter ist der Spass vorbei. Schwarzer Schnee füllt die Löcher herausgebrochener Pflastersteine, der schwarze Reifengummi klebt an Eis und Häuserwänden. Dazwischen marschieren mit Knüppeln bewaffnete Männer in alten Bundeswehrtarnanzügen. Das deutsche Wappen prangt noch auf dem Oberarm. "Sie sagen, wir seien Terroristen, doch wir verteidigen nur das Volk", sagt ein 70-järiger Afghanistanveteran am Eingang zum Dynamo-Stadion. Er stehe hier, damit seine Enkel ein besseres Leben hätten und frei durch Europa reisen könnten, sagt der Alte und zieht seinen aus einer Dachlatte gebastelten Schlagbaum hoch, wenn immer ein Angestellter des Fussballstadions zur Arbeit will. Der Eingang wird nämlich von der Opposition gehalten, das Stadion selbst indes steht auf der Regierungsseite. Dazwischen glitzern entfernt die Schilder der gefürchteten Berkut-Sondereinheiten im Gehölz des nahen Parks.

Das Kampfgetöse aus Moskau ist hier kaum zu vernehmen. Die "Selbstverteidiger des Maidan" hält Wache und posiert gern für Fotos. Der Kreml indes hat jene Ukrainer, die in den Kaffeehäusern der nahen Einkaufsmeile Chreschtatik sitzen und die dort gratis aufliegende Tageszeitung "Kommersant Ukraina" lesen, wissen lassen, welche Konfliktlösungsstrategie Russland für die Ukraine sieht. Wenn sich der Maidan nicht von selbst auflöse, müsse er mit Gewalt geräumt werden, sagt in einem Interview der für die Ukraine zuständige Putin-Berater Sergej Glasjew. Russland befürworte auch den Beitritt des Südostteils des Landes zur russisch-weissrussisch-kasachischen Zollunion, sagt Glasjew. Die Föderalisierung der Ukraine sei nicht bloss eine Idee, sondern unausweichlich. Anfang Februar haben Abgeordnete der autonomen Halbinsel Krim Russland als Schutzmacht angerufen und ein Referendum über die territoriale Zukunft vorgeschlagen. Die seit Stalins Vertreibung der Tataren mehrheitlich von Russen besiedelte Krim wurde erst 1954 von KP-Generalsekretär Nikita Chruschtschow der Ukraine zugeschlagen. Die Krim-Parlamentarier stärken damit eine Gruppe explizit pro-russischer Abgeordneter der Präsidentenpartei, die schon kurz nach Beginn der Massenproteste Mitte November gegen den EU-Integrationsstopp eine Föderalisierung der Ukraine gefordert hatten.

Gespenstisch flackert in der Nacht das Feuer in den Halleröfen der Berkut-Sonderpolizei an der Kiewer Gruschewski-Strasse. Hin und wieder fährt ein Jeep vor. Rechts am Parkeingang plärrt eine Leinwand. Einen Filmprojektor haben auch die "Selbstverteidiger des Maidan" oben auf der letzten von drei Barrikaden hingestellt. In der Nacht zeigen sie den verfeindeten Sicherheitskräften meist einen Dokumentarfilm über die kriminellen Machenschaften des heutigen Präsidentenclans in Donetsk.

Oben auf den russgeschwärzten Sandsäcken der noch öffentlich zugänglichen zweiten Barrikade sieht es aus, als ginge es hier um einen Stellvertreterkrieg mit Filmen. Doch hinter den Schneemauern stehen junge Ukrainer mit bunt zusammengewürfelten Uniformstücken, den Kopf mit allerlei Helmen geschützt, und halten Wache. "Sie schützen uns unten auf dem Maidan, den wollte der Präsident schon zweimal räumen", erzählt ein Astronomiestudent aus Lwiw (Lemberg). Am 22. Januar 2014 fielen hier die ersten Schüsse, abgefeuert vermutlich von Staatspräsident Viktor Janukowitsch besonders treu verbundenen Vitali Sachartschenko unterstellten Snipern des Innenministeriums.

Um Mitternacht ist Wachablösung. Zehn Burschen in Tarnanzügen und mit Knüppeln bewaffnet marschieren auf. Einer hat sich eine Art Hellebarde schmieden lassen. Sein russgeschwärztes Gesicht sieht schauerhaft aus unter dem alten sowjetischen Soldatenhelm. Doch sein Blick ist sanft. "Ich bin gegen das Unrecht, Politik interessiert mich nicht", sagt der Mittdreissiger aus einer Kleinstadt im Süden Kiews.

Im nahen 24-Stunden-Café am Europaplatz wärmen sich selbsternannte Maidan-Verteidiger auf und erzählen von ihren Heldentaten und Sorgen. Da ist Sema, der sich nicht einteilen lassen will in eine der oppositionellen Hundertschaften und deshalb sein Nachtquartier im nahen "Ukrainischen Haus" verloren hat. Nach Hause traut er sich nicht mehr. "Sie filmen uns, viele der Demonstranten sind bereits verschwunden", sagt er und meint, nur der Sieg könne ihn noch retten. Eben erst aus der westukrainischen Gebietshauptstadt Riwne angereist ist der Geschäftsmann Leonid. Er wird auf Schritt und Tritt von seinem Bodyguard begleitet, der bereitwillig Waffenschein, Pistole und Patronen herzeigt. "In Kiew weiss man halt nie", sagt Leonid, meint dann aber lachend, sein Beschützer habe vor allem die Aufgabe, ihn beim Steinwerfen zu filmen und die Aufnahmen ins Internet zu stellen. "Sie glauben gar nicht, wie ich die Schmarotzer auf der andern Seite der Barrikade hasse", sagt Leonid. Dann zeigt der Geschäftsmann ein Bündel Hundertdollarnoten her und spielt zum Abschied stolz seine Filme auf dem I-Phone ab.

Geradezu verwegen nimmt sich gegen Leonids kämpferische Ausbruchversuche aus dem Alltag der Traum des westukrainischen Metallhändlers Anatoli Pantschuks aus. Er möchte die EU-Aussenkommissarin Catherine Ashton gerne alleine treffen. Brüssel spreche immer nur mit Politikern, klagt Pantschuk und zeigt auf seinem Laptop Musterantwortmails der Europäischen Kommission. Der Mittvierziger aus Vinnitsa in der Zentralukraine hat Anfang Jahr auf dem Maidan eine Jugendorganisation namens "Erste Hundertschaft" gegründet. Sie ist publikumswirksam für die beiden Barrikaden an der Institutskaja-Strasse hoch zum Regierungsviertel verantwortlich. Pantschuk hat ein Wappen kreiert, das sich auf die Kosakentradition der Ukraine bezieht, und er schimpft wie ein Rohrspatz. "Die Politiker betrügen uns", sagt er, "die Opposition genauso wie die Regierung". In die Statuten hat er deshalb schreiben lassen, dass seine Organisation nur Jugendliche aufnehme, die keiner politischen Partei angehörten. Bis zu 2'000 Anhänger will Pantschuk auf dem Kiewer Maidan haben.

Am Eingang zu seinen Zelten hat der moderne Kosaken-Ataman statt einer Spendenbüchse einen Briefkasten aufgestellt. Den Strom für die Heizschlaufen und Licht bezieht er gegen Bezahlung "aus eigener Tasche" vom Einkaufszentrum unter dem Maidan. Dort patrouillieren neben den vor allem mit Knüppeln, aber auch Luftpistolen bewaffneten "Maidan-Selbstverteidigern" immer wieder Spendeneintreiber. Umgerechnet 5 Millionen CHF sollen dabei unter den Kiewern gesammelt worden sein. Der Löwenanteil davon komme Klitschkos "Udar", Jazenjuks "Batkiwtschina" und "Swoboda" zugute, bei den insgesamt über 30 "Sotnias", den Gruppen mit ihren Zelten und zugeteilten Schlafstellen in den drei noch besetzten Gebäuden, komme kaum etwas an, klagt Pantschuk.

Pantschuks Kritik an den etablierten Parteien zeigt sich bei einem Gang über den Maidan. Hin und wieder flattert dort die Flagge einer Partei des oppositionellen Triumvirats, doch die meisten Militärzelte haben ein buntes Sammelsurium von Flaggen und Bildern aufgehängt. Der westukrainische Nationalist Stefan Bandera findet sich da neben dem Barmherzigkeitsbild von Jesus Christus, der ostukrainische Anarchist Nestor Machno neben Piratenflaggen. EU-Fahnen gibt es natürlich auch. Eine ernsthaft xenophobe oder gar rechtsradikale Stimmung findet hier keiner vor, der sich Mühe macht, mit den Demonstrierenden im Zelt eine Tasse heissen Tee zu trinken und über die Welt zu reden. Doch eine Radikalisierung ist klar zu spüren. Viele erzählen, der harte Kern schaffe Waffen an und auch sie seien zum Äussersten bereit. "Wenn die Schneebarrikaden schmelzen, dann bauen wir menschliche Schutzschilder gegen die Panzer auf", sagt ein "Maidan-Wächter" vor dem Hotel "Ukraina".

Europa ist für die meisten der Demonstranten ein mythischer Ort der Rechtschaffenheit, ein System ohne Korruption und mit wahrer Volksvertretung. Der 22-jährige Student Eduard gibt sich schnell als Sympathisant des umstrittenen "Rechten Sektors" zu erkennen, einer geheimnisumwitterten Organisation von je nach Quelle 100 bis 500 Mitgliedern, die auf dem Maidan besonders martialisch auftritt und wegen ihrer Zwischenkriegsästhetik in die rechtsradikale Ecke gedrängt werden. Ein in einer Internetzeitung veröffentlichtes Interview mit deren Anführer Dmitro Jarosch zeichnet indes ein weit differenzierteres Bild. So kämpfen etwa auch Mitglieder mit Flüchtlingshintergrund in den Reihen des "Rechten Sektors". Der schmächtige Student Eduard sagt, er wolle einfach jemanden, der in der Opposition endlich die Verantwortung übernehme. "Wenn wir eine neue Regierung bilden, ist klar, dass Fachleute – und nicht die Träumer des Rechten Sektors – ran müssen", sagt der Student.

Fachleute hätte die parlamentarische Opposition. Doch bei den "Volksversammlungen des Maidan" wurde Mitte Februar sowohl bei den mehrmaligen Ministern Petro Poroschenko wie Jazenjuk gepfiffen. Auch Tjahnybok und Klitschko erging es nicht viel besser. Tosenden Applaus ernteten hingegen Männer und Frauen der Tat. Der mutmasslich entführte und gefolterte Bürgeraktivist Igor Lutsenko ist ein solcher neuer Held. Oder die von Schlägern an Weihnachten fast zu Tode geprügelte, auf das Geschäftsimperium des Janukowitsch-Clans spezialisierte Investigativ-Journalistin Tetjana Tschernowol. Noch tief in den Knochen sitzt vielen älteren Besuchern auch die "Orange Revolution", deren Sieg von Ende 2004 schnell im Parteiengezänk und dem Dauerstreit zwischen Regierungschefin Julia Timoschenko und Staatspräsident Viktor Juschtschenko verspielt wurde. Der wöchentliche Auftritt der parlamentarischen Oppositionsführer wird indes von vielen neuen Formationen gern als Plattform genutzt. Flugblätter und Rosenkränze werden verteilt. Einer versucht es mit einer "Europäischen

Partei der Ukraine", ein anderer hat die Partei "5.10" gegründet, auch der "Rechte Sektor" lässt die Nullnummer einer eigenen Zeitung verteilen.

Dass der Einfluss der drei parlamentarischen Oppositionsparteien geschwunden ist, zeigt auch der Besuch in dem von ihnen zu Beginn der Proteste gemieteten Gewerkschaftshaus. Im Pressezentrum aus dem die meisten Auslandjournalisten inzwischen in Richtung Sotschi weitergezogen sind, ist das oppositionelle Triumvirat sehr präsent, doch in den restlichen sechs Stockwerken, haben oft selbsternannte Wichtigtuer die Macht übernommen. Bullig werden Ausweise verlangt, vermummte junge Möchtegern-Frontkämpfer verstellen den Weg zu Treppenhäusern und Räumen.

Die Anspannung ist auch im "Ukrainischen Haus" zu spüren, nahe an der Gruschewski-Barrikade, wo am 22. Januar die ersten Schüsse fielen. Hier haben die Demonstranten nach dem Sturm auf das einstige Lenin-Museum Ende Januar eine Volksuniversität, eine Bibliothek und ein Lazarett eingerichtet. Der Schlafsaal der 32. Brigade ("Sotnia") ist gemütlich warm und umfasst etwa 40 Materatzen. Ein zuständiger Abschnittskommandant, der seinen Namen aus Sicherheitsgründen nicht preisgeben will, erzählt, im Notfall könnten schleunigst 10'000 bis 20'000 vermummte "Selbstverteidiger" aufgeboten werden.

Noch scheint der Maidan aber vor allem mit sich selbst beschäftigt zu sein. Der Gründungsversuch einer anarchistischen "Sotnia" an der Prorizna-Barrikade zeigt Mitte Februar die engen Grenzen der Toleranz. Die rund 50 jungen Männer und Frauen werden augenblicklich von doppelt so vielen aggressiven "Maidan-Selbstverteidigern" umstellt. Viele haben Skinheadsymbole auf den Helmen, einer schwingt gar eine Axt. Die Anarchisten ziehen schliesslich unter wüsten Drohungen ab. "Der Testosteronpegel ist höher als der Grips im Kopf", sagt der wachhabende Afghanistanveteran. Er sei politisch neutral, jedoch gegen jede Diktatur, erklärt er und hält sich raus.

Die Opposition habe wenig Autorität und niemand habe die Kontrolle über den Maidan, umreist tags darauf im Gespräch Ihor Smeschko, der frühere ukrainische Geheimdienstchef, das Problemfeld aus der Sicherheitsperspektive. Die Situation drohe vollkommen aus dem Ruder zu laufen, sagt Smeschko in einem der umliegenden Hotels. Die Opposition sei schwach und unglaubwürdig, weil auch sie Oligarchen in ihren Reihen habe oder von solchen finanziert würde. Sein Leben lang sei er ein parteiloser Berufssoldat gewesen, doch diese letzte Krise würde Offiziere wie ihn nun in die Politik zwingen, sagt der einstige ukrainische Verteidigungsattaché in

Bern und erzählt vom Aufbau einer Zentristischen Partei durch ehemalige Sicherheitsleute.

Am nahen Checkpoint beim Michaelskloster gegenüber dem Aussenministerium mag keiner mehr über Politik und die Zukunft der Ukraine diskutieren. Das Nahziel sei klar: Der als "Freistadt Kiew" bezeichnete Maidan dürfe von den Sicherheitskräften nicht geräumt werden. Das Fernziel indes ist schwammiger: "Zum Teufel mit den Parteien, wir brauchen den Systemwechsel", sagt Sergej.

Geradezu systemerhaltend kommt die neue ukrainische Revolution im Vergleich zum Kiewer Maidan in der westukrainischen Metropole Lwiw (Lemberg) daher. Doch die westukrainische Bürgergesellschaft bietet statt Träumen Taten. "Kauf keine Produkte des Janukowitsch-Clans!" steht da etwa auf einer Tafel in der Wohnung von Oleh Radik. Flugblätter und Boykott-Kleber liegen in seiner Küche herum. Tagsüber steht der Vierzigjährige oft zusammen mit seiner Aktivistengruppe vor einem der grossen Supermärkte und versucht, die Lemberger davon zu überzeugen, nur noch Produkte zu kaufen, die das Umfeld des Staatspräsidenten nicht noch reicher machen. Der lokale Maidan-Aktivist hat zuerst mitgeholfen, die Barrikade um die Gebietsverwaltung aufzubauen, nun aber sein Feld verlagert. "Die Regierungspartei kennt keine Ideologie ausser Geld", analysiert Radik. Dies müsse sich die Opposition zunutze machen, findet er und rühmt sich der über 50'000 Unterstützer seiner Boykottkampagne auf Facebook. Wenn es indes sein müsse, verlege auch er sich wieder auf radikalere Aktionen wie den Angriff auf Regierungsgebäude, sagt Radik. "Ich habe bewusst mein Schengenvisum nicht verlängern lassen, denn mein Platz ist nun hier in der Ukraine", sagt der Aktivist. Sein Blick verfinstert sich.

Seelenlose Wohnsilos sowjetischer Bauart haben in Radiks entlegener Wohngegend die romantischen Gassen der Innenstadt verdrängt. Junge Männer lungern vor dem Hauseingang herum, rauchen und trinken. Geld für die vielen neuen Kaffees auf dem Lemberger Marktplatz haben sie keines. Knapp 800'000 Einwohner hat die westukrainische Verwaltungsmetropole; in Wirklichkeit dürfte es aber eine Million sein, heisst es im Rathaus. Dort hat Bürgermeister Andri Sadowy an der Fassade ein grosses Plakat anbringen lassen. "Freie Stadt freier Bürger", heisst es darauf. Er fühle sich alleine seinen Wählern verantwortlich, sagt Sadowy im Gespräch. Die Drohungen aus Kiew, den Geldhahn für das aufmüpfige Lwiw abzudrehen quittiert Sadowy mit einem Hinweis auf die ukrainische Verfassung. "Solche Drohungen sind ein Zeichen der Schwäche", fügt der sanfte Mann mit der

Intellektuellenbrille dann leise an. "Habt keine Angst!", habe Papst Johannes Paul II Im Jahr 2001 bei seinem Besuch in Lwiw gesagt. Die Orange Revolution und der jetzige Maidan hätten die Einwohner der Stadt nachhaltig verändert, erklärt der parteilose Lemberger Bürgermeister. "Alleine die letzten drei Monate haben andere Ukrainer hervorgebracht", sagt Sadowy. Hier in Galizien, wo die Sowjetmacht erst nach 1945 begonnen habe, wolle niemand mehr ein Sklave sein.

Am Tag nach den ersten Schüssen auf wehrlose Demonstranten in der Kiewer Gruschewski-Strasse stürmten lokale Aktivisten der Opposition die Regionalverwaltung. Janukowitschs Gebietsverwalter Oleh Salo wurde vor Fernsehkameras zu einen handschriftlichen Rücktrittsgesuch gezwungen. Eine Bürgerpatrouille bewachte daraufhin drei Wochen die von der Kiewer Machtzentrale benutzte zweite und vierte Etage des Verwaltungsgebäudes. Gleichzeitig übernahm der Präsident des gewählten Lokalparlaments, Petro Kolodyj, so gut es ging die Aufgaben des vertriebenen Gouverneurs. Ähnlich ging die Opposition in weiteren westukrainischen Oblasts vor. Kiew habe sich davor gehütet, den Geldfluss zu stoppen, um ja keine Sezessionsgelüste zu befeuern, erzählt Andrij Holowka, Chef der grössten Fraktion im Lemberger Lokalparlament, der Partei "Swoboda" ("Freiheit"). "Drei Wochen lang hatten wir hier die Demokratie", sagt Holowka. Dann kam aus der Kiewer Dreiparteien-Oppositionszentrale die Bitte, die Barrikade wegzuräumen und die Gebietsverwaltung freizugeben. "Das war eine Goodwill-Aktion der Opposition vor allem für den Westen", erklärt Holowka. "Wir wollten zeigen, dass wir keine Extremisten sind", sagt der Fraktionschef von "Swoboda".

Inzwischen ist das Verwaltungsgebäude in Lwiw wieder besetzt. Nach der neusten Eskalation haben die Lemberger jedoch gleich auch die Staatsanwaltschaft, die Delegatur des Innenministeriums, den Sitz des Geheimdienstes und mehrere Kasernen mit Barrikaden blockiert. Bereits sollen erste Sicherheitskräfte zu den Oppositionellen übergelaufen sein.

Man müsse sich bewusst sein, dass in der Lemberger Politik und Beamtenschaft jeder jeden kenne, sagt der Maidan-Aktivist Oleh Radik. Es sei deshalb schwer vorstellbar, dass Janukowitsch sich auf seine lokalen Sicherheitskräfte verlassen könne. "Wir sind alle Westukrainer", sagt Radik und beginnt wie viele hier auf die Machtusurpation Krimineller auf der Ostukraine zu schimpfen. Radik spielt damit auf die Haftzeit des Staatspräsidenten in der Sowjetunion und die Mafiaverbindungen der ihn unterstützenden Oligarchen an. Wenn das Klingeln seines Mobiltelefons das Gespräch unterbricht, meldet er sich mit "Es lebe die Ukraine!" an; zum Abschied sagt er "Ehre den Helden!".

Ein für westliche Besucher auf den ersten Blick unverständlicher nationalistischer Diskurs beherrscht den öffentlichen Raum in Lwiw. Selbst in der auf jüdisch getrimmten Kneipe "Zur Rosensynagoge" läuft seit Beginn der hier als "Zweiter Maidan" bezeichneten Proteste gegen Janukowitschs plötzlichen Stopp der EU-Integration Mitte November statt Klezmermusik harter Partisanen-Rock. Manche Jugendlichen haben sich Embleme antikommunistischer Partisanenverbände auf ihre Jacken genäht. Der bewaffnete Widerstand gegen die Sowjetmacht dauerte in Galizien bis weit in die Fünfzigerjahre.

Im Nachtzug Lwiw-Simferopol, der den pro-europäischen Westen des Landes via Ostukraine mit der russland-freundlichen Halbinsel Krim verbindet, sind Diskussionen über den Sinn des Patriotismus nicht willkommen. Er wolle einfach, dass alles wieder werde, wie es bisher war, protestiert ein Mitreisender aus Saporoschje und wechselt demonstrativ den Sitzplatz. Seine Nachbarin, eine junge Lemberger Ärztin, hatte davon erzählt, wie sie nach den Meldungen erster Schüsse auf die Demonstranten sofort nach Kiew gefahren war und versucht hatte, zu helfen. Junge Lemberger erzählen sich rührende Geschichten wie ihre Omas im Januar zusammenkamen, um kugelsichere Westen für die Demonstranten in Kiew zu nähen. Oder wie man sich im Kaffeehaus als Freiwilliger einschreiben konnte – Mindesteinsatz auf dem Kiewer drei Tage, Eigenbeteiligung 100 Hrywna (umgerechnet 10 CHF bzw. 1 bis 2 lokal übliche Tagelöhne). Und manche Gesprächspartner sehen gar ein Körnchen Wahrheit in dem typisch galizischen Witz über jenen Hausbesitzer, der seinen Rasen statt mit Wasser mit Öl begiesst. Nicht sattes Grün läge ihm an Herzen, sondern dass die vergrabenen Gewehre nicht rosteten.

Die Lemberger seien einfach gegen jede Macht, klagt dagegen Andrij Madzanowski und erzählt von seinem dreiwöchigen Exil in einem Nebengebäude der Kulturabteilung der Gebietsverwaltung. Madzanowski ist einer der vier Gouverneursvertreter des Lemberger Gebiets. "Die Lage war absurd, aber unser Team hat sich bewährt", erzählt der joviale Vertreter der Zentralmacht in Kiew, der sich am liebsten an seinen jüngsten Ausflug nach Locarno erinnert. Das von den Oppositionsparteien beherrschte Gebietsparlament wolle immer diskutieren statt zu arbeiten, klagt Madzanowski. 99 Prozent der Vorlagen seien politisch, dabei brauche das Lemberger Gebiet doch vor allem Friede, Stabilität und ein gutes Investitionsklima. Stattdessen hätte das Lokalparlament in den vergangen vier Jahren seit dem Wahlsieg von Viktor Janukowitsch fünf Gouverneure abgesetzt. Am meisten schmerzt den Vertreter des Präsidenten, einen Staatsanwalt mit 16-jähriger Berufserfahrung, indes, dass wegen der aktuellen Krise Gespräche mit chinesischen und kasachischen Investoren quasi auf Eis gelegt werden mussten. "Lwiw ist nach Prag und Krakau die neue Modedestination für westliche Touristen, aber dafür brauchen wir Ruhe und Frieden", sagt Madzanowski, der bezweifelt, dass präsidententreue Sniper das Feuer auf Kiewer Maidan Demonstranten eröffnet haben. "Heute ist nichts klar, aber niemand in der Ukraine will ein Blutvergiessen", sagt der von Janukowitsch nach Lemberg delegierte Lokalbeamte.

PS: Zwei Wochen später flieht Janukowitsch Hals über Kopf aus Kiew über die Krim nach Russland, nachdem auch die kaltblütige Ermordung von rund 100 Maidan-Demonstranten weder Ruhe noch Friede gebracht haben. Das Parlament wählt dank Überläufern der früheren Präsidialpartei Jazenjuk zum Übergangspremier. Zwei der drei Oppositionsparteien stellen die neue Regierung, in der allerdings eine Reihe von Bürgeraktivisten des Maidans Ministerposten übernehmen. Klitschkos "Udar" steht abseits, will die neue pro-westliche Regierung aber unterstützen. Der Boxweltmeister hat angekündigt, bei den vorgezogenen Präsidentenwahlen Ende Mai kandidieren zu wollen. Ein ähnlicher Entscheid wird von der inzwischen freigelassenen Ex-Regierungschefin Julia Timoschenko erwartet. Wohin die Reise geht, ist unklar, zumal auf der Krim Moskau wieder heftig zündelt. Doch die vom Kiewer Maidan ans Schwarze Meer verlagerte Krise dürfte den Rest der Ukraine zusammen schweissen. "Putin verdient eigentlich eine Verdienstmedaille für die EU-Annäherung Kiews", fand Jazenjuk vor einem halben Jahr auf der Höhe der russischen Handelsblockade. Nun sieht es danach aus, dass der aus aussichtsloser Position zum Übergangspremier Aufgestiegene Putin bald einen zweiten Verdienstorden anheften kann – als Einiger der Ost- und Westukraine.

Der Autor

Paul Flückiger (geboren 1966) hat in Basel und Hamburg Allgemeine Geschichte mit Schwerpunkt Osteuropa studiert und arbeitet seit Sommer 2000 als freier Osteuropakorrespondent mit Standort in Warschau u.a. für die "Neue Zürcher Zeitung", "NZZ am Sonntag", den "Tagesspiegel" (Berlin) und "Die Presse" (Wien). Er ist Gründungsmitglied des Auslandkorrespondenten-Netzwerkes www.weltreporter.net.

Der Weg zum Euromaidan aus systemtheoretischer Perspektive

Jakob Mischke

Einleitung

Die Ereignisse rund um die Nicht-Unterzeichnung des Assoziierungsabkommen der Europäischen Union mit der Ukraine, die in die als Euromaidan bezeichneten Proteste mündeten, zeigten mehrere unerwartete Wendungen im Geschehen auf. Dabei musste vor allem die EU einige Niederlagen hinnehmen. Die Hoffnungen, im Rahmen der Östlichen Partnerschaft mit Armenien und der Ukraine Assoziierungsabkommen zu unterzeichnen, materialisierten sich nicht und zeigten die Grenzen der politischen Gestaltungsfähigkeit der Europäischen Union auf. Politikversagen, wie das hier beobachtete, ist wiederum ein Thema, das im Werk des Bielefelder Soziologen Niklas Luhmann zur politischen Soziologie immer wieder behandelt wurde. In seinem Ansatz einer Theorie autopoietischer und voneinander unabhängiger Sozialsysteme spielt die Politik entgegen ihres Selbstverständnisses keine zentrale oder führende Rolle in der Gesellschaft, so dass sie nicht steuern, sondern maximal versuchen kann, in anderen Teilen der Gesellschaft Unsicherheiten zu absorbieren. Im Folgenden werden die Ereignisse rund um den Gipfel von Vilnius aus dem Blickwinkel Luhmanns Systemtheorie betrachtet und interpretiert, um neue Denkanstösse und Lösungen für die aktuell diskutierten Probleme finden zu können. Einige Fragen, die mit Hilfe dieses Ansatzes beantwortet werden sollen, sind hierbei:

1. Wie konnte der Streit um die Freilassung Julia Timoschenko zum zentralen Stolperstein des Assoziierungsabkommens werden?
2. Warum war der russische Druck auf die ukrainische Regierung erfolgreicher als der europäische?
3. Warum führte die Nicht-Unterzeichnung des Assoziierungsabkommens zu den "Euromaidan" genannten Massenprotesten?

Auch wenn die folgenden Ausführungen wie eine Exegese einer "heiligen Schrift" anmuten mögen, wird aus dieser keineswegs ein Wahrheitsanspruch für die Interpretation der Ereignisse aus Luhmanns Sicht erhoben.

Vielmehr soll der folgende Text als Einladung verstanden werden, die Vorgänge von einem anderen Standpunkt zu betrachten. Hierbei wird vor allem aus dem zentralen Werk Niklas Luhmanns zum politischen System, der posthum herausgegebenen "Politik der Gesellschaft" (Luhmann 2000), zitiert. Es werden jedoch auch andere Schriften, die sich mit Politik beschäftigen, herangezogen, wie auch Sekundärliteratur über Luhmanns Theorieentwurf. Im Folgenden wird zuerst in einem weiten Bogen in den theoretischen Ansatz eingeführt, die Politik in der Ukraine beschrieben und dann auf die Verhandlungen zum Assoziierungsabkommen und den Euromaidan eingegangen.

Systemtheorie

Niklas Luhmann (1927-1998) näherte sich dem Forschungsgegenstand Politik aus soziologischer Perspektive. Ausgangspunkt für seine Betrachtungen war nicht das politische System selbst, sondern die Gesellschaft, die er als Gesamtheit nicht von einzelnen Menschen, sondern von Kommunikationen zwischen Personen betrachtete (s. als Einführung z.B. Lange 2003). Gesellschaft ist ein soziales System, welches in segmentäre (wie Familien, Clans, Organisationen), stratifikatorische (wie Adel, Proletariat) oder funktionale Teilsysteme aufgeteilt sein kann (Luhmann 1997: 613). Ein solches System wird dabei nicht durch seine Strukturen, sondern die Grenzen, die es zu anderen Systemen aufbaut, definiert.

Wie in der soziologischen Theorie wird für die heutige Gesellschaft das allgemeine Paradigma einer funktionalen Differenzierung angenommen, also die vornehmliche Ausdifferenzierung der Teilsysteme anhand einer bestimmten Funktion, die nur sie ausführen können (Luhmann 1997: 743ff.). Diese Funktionssysteme arbeiten autopoietisch, was bedeutet, dass sie sich bei ihrer Kommunikation nur auf eigene Kommunikationen berufen: Gerichtsentscheidungen orientieren sich vor allem an vorherigen Entscheidungen. Finanzielle Transaktionen orientieren sich an anderen Transaktionen. Entscheidungen im politischen System müssen auf vorherige politische Entscheidungen rückführbar sein.

Die Theorie Luhmanns ist eine konstruktivistische Theorie. Auch wenn die Existenz einer real existierenden Welt angenommen werden kann, ist diese zu komplex, als dass sie ein Beobachter in ihrer Gänze wahrnehmen könnte. Zur Reduzierung von Komplexität lassen Systeme daher bei der Wahrnehmung und Weiterverarbeitung bestimmte Beobachtungen aus, es wird eine Wahrnehmungsgrenze gezogen, die vom System selbst mittels eines bestimmten Codes festgelegt wird. Soziale Strukturen sind somit nicht mehr als gegeben, sondern als willkürlich gezogen zu betrachten. Dadurch gibt uns diese Theorie die Flexibilität, Unterschiede in der Wahrnehmung und der Funktion von bestimmten gesellschaftlichen Institutionen zu erklären: ein Parlament kann auch als Marktplatz, ein Gericht als politische Institution fungieren.

Luhmann hat im Rahmen seines Werkes mehrere solcher Funktionssysteme beschrieben, die in westeuropäischen Gesellschaften als funktional weitgehend autonom beobachtbar sind, so ein System der Wirtschaft (Luhmann 1988), das seine Grenze nach Zahlungsfähigkeit festlegt, das System des Rechts (Luhmann 1995), das nach rechtmässig/nichtrechtmässig unterteilt, und ein System der Politik (Luhmann 2000), auf das wir im Folgenden genauer eingehen.

Das System der Politik

Politische Kommunikation selbst bildet bei Luhmann ein System, das entgegen klassischer politologischer Theorien nicht im Zentrum der Gesellschaft steht, sondern nur ein Teilsystem unter vielen ist. Politik arbeitet dabei im Medium der Macht. Macht wird als das Inaussichtstellen negativer Sanktionen definiert (Luhmann 2000: 45), vor allem die angedrohte Ausübung von Gewalt, die bewirkt, dass andere etwas tun, was sie sonst nicht tun würden. Davon abzugrenzen sind positive Sanktionen, die ebenfalls Einfluss auf die Handlungen anderer bewirken können (Luhmann 2000: 39ff.). Ein prominentes Beispiel für positive Sanktionen sind zum Beispiel Geldzahlungen im Wirtschaftssystem, die für ein bestimmtes Verhalten in Aussicht gestellt werden. Eine dritte Einflussmöglichkeit, die Luhmann nennt, ist Autorität, die man besitzt, wenn andere der eigenen Urteilsfähigkeit vertrauen. Das politische System hat sich jedoch vor allem um den Machtgebrauch ausdifferenziert, indem es den Einsatz von Gewalt in der Gesellschaft zentralisiert und das so genannte Gewaltmonopol des Staates gebildet hat (Luhmann 2000: 83).

Das System der Politik operiert, um seine Grenzen zur Umwelt aufrechtzuerhalten, nach der Differenz Macht/keine Macht. Praktisch bedeutet das, dass es bei seinen Operationen nach Themen sucht, die seine Macht vergrössern können, und andere unbeachtet lässt, die hierfür irrelevant sind (Luhmann 2000: 88). Mit der Ausdifferenzierung eines Systems der Politik entstehen demokratische Systeme, in denen die Macht selbst noch einmal nach der Differenz Regierung/Opposition aufgeteilt ist. Somit können politische Themen entweder von der Regierung aufgegriffen und zur Entscheidung gebracht werden, oder sie werden von der Opposition verwendet. Insgesamt ist der Vorteil nicht die stärker ausgeprägte Mitbestimmung, sondern dass auf diese Weise eine grössere gesellschaftliche Komplexität bearbeitet werden kann.

Da andere Teilsysteme der Gesellschaft, wie Wirtschaft und Recht, funktional nach anderen Codes funktionieren, ist für Luhmann eine direkte Kontrolle dieser durch Politik nicht möglich. Zwar werden Gesetze erlassen, jedoch müssen diese rechtmässig erlassen worden sein und sich in Einklang mit der Verfassung befinden, damit sie von Gerichten zur Entscheidungsgrundlage hinzugezogen werden können. Auch kann Politik Staatsausgaben beschliessen, jedoch müssen diese vorher über Steuererhebung dem Wirtschaftssystem entzogen werden, worauf dieses wiederum auf seine eigene Weise reagiert (Luhmann 2000: 383). Ausserdem kann nach der Zahlung nicht mehr darauf Einfluss genommen werden, wie das Geld im Wirtschaftssystem weiterhin verwendet wird. Im Rahmen der funktionalen Ausdifferenzierung der Gesellschaft diagnostiziert Luhmann einen Kontrollverlust der Politik und vergleicht die Versuche, zum Beispiel auf den Arbeitsmarkt, die Familienbildung usw. einzuwirken, mit dem Regentanz der Hopi-Indianer (Luhmann 2000:113). Wie den Tänzern bleibt der Politik eine Simulation von Aktivität, die allein die Funktion hat, Unsicherheit in der Gesellschaft zu absorbieren. Die Funktionsweise der anderen Gesellschaftssysteme sollte aber ansonsten in Ruhe gelassen werden, um deren Ausdifferenzierung nicht zu behindern.

Postsowjetische Politik

Zwar haben die Funktionssysteme in Luhmanns Entwurf weltweite Ausdehnung, es kann jedoch in Regionen dieser Weltgesellschaft zu Abweichungen von den allgemeinen Strukturen kommen (Luhmann 1997: 35). Eine dieser Regionen ist Osteuropa, wo die gesellschaftliche Entwicklung infolge der Oktoberrevolution im Laufe des 20. Jahrhunderts eine andere Entwicklung gemacht hat.

Luhmann beschreibt, dass die politischen Systeme der sozialistischen Staaten des 20. Jahrhunderts aufgrund der führenden Rolle der kommunistischen Partei einer Leitdifferenz Linie/Abweichler folgen. Die Linie wird durch die kommunistische Partei vorgegeben, alle abweichenden Kommunikationen werden auf einzelne Personen bezogen (Luhmann 2000: 270). Da während der Perestroika unter Gorbatschow die Partei mit der Einführung der Meinungsfreiheit den Wahrheitsanspruch verlor, kann man daraus fortführen, dass sich Netzwerke um einzelne Personen bildeten und die Differenz sich in eine Loyalitätsbeziehung verwandelte.

Auch wenn die Weltgesellschaft über Regionen mit abweichenden Strukturen verfügen kann, übt sie dennoch im Zuge der Globalisierung einen immer stärkeren Druck auch auf die gesellschaftlichen Systeme dieser Regionen aus, was nach Luhmanns Ansicht letztlich auch zum Zusammenbruch der Sowjetunion geführt hatte. Schuld war vor allem das globale Wirtschaftssystem, das mit seinen sich ändernden Preisen die sozialistische Planwirtschaft vor unlösbare Probleme stellte, so dass diese zusammenbrach (Luhmann 1997: 1085).

Durch die schlechte wirtschaftliche Lage wuchs die Bedeutung von Personennetzwerken für die Güterversorgung. Besonders in Regionen der Weltgesellschaft, "in denen Familie nicht mehr und die Wirtschaft noch nicht ausreicht, um dem Einzelnen zufriedenstellende Lebensperspektiven zu eröffnen" (Luhmann 2000: 44), stellten solche Beziehungen wichtige soziale Ressourcen dar. In den postsozialistischen Staaten war die Politik sehr stark durch solche Loyalitätsnetzwerke gekennzeichnet.

Eine weitere Ressource für Einfluss bildete Autorität, definiert als unhinterfragtes Akzeptieren der Mitteilungen von anderen (Luhmann 2000: 42). Dies beinhaltet, dass ein autoritärer Herrscher seiner Bevölkerung das Gefühl geben kann, dass er schon das Richtige tue und somit die Unsicherheit in der Bevölkerung absorbieren kann (Luhmann 2000: 51).

Inwieweit sind solche politischen Systeme nach Luhmann demokratisch? Demokratisch sind politische Systeme, wenn sie autopoietisch arbeiten, also politische Entscheidungen auf vorhergegangenen politischen Entscheidungen beruhen. Dies wird dadurch erreicht, dass über die Vergabe öffentlicher Ämter in Wahlen abgestimmt wird (Luhmann 2000: 105). Doch dies allein ist nicht genug. Ein weiteres zentrales Merkmal demokratischer Systeme ist, dass das Zentrum der Politik über zwei getrennte Bereiche, Regierung und Opposition, verfügt. Es haben sich Mechanismen herausgebildet, in denen ein politisches Thema entweder von der Regierung aufgegriffen und zur Entscheidung gebracht werden kann, oder von der Opposition. Beide Seiten entscheiden unabhängig, womit sie Prestige für die nächsten Wahlen gewinnen können. Eine Regierung, die ein wichtiges politisches

Thema nicht bearbeitet, muss fürchten, dass die Opposition daraus bei der nächsten Wahl politisches Kapital schlägt.

Für eine glückende Demokratisierung ist die Positivierung des Rechts zentral, also das Prinzip, dass juristische Entscheidungen gemäss der Verfassung, darauf basierender Gesetze und vorhergehender Gerichtsentscheide getroffen werden. Ebenso wird ein Rechtssystem ohne Korruption vorausgesetzt (Luhmann 2000: 352). Was anderenfalls passieren kann, zeigt die Verhaftungswelle von Mitgliedern der Regierung Timoschenko, die gegen rechtsstaatliche Prinzipien in zweifelhaften Prozessen hinter Gittern gebracht worden sind.

Demokratisierung wird nicht allein durch die formelle Existenz einer Opposition erreicht, sie muss auch faktisch die Möglichkeit haben, eine tatsächliche Alternative gegen die Regierung zu bieten und so der Regierung Unsicherheit über den nächsten Wahlerfolg bereiten können. Fehlen ihr zum Beispiel die Möglichkeiten, über die Massenmedien auf die öffentliche Meinung Einfluss zu nehmen (Czerwick 2008: 97), oder wenn bei Wahlen die Ergebnisse von der Wahlbehörde im Sinne der Regierung gefälscht werden können, kann keine Unsicherheit induziert werden – und das System muss nicht mehr seine eigenen Entscheidungen reflektieren (Czerwick 2008: 119). Es kann also autokratisch operieren.

Politisch muss heute jedes Land der Weltpolitik gegenüber eine feste Adresse liefern, um "die kollektive Kommunikationsfähigkeit der Staaten" aufrechtzuerhalten (Luhmann 2000: 226). Im politischen System der Weltgesellschaft sind Staaten momentan zumindest symbolisch als liberale Verfassungsstaaten organisiert. Nach innen können sie jedoch als "Instrument einer regierenden Elite (zum Beispiel eines Militärregimes) benutzt [werden], die sich ihrerseits den vorgesehenen Bedingungen nicht fügt, sondern mit Hilfe der Verfassung 'unkonstitutionell' regiert" (Luhmann 2000: 428). Im Folgenden soll nun beschrieben werden, wie die Europäische Union mit solchen Systemen umgeht.

Die europäische Politik gegenüber der Ukraine

Die Europäische Union hat sich selbst stets nicht als militärische, sondern als eine zivile oder "normative Macht" definiert (zum Konzept: Manners 2002). Man wollte Einfluss gewinnen, indem man Regeln und Normen, vor allem Rechtsstaatsprinzipien, auf andere Länder mittels einer Anreizpolitik verbreitet. Im Unterschied zur Machtpolitik durch negative Sanktionen wird versucht, mit positiver Konditionalisierung Einfluss auf die Politik der Nachbarländer auszuüben und somit ihre Politikziele zu erreichen. Als Anreize werden vor allem Bevorzugungen wie der Zugriff auf europäische Märkte, Assoziierungsabkommen oder Visafreiheit angeboten.

Das ausgearbeitete Assoziierungsabkommen der EU mit der Ukraine, das auf dem Gipfel von Vilnius unterzeichnet werden sollte, entsprach genau diesem Ansatz. Die bisherige Erfahrung hat jedoch gezeigt, dass die europäischen Angebote, wenn überhaupt, dann nur selektiv dort angenommen werden, wo diese in den Zielländern Gewinne versprechen (s. z.B. Buzogány 2013). Dabei sah diese Politik am Anfang der neunziger Jahre noch vielversprechend aus, was damit erklärt werden kann, dass den mitteleuropäischen Staaten damals keine andere Integrationsmöglichkeit als die EU offenstand, wohingegen die Ukraine in einer Welt, in der China und Russland immer mehr ebenfalls Kooperationsangebote machen und zumindest kurzfristig bessere Bedingungen anbieten können, einen ungleich geringeren Anreiz hat, sich auf die Bedingungen der Europäischen Union einzulassen.

Warum wurde Julia Timoschenko für die EU zum Symbol des Rechtsstaates?

Eine viel kritisierte Entscheidung der EU bestand darin, dass sie seit 2011, als mit der Verhaftung Julia Timoschenkos ein Präzedenzfall in selektiver Rechtsanwendung in der Ukraine geschaffen war, an ihrem Integrationsangebot festhielt und die gesetzten Bedingungen immer weiter zurücknahm, obwohl sie dadurch die Glaubwürdigkeit ihrer Konditionalisierungspolitik gefährdete. Während man zu Anfang der Verhandlungen noch von der Einführung rechtsstaatlicher Prinzipien in der Ukraine sprach, die – wie oben beschrieben – eine Grundvoraussetzung der Demokratie sind, konzentrierte man sich im weiteren Lauf der Zeit auf die inhaftierten Oppositionspolitiker, vor allem der ehemaligen Premierministerin Julia Timoschenko. Dies erscheint logisch, wenn man die Bearbeitungsmechanismen gesellschaftlicher Probleme durch die Politik anschaut: Die Schaffung eines Rechtsstaates ist, da hierfür die Entwicklung einer eigenen Rechtskultur zentral ist, für die Politik ein kaum umsetzbares Ziel. Sie kann zwar Bedingungen für seine Entwicklung schaffen, jedoch auf seine Entwicklung nicht Einfluss nehmen, wenn er sich unabhängig von ihr entwickeln soll. Daher wurde die Frage von der Politik in ein politisch lösbares Problem umgewandelt (Luhmann 2000: 215): die Freilassung der Oppositionspolitiker. Dabei konzentrierte man sich auf den aus Sichtweise der Politik naheliegendsten Mangel eines nicht funktionierenden Rechtsstaates, die politisch selektive Justiz, mit der die Regierung die Opposition auf Distanz zur Macht halten kann.

Als Julia Timoschenko dann endgültig rechtskräftig verurteilt war, ging es in der Diskussion bereits nicht mehr um ihre rechtliche Rehabilitierung oder Freilassung, sondern lediglich die Möglichkeit, dass sie zur Behandlung ins Ausland fahren dürfe. Eine Aufhebung des Urteils selbst wurde nicht mehr angesprochen. Nach der Entscheidung der ukrainischen Regierung vom 21. November 2013, das Assoziierungsabkommen nicht zu unterzeichnen, wurde auch diese Forderung fallen gelassen. Die Lösung des Problems des Nicht-Einflusses auf den ukrainischen Rechtsstaat bestand also in einem schrittweisen Rückzug in dieser Frage, um das Abkommen insgesamt, also den gewünschten politischen Steuerungserfolg, zu retten.

Warum sind negative Sanktionen wirkungsvoller als positive?

Dem europäischen Integrationsangebot, das auf positiven Sanktionen beruhte, stand ein russisches entgegen, die Zollunion von Belarus, Russland und Kasachstan. Russland arbeitete beim Aufbau dieses Projektes, neben positiven Anreizen, wie einer Senkung der Gaspreise, auch mit negativen Sanktionen, z.B. der Drohung, die gemeinsamen Handelsbeziehungen abzubrechen, sollte die Ukraine ein Freihandelsabkommen mit der EU schliessen. Der qualitative Unterschied besteht hierbei, dass bei positiven Sanktionen der Sanktionierte bei Nichtbefolgen lediglich einen Nicht-Erhalt des Versprochenen hinnehmen muss, und dieses auch anderswo erhalten werden kann. Sieht er sich negativen Sanktionen ausgesetzt, haben diese eine stärkere Wirkung, da die Wirtschaft nicht mehr die Fortführung bestehender und bekannter Beziehungen erwarten kann und sich neu anpassen muss, was für ihn Unsicherheit bedeutet.

Wie hat die EU den Euromaidan ausgelöst?

Mit der Entscheidung zur Nicht-Unterzeichnung des Assoziierungsabkommens am 21. November 2013 kam nun eine neue Bewegung in Gang. Was die Annahmebereitschaft des Abkommens durch Viktor Janukowitsch und die Regierung betrifft, hatte die EU die Situation vielleicht falsch eingeschätzt, jedoch schien das Angebot in der politischen Logik Regierung/Opposition durchaus anschlussfähig zu sein. Da in der öffentlichen Meinung die EU-Integration schon seit Jahren die präferierte geopolitische Richtung darstelle, wäre eine Ablehnung ein zu grosses Geschenk für die Opposition, so dass diese unter demokratischen Verhältnissen in den nächsten Wahlen mit einer höheren Zustimmung rechnen könnte.

Mit dieser Kehrtwende in der Politik konnte Janukowitsch nicht mehr die Hoffnung auf eine baldige europäische Integration aufrechterhalten und verlor damit den Rest seiner Autorität. Um in Luhmanns Gleichnis zu sprechen, hörte er auf, den Regen-Tanz zu tanzen. In der Bevölkerung wurde nun eine funktionale Alternative hierzu gesucht. Es bildete sich eine soziale Bewegung, die das Thema europäische Zukunft aufgriff und auf die politische Agenda brachte. Nach Virgl (2011: 54) bilden sich soziale Bewegungen vor allem um Themen, die Gefahren in der Zukunft betreffen, wie Atomkraft, Waldsterben oder der Finanzkapitalismus.

Der Gewalteinsatz vom 30. November 2013 radikalisierte dann die Proteste und bewirkte, dass die Bewegung nicht mehr, wie anfangs, innerhalb des politischen Systems eine Lösung suchte (Lange 2003: 132), sondern dem politischen System selbst drohte, "Thema einer politischen Entscheidung zu werden statt Horizont des Entscheidens zu bleiben" (Luhmann 1969: 169).

Schlussfolgerung

Mit diesen Überlegungen wurde versucht, mittels des Ansatzes von Niklas Luhmanns Systemtheorie alternative Sichtweisen auf die Ereignisse um die Nicht-Unterzeichnung des EU-Ukraine-Assoziierungsabkommens und den Euromaidan zu erhalten. Hieraus ergibt sich, dass der Politikansatz der Östlichen Partnerschaft aufgrund seiner positiven Sanktionierung den russischen Sanktionsandrohungen wenig entgegensetzen konnte. Die schnelle Fokussierung der Rechtsstaatsproblematik auf die Person von Julia Timoschenko ist der Unmöglichkeit der Politik geschuldet, selbst für die Entstehung rechtsstaatlicher Verhältnisse zu sorgen. Auch wenn die EU bei der Vorbereitung des Assoziierungsabkommens die Handlungslogik der ukrainischen Regierung und Viktor Janukowitschs falsch eingeschätzt hat, hat sie mit ihrem Angebot die Zukunftsvorstellungen der ukrainischen Bevölkerung korrekt eingeschätzt. Diese so gewonnenen Erklärungen sind allerdings theoretisch abgeleitete Vorschläge und prätendieren keineswegs auf empirische Nachweisbarkeit. Hier endet die Zuständigkeit der Systemtheorie; eine Überprüfung der Thesen muss in einem empirischen Forschungsprojekt vorgenommen werden.

Literatur

Buzogány, Aron (2013). Selective Adoption of EU Environmental Norms in Ukraine. Convergence à la Carte, *Europe-Asia Studies* 65(4): 609-630.

Czerwick, Edwin (2008). *Systemtheorie der Demokratie*. Wiesbaden.

Lange, Stefan (2003). *Niklas Luhmanns Theorie der Politik: eine Abklärung der Staatsgesellschaft*. Wiesbaden.

Luhmann, Niklas (1969). *Legitimität durch Verfahren*. Neuwied Am Rhein.

Luhmann, Niklas (1988). *Die Wirtschaft der Gesellschaft*. Frankfurt am Main.

Luhmann, Niklas (1995). *Das Recht der Gesellschaft*. Frankfurt am Main.

Luhmann, Niklas (1997). *Die Gesellschaft der Gesellschaft*. Frankfurt am Main.

Luhmann, Niklas (2000). *Die Politik der Gesellschaft*. Frankfurt am Main.

Manners, Ian (2002). Normative Power Europe: a Contradiction in Terms?, *JCMS: Journal of Common Market Studies* 40(2): 235-258.

Virgl, Christoph J. (2011). *Protest in der Weltgesellschaft*. Wiesbaden.

Der Autor

Jakob Mischke (geboren 1982), M.A., ist Osteuropawissenschaftler und arbeitete von 2011 bis 2013 als Koordinator eines zweisprachigen Masterstudiengangs in "Deutschland- und Europastudien" an der Nationalen Universität der Kiewer-Moyla-Akademie. Er ist Mitglied des Vorstands der Deutschen Assoziation der Ukrainsten und für die Netzwerkplattform forumNET.Ukraine tätig.

Die Ukraine und die EU:
Ein Testfall für eine Erweiterung "light"

Taras Kuzio

Von 2010 bis 2013, in einer Phase der sich beschleunigenden demokratischen Regression, verhandelte die EU mit dem ukrainischen Präsidenten Viktor Janukowitsch. Doch dann beendete die ukrainische Regierung die Verhandlungen unilateral und wandte sich Russland zu, was eine politische Krise und die Formierung des Euromaidans auslöste. Während der Verhandlungen verpasste es die EU, "rote Linien" ("red lines") zu definieren, und sendete damit das falsche Signal aus, dass undemokratische Politiken nicht zum Stopp der Verhandlungen für ein Assoziierungs- und Freihandelsabkommen führen würden. Die EU nahm erst nach der Verhaftung von Julia Timoschenko im August 2011 eine kritischere Position gegenüber der Regierung Janukowitsch ein, obschon bereits zuvor viele Oppositionelle und Aktivisten der Zivilgesellschaft verhaftet worden waren.

Die EU wollte indes die Verhandlungen mit dem grössten und wichtigsten Mitglied der Östlichen Partnerschaft nicht gefährden, weil sie befürchtete, dass bei einem Misslingen der Verhandlungen die ganze Partnerschaft scheitern würde. Zudem erwartete die EU, dass eine zu harte Haltung in Bezug auf die menschenrechtliche Situation die Ukraine in die Arme Russlands und der Eurasischen Union und somit in die russische Einflusssphäre treiben würde. Diese Bedenken waren auch zurückzuführen auf die Tatsache, dass die Ukraine ihre eigene geopolitische Bedeutung sowohl gegenüber der EU als auch gegenüber den USA bewusst überzeichnete (Pifer 2012).

Darüber hinaus war die implizite Prämisse, dass die EU gegenüber denjenigen Staaten, die Teil der Erweiterung "light" sein würden, weniger strenge Kriterien geltend machen würde als gegenüber solchen, die volle Mitglieder der EU werden sollten. Während die EU aufgrund der Kopenhagen-Kriterien von 1993 klare Vorgaben für die Mitgliedschaft macht, sind die Bedingungen für eine Assoziierung viel vager und flexibler. Trotzdem bedingen die Assoziierungsabkommen gewaltige Reformanstrengungen der östlichen Partnerstaaten, die bis zu zwei Drittel des "acquis communautaire" übernehmen müssen, ohne aber in den Genuss des Zuckerbrotes der vollen Mitgliedschaft zu kommen, ohne substanzielle finanzielle Hilfe der EU in Anspruch nehmen zu können und mit dem grossen Handicap zum Beispiel für die Ukraine, die ein viel schwereres kommunistisches Erbe mit sich herumschleppen muss als die anderen Länder Zentral- und Osteuropas.

Die fehlende Bereitschaft der EU, der Ukraine die Perspektive einer Mitgliedschaft zu geben, war gleich für drei ukrainische Präsidenten eine schwere Enttäuschung, für Leonid Krawtschuk (1991-1994), Leonid Kutschma (1994-2004) und Viktor Juschtschenko (2005-2010). Präsident Viktor Janukowitsch wünschte sich ebenfalls, dass eine Mitgliedschaftsperspektive in das Assoziierungsabkommen integriert würde. Aber keiner der vier ukrainischen Präsidenten hat seine innenpolitische Agenda auf das Ziel einer EU-Mitgliedschaft abgestimmt. Sie warteten alle (vergeblich) auf ein Signal aus Brüssel. Janukowitsch zeigte sich an europäischen Werten nicht interessiert, und daher engagierte er sich weder für eine Erweiterung "light" (Assoziierung) noch für eine EU-Mitgliedschaft. In seiner Rede zur Lage der Nation 2012 erwähnte Janukowitsch die USA, Russland und China als strategische Partner, nicht aber die EU. Der schwedische Aussenminister Carl Bildt fragte im Januar 2012 beim WEF in Davos: "Kann die Ukraine zurück finden auf den Weg der europäischen Integration oder bleibt das Land stecken auf dem Pfad weg von Europa?" Ende 2013 drehte Janukowitsch der EU abrupt den Rücken zu. Die Machtübernahme der Opposition könnte nun eine Wiederbelebung der Annäherung an Europa bedeuten.

Keiner der vier ukrainischen Präsidenten hat die nötigen demokratischen, wirtschaftlichen und sozialen Reformen an die Hand genommen. Begründet wurde dies mit dem Fehlen einer EU-Beitrittsperspektive. Tatsächlich war Juschtschenko der einzige der vier Präsidenten, der einer demokratischen (allerdings chaotischen) Administration vorstand. Korruption – insbesondere ein notorisch undurchsichtiger Energiesektor – wurde *nie* nachhaltig bekämpft, und alle vier Präsidenten kamen in den Genuss von Zahlungen "unter dem Tisch" aus dem Energiesektor. Die Kooperation der EU mit der Ukraine, die auf eine Erweiterung "light" abzielte (Popescu/Wilson 2009), genügte nicht, um Janukowitsch dazu zu bewegen, europäische Werte zu respektieren.

Die vergangenen fast zwei Dekaden der EU-Ukraine-Beziehungen ähneln einem virtuellen Tennismatch und folgten dem Motto "Du tust so, als würdest Du Reformen durchführen, wir tun so, als würden wir Dir eine europäische Perspektive geben" – nicht unähnlich dem sowjetischen Witz "Du tust so, als würdest Du uns bezahlen, wir tun so, als würden wir arbeiten".

Beide Seiten zogen es vor, einen virtuellen (statt einen reellen) Tennismatch zu spielen. Präsident Janukowitsch und die Vertreter seiner Regierung gaben regelmässig Statements ab, wonach sie eine Annäherung an die EU befürworteten und die in Brüssel auf Wohlwollen stiessen. Brüssel antwortete seinerseits, dass die EU hoffe, dass die Ukraine Reformen verpflichtet bleibe. Mit der Gefahr einer Rückkehr zum vollen Autoritarismus, die unter Janukowitsch viel ausgeprägter war als bei seinen Vorgängern – wie die Inhaftierung von Julia Timoschenko im Oktober 2011 belegt –, wurde es für die europäischen Politiker zunehmend schwierig, den virtuellen Tennismatch weiterzuspielen. Ab Ende 2011 und 2012/13 kühlten sich Janukowitschs Beziehungen zur EU und zu Washington zusehends ab.

Das geopolitische Argument für die Aufrechterhaltung der Verhandlungen in einer Phase der demokratischen Regression basierte auf zwei *falschen* Prämissen. Erstens glaubte die EU, mit dem Abschluss eines Assoziierungsabkommens mit der Ukraine die ukrainische Innenpolitik beeinflussen zu können. Freedom House empfahl der EU in einem ansonsten kritischen Bericht in diesem Sinne: "Ein Assoziierungs- und Freihandelsabkommen so rasch als möglich abschliessen und dann sicherstellen, dass die Ukraine den in den Abkommen verankerten Werten folgt" (Freedom House 2011). Dieses Argument beruhte auf einem fehlenden Verständnis der Funktionsweisen des Regimes Janukowitschs und auf extensivem Wunschdenken ("wishful thinking") in Bezug auf die Fähigkeit des ukrainischen Präsidenten, sich selbst in einen Hüter europäischer Werte zu transformieren. Während der politischen Krise 2013/14 forderte der Vorsitzende von Freedom House, David Kramer, Janukowitsch dann doch zum Rücktritt auf. Zweitens wurde argumentiert, dass sich, falls die EU der Ukraine die kalte Schulter zeigen würde, Janukowitsch von Europa ab- und sich der russisch dominierten Zollunion zuwenden würde.

Tatsächlich brach jedoch die Regierung Asarow im November 2013 die Verhandlungen mit der EU ab und optierte einen Monat später für finanzielle Unterstützung von Russland. Präsident Putin hätte dem Anleihepaket von 15 Milliarden US$ sicher nicht zugestimmt, wenn die ukrainische Seite nicht Zugeständnisse in zwei für Russland eminent wichtigen Bereichen gemacht hätte: die Bildung eines russisch-ukrainischen Konsortiums zu den Gas-Pipelines durch die Ukraine und die Mitgliedschaft in der Zollunion. Es gibt halt keinen "free lunch".

Ich widerspreche in diesem Beitrag beiden oben angeführten Argumenten. Nach einem Abschluss des Assoziierungs- und Freihandelsabkommen mit der Ukraine wäre es zu spät gewesen, die Politiken Janukowitschs nachhaltig zu beeinflussen, und die westlichen Politiker, besonders die EU, hätten die undemokratischen Politiken als Nennwert nehmen müssen. Aber die westlichen Politiker waren schlicht nicht in der Lage, das typisch sowjetische kulturelle Verhalten der Doppelzüngigkeit – man sagt das eine und tut das andere – und die enorme Lücke zwischen der Rhetorik und der Praxis des ukrainischen Regimes zu verstehen. Ich argumentiere hier, dass Janukowitsch keinerlei Anstalten gemacht hätte, seine Politiken zu ändern, wenn die Abkommen mit der EU unterschrieben worden wären. James Sherr, ein Senior Fellow des "Royal Institute of International Affairs Russia and Eurasia Programme" argumentierte, dass Janukowitsch die EU als eine geopolitische Einheit betrachtete und "seine" Oligarchen in der EU einen potenziellen Markt sahen, aber weder Janukowitsch noch "seine" Oligarchen nahmen die EU "als eine Gemeinschaft von Werten und Standards" wahr (Sherr 2010).

EU-Erweiterung, Zentral- und Osteuropa und die Ukraine

Das Angebot einer EU-Mitgliedschaft an fünf zentraleuropäische Staaten in den späten neunziger Jahren hat auch den prowestlichen und prodemokratischen Kräften in Rumänien, Bulgarien, der Slowakei, Kroatien und Serbien, die sich viel langsamer reformierten, Auftrieb gegeben. Es trug zu den Wahlerfolgen der Oppositionskandidaten und -koalitionen bei und spornte sie auf ihrem Pfad der Demokratisierung an. Die EU intervenierte offen zugunsten der demokratischen Opposition in der Slowakei und in Serbien bei den Wahlen 1998 bzw. 2000 und schuf durch die Beitrittsperspektive Anreize, dass die Staaten des früheren Jugoslawiens mit dem Internationalen Kriegsverbrechertribunal kooperierten. Die Verhaftung von General Ratko Mladic hat auch die serbischen Mitgliedsperspektiven wieder erheblich verbessert.

Hingegen hat die EU 2003 bzw. 2004 Georgien bzw. der Ukraine *keine* Perspektive einer Mitgliedschaft angeboten, als die demokratischen Revolutionen in diesen beiden Ländern erfolgreich waren und sich die prowestliche Opposition bei den Wahlen durchsetzte. Mikhail Saakashvili und Viktor Juschtschenko kamen also ohne die indirekte externe Unterstützung an die Macht, von der die zentraleuropäischen und ex-jugoslawischen Staaten profitiert hatten. Die EU griff erst dann zögerlich in die Orangene Revolution ein, als die neuen Mitglieder Polen und Litauen auf eine Rolle der EU bei der Organisation von Rundtischgesprächen zwischen Regierung und Opposition drängten (Pifer 2007). Während der viel schlimmeren politischen Krise 2013/14 war die EU noch zurückhaltender, eine Führungsrolle wahrzunehmen oder sich als Mediator zu positionieren – was die USA zum Verzweifeln brachte.

Der Nachbarschaftseffekt und die Intervention der EU waren entscheidende Faktoren, welche die postrevolutionäre Demokratisierung der zentral- und osteuropäischen Staaten im Vergleich zu den ehemaligen Sowjetrepubliken beschleunigt haben. Aber genau dieser Nachbarschaftseffekt ermutigte auch Russland, die Ukraine als einen Teil seiner "Zone privilegierten Interesses" zu betrachten – wie Präsident Dmitri Medwedew die Gemeinschaft Unabhängiger Staaten (GUS) charakterisiert hatte. Schon die russische Intervention in die ukrainischen Wahlen 2004 war massiv (Kuzio 2005), und 2013/14 war Russland nochmals aggressiver und bis zuletzt unwillig, die Ablösung Janukowitschs durch einen Oppositionskandidaten zu akzeptieren.

Die Demokratisierung der Ukraine machte während der Juschtschenko-Präsidentschaft Fortschritte, und 2010 fanden die vierten freien Wahlen in Folge statt. Allerdings war die Demokratie in der Ukraine immer weniger konsolidiert als es den Anschein machte. Nach 2010 fand eine demokratische Regression auf breiter Front statt. Freedom House stufte die Ukraine 2010 von "frei" (2005-2009) auf "zum Teil frei" zurück. Freedom House warnte, dass die Trends unter der Janukowitsch-Präsidentschaft in Richtung grösserer Zentralisierung und Machtkonzentration – und somit Autoritarismus – wiesen. Auch der "European External Action Service" der EU meinte, ohne die Freilassung von Julia Timoschenko dürften freie und faire Wahlen in der Ukraine kaum möglich sein. Andrew Wilson schrieb: "Die Wahlen 2012 werden bedeutungslos sein, falls Timoschenko im Gefängnis bleibt" (Wilson 2011a). Nur drei Prozent der Ukrainerinnen und Ukrainer glaubten, dass die Wahlen 2012 frei und fair verlaufen würden (zit. in: www.uceps.com.ua). Diese Prognose wurde durch das Urteil der OSZE nach den Wahlen bestätigt.

Indem die EU den Beitrittsstatus verleiht, wird sie gewissermassen zum Wachhund, der über die demokratische Entwicklung des Kandidaten wacht. Diese Funktion hatte die EU in Bezug auf die Ukraine eben nicht. Die EU überwacht und begleitet zudem die rechtsstaatlichen Reformen in den "langsamen" EU-Staaten Rumänien und Bulgarien und "zwingt" diese

Länder zur Bekämpfung der Korruption. Ohne diesen Druck von aussen ist die Eindämmung von endemischer Korruption illusorisch (Kuzio 2011b).

Die Gegner der Demokratisierung blieben in der Ukraine, aber auch in Rumänien, Bulgarien, Serbien und Kroatien stark, aber die Beitrittsperspektive und die damit verbundene externe Unterstützung trugen bei den vier letztgenannten Staaten dazu bei, dass sie den Demokratisierungspfad nicht verliessen. Trotz der Revolutionen in Serbien 2000 und in der Ukraine 2004 blieben die Spitzenkandidaten der radikalen und der sozialistischen Partei im ersten und der Partei der Regionen im zweiten Fall relativ populär, obwohl sie die Wahlen verloren, und kehrten bei späteren Wahlen in Amt und Würden zurück. Die Partei der Regionen gewann die relative Mehrheit der Stimmen 2006 und 2007, und Präsident Janukowitsch wurde 2010 zum Präsidenten gewählt. Der serbische bzw. der ukrainische Oppositionskandidat, Kostunica bzw. Juschtschenko, gewannen jeweils mit ganz knapper Mehrheit die Wahlen – derweil Mikhail Saakaschwili in Georgien 96 Prozent der Stimmen gewann und das alte Regime als Konsequenz davon "liquidiert" wurde.

Die EU-Einmischung in Rumänien, Bulgarien, Serbien und Kroatien reduzierte die Gefahr einer Gegenrevolution, indem die proeuropäischen Kräfte und die Moderaten in den konterrevolutionären Parteien gestärkt wurden. Das Fehlen von EU-Unterstützung für die ukrainischen demokratischen Kräfte liess diese Faktionen geschwächt zurück, da die gegenrevolutionären Parteien (noch 2013) von Russland unterstützt wurden. Zudem profitierten diese Kreise vom enormen finanziellen Support von Oligarchen und "Big Business". Auch nach der Orangenen Revolution hielt Russland seine engen Beziehungen mit den Vertretern des *Ancien Régime* aufrecht, indem es ihnen Exil, finanzielle, diplomatische und organisatorische Hilfe anbot.

Die Beziehungen Ukraine/EU unter Kutschma und Juschtschenko

Unter Kutschma basierten die Beziehungen zwischen der Ukraine und der EU auf dem Partnerschafts- und Kooperationsabkommen, und es gab von Brüssel kaum Anreize für tiefgreifende Reformen. Präsident Kutschma lancierte zwar gross angelegte Programme, die der EU-Integration zum Vorteil gereichen sollten und die auf Anordnungen vom Juni 1998 sowie vom Juli 2000 beruhten, die aber keinerlei konkrete Auswirkungen auf die ukrainische Innenpolitik hatten. Es handelte sich um typische Verlautbarungen ukrainischer Präsidenten, die den sowjetischen Fünf-Jahres-Plänen ähnelten und bei denen allen klar war, dass sie nie umgesetzt werden würden.

Nach der EU-Erweiterungsrunde 2004, welche die postkommunistischen zentraleuropäischen sowie die baltischen Staaten umfasste, entwickelte die EU die Europäische Nachbarschaftspolitik, die sowohl für die südlichen als auch für die östlichen Nachbarn und sowohl für Länder *in* als auch *ausserhalb* von Europa gedacht war. Die Beziehungen der Ukraine mit der EU im Rahmen der Nachbarschaftspolitik waren überschattet durch die Tatsache, dass dieses Gefäss eben auch nordafrikanische Staaten umfassten, die ausserhalb Europas lagen und bei denen klar war, dass sie der EU nicht beitreten könnten. Im Rahmen der Nachbarschaftspolitik implementierte die Ukraine von 2005 bis 2008 die jährlichen Aktionspläne.

Im Mai 2008 präsentierten die Aussenminister Polens und Schwedens in Brüssel die Östliche Partnerschaft, die im Mai 2009 in Prag inauguriert wurde. Die Östliche Partnerschaft komplementierte die Nördliche Dimension sowie die Mittelmeerunion, indem sie einen institutionalisierten Rahmen für die Diskussionen über die Visaliberalisierung und die Freihandels- und Assoziierungsabkommen mit den östlichen Nachbarn Armenien, Aserbaidschan, Georgien, Moldova und Ukraine bot. Russland war nie Mitglied der Östlichen Partnerschaft, und Belarus suspendierte seine Mitgliedschaft nach der Repressionswelle nach den Präsidentschaftswahlen 2010. Nachdem das autoritäre Regime in Aserbaidschan, alsdann Armenien und schliesslich auch die Ukraine kein Assoziierungsabkommen mehr anstrebten – wobei Armenien sogar der Zollunion beitrat –, blieben nur noch Moldova und Georgien als Integrationskandidaten übrig.

Zwischen 2005 und 2007 verabschiedete das ukrainische Parlament die Gesetzesgrundlagen für einen Beitritt der Ukraine zur WTO. Besonders wichtig war dabei die Gesetzgebung, welche die Produktion und den Vertrieb von Raubkopien von CD verbot. Aber die Ukraine verpasste es 2005 und 2006 wegen der politischen Instabilität und der Opposition der Partei der Regionen und der Kommunisten, der WTO beizutreten. Die zweite Timoschenko-Regierung (2007-2010) legte im Mai 2008 die (nochmalige) Grundlage für die Mitgliedschaft der Ukraine in der WTO und für das Freihandels- und danach für das Assoziierungsabkommen mit der EU. Falls das Assoziierungsabkommen doch noch unterschrieben würde, wäre dies "nicht das Verdienst des gegenwärtigen Regimes [Janukowitschs], das in dieser Sache lediglich dem von der Vorgängerregierung vorgegebenen

Pfad gefolgt ist" – wie Boris Tarasiuk ausführte (zit. in: *Kyiv Post*, 11.2.2011). Im November 2009 verabschiedete der EU-Ukraine-Kooperationsrat die Assoziierungsagenda, welche die früheren Aktionspläne ersetzte. Die Ukraine und die EU einigten sich auf jährliche Prioritäten, die allerdings unter Janukowitsch nicht umgesetzt wurden. Im Gegensatz zu den Assoziierungsabkommen, welche die EU mit den zentraleuropäischen Staaten in den neunziger Jahren unterzeichnet hatte, bietet das Abkommen der Ukraine mit der EU keine Beitrittsperspektive. Trotzdem könnte die volle Implementierung des Abkommens durch die postrevolutionäre Regierung die Basis für eine spätere EU-Mitgliedschaft der Ukraine legen.

Die EU/Ukraine-Beziehungen unter Janukowitsch

Nico Lange, der Büroleiter der Konrad-Adenauer-Stiftung in Kiew, unterscheidet drei Phasen in den Beziehungen der Ukraine mit der EU in der Janukowitsch-Ära. Die erste und die zweite Phase waren geprägt durch das Vertrauen, das die EU dem neugewählten Präsidenten entgegengebrachte. Als die EU dann begriff, dass zwischen Rhetorik und innenpolitischer Realität eine erhebliche Diskrepanz bestand, folgte die Desillusionierung. Die dritte Phase (2012/13) zeichnete sich aus durch eine zunehmende Unsicherheit, weil internationale Organisationen und westliche Regierungen die demokratische Regression in der Ukraine nun zur Kenntnis nahmen. Obschon Präsident Janukowitsch öffentlich das Assoziierungsabkommen begrüsste, unternahm er keine innenpolitischen Reformen (Kuzio 2011a; Kuzio 2011c). Die Janukowitsch-Regierung wollte gleichzeitig auf mehreren Hochzeiten tanzen: Sie wollte das Assoziierungsabkommen, sie wollte von den Vorteilen des Freihandelsabkommens profitieren, sie wollte wirtschaftliche Vorteile für "ihre" Oligarchen – und gleichzeitig baute sie die Demokratie ab.

Die Janukowitsch-Administration hätte wohl versucht, ihr politisches und militärisches Machtmonopol in einer halbautoritär regierten Ukraine auch nach der Unterzeichnung des Assoziierungsabkommens zu sichern. Aussenminister Leonid Kozhara erklärte, Janukowitsch habe die Frage einer Beitrittsperspektive erst sehr spät im Verhandlungsprozess aufgebracht, weil das Freihandelsabkommen der Ukraine die vier zentralen "Privilegien der EU" (Personen-, Waren- und Dienstleistungsfreizügigkeit sowie freie Kapitalflüsse) so oder so gewährt hätte – ohne dass die Ukraine die politischen Kopenhagener Kriterien zu erfüllen gehabt hätte. Kozhara sagte:

"Nach der Gewährung dieser vier Freiheiten können wir mit Fug und Recht behaupten, dass die Ukraine ohne formelle Mitgliedschaft Mitglied der EU ist" (zit. in: *Ukrayinska Pravda*, 9.2.2011). In anderen Worten: Was Janukowitsch wirklich wollte, waren die Vorteile des Freihandelsabkommens – *ohne* die politischen Konditionalitäten des Assoziierungsabkommens.

Im Oktober 2010 stimmte die Mehrheit des ukrainischen Parlaments gegen eine Motion, die den EU-Beitritt als Ziel der ukrainischen Aussenpolitik festlegen wollte. Im Mai 2011 wurde eine Resolution verabschiedet, welche die laufenden Verhandlungen mit der EU für ein Assoziierungsabkommen und *gleichzeitig* die Kooperation mit der Zollunion befürwortete. Ein Monat später wurde mit einem Präsidialdekret eine Arbeitsgruppe geschaffen, welche die Beziehungen der Ukraine mit der Zollunion auf der Basis 3 (Russland, Belarus, Kasachstan) + 1 (Ukraine) ausbauen sollte. Das Desinteresse der Janukowitsch-Präsidentschaft an einer EU-Mitgliedschaft war ein offenes Geheimnis. Die Hohe Vertreterin der EU für Aussen- und Sicherheitspolitik, Catherine Ashton, sagte während einer Rede an der Harvard University: "Die Ukraine sieht sich selbst nicht als EU-Mitglied, aber als ein Land mit einer europäischen Identität" (zit. in: *Ukrayinska Pravda*, 28.9.2010). Aber selbst diese Aussage war Wunschdenken und verkannte die echten strategischen Absichten Janukowitschs.

Verhandlungen für ein Assoziierungsabkommen

Bis zur Verhaftung von Julia Timoschenko im Herbst 2011 hofften sowohl ukrainische als auch EU-Offizielle, das Assoziierungsabkommen im Rahmen des EU-Ukraine-Gipfeltreffens in Kiew im Dezember 2011 unterschreiben zu können. Während dieser Verhandlungsphase wurde das Thema der demokratischen Regression zunehmend aufgebracht – von Offiziellen der EU, der USA und Kanadas, vom Europäischen Parlament, von westlichen Experten und der ukrainischen Zivilgesellschaft. Der Widerspruch zwischen dem Wunsch der EU, das Abkommen möglichst rasch zu unterzeichnen, und der Tatsache, dass sich die Ukraine immer mehr von den europäischen Werten entfernte, wurde immer offensichtlicher.

Die Europäische Kommission sagte öffentlich, politisch motivierte Prozesse würden die Verhandlungen für ein Freihandelsabkommen *nicht* stoppen, sie würden aber einen Einfluss auf die Ratifizierung des Abkommens haben. Michael Emerson hob hervor, dass das Freihandelsabkommen vom Europäischen Parlament und von allen Mitgliedsstaaten einzeln ratifiziert werden müsse (Emerson 2011). Er ergänzte: "Zudem beinhalten solche

Abkommen heute alle eine so genannte Menschenrechtsklausel, die ungefähr wie folgt lautet: Der Respekt für demokratische Prinzipien und fundamentale Menschenrechte sind ein integraler Teil dieses Abkommens. Dies bedeutet, dass – falls diese Klausel nicht eingehalten wird – Konsequenzen zu ziehen sind, zum Beispiel die Suspendierung des Abkommens". Zudem kann das Europäische Parlament – so führte Emerson weiter aus – das Inkrafttreten eines Abkommens stoppen, falls es Zweifel daran hat.

Die Europäische Volkspartei (EVP), die grösste Gruppierung im Europäischen Parlament, hätte die Ratifizierung eines Abkommens mit der Ukraine sicher blockiert. Timoschenkos Vaterland-Partei hat den Beobachterstatus in der EVP, und die EVP war daher immer lautstark in ihrer Kritik am Prozess gegen Timoschenko und an den Rückschritten in Bezug auf die Demokratie in der Ukraine. Die Liberalen und die Grünen teilten diese Einschätzungen, und zusammen verfügen diese drei Parteiengruppen über eine Mehrheit der Abgeordneten. Kommen noch die Konservativen und die Reformer hinzu, verfügen diese Fraktionen zusammen über eine Zwei-Drittel-Mehrheit und wären somit in der Lage gewesen, die Ratifizierung des Assoziierungsabkommens mit der Ukraine zu blockieren. Die Sozialisten waren die einzige Gruppe im Europäischen Parlament, auf welche die Partei der Regionen ursprünglich zählen konnte. Sie verfügten indes nur über einen Viertel der Sitze und entzogen der Partei der Regionen 2012 die Unterstützung. Zudem standen 17 von 27 EU-Mitgliedsstaaten Staats- und Regierungschefs von EVP-Parteien vor, die wiederum die Ratifizierung hätten blockieren können.

Die europäische Einbindung der Ukraine durch ein Assoziierungsabkommen würde dem Land sicher Vorteile bringen, aber ein solcher Schritt sollte nicht unternommen werden, solange in der Ukraine die demokratischen Werte, für welche die EU steht, nicht beachtet werden. Im Mai 2011 lancierte die EU "Ein neues ehrgeiziges Konzept für die Europäische Nachbarschaftspolitik": "Eine funktionierende Demokratie, die Achtung der Menschenrechte und die Stärkung der Rechtsstaatlichkeit bilden die Grundpfeiler der Partnerschaft zwischen der EU und ihren Nachbarn". Die neue EU-Politik definierte eine "vertiefte und tragfähige Demokratie" wie folgt: "freie und faire Wahlen; Vereinigungs-, Meinungs- und Versammlungsfreiheit und eine freie Presse und freie Medien; Rechtspflege durch ein unabhängiges Gerichtswesen und Recht auf ein faires Verfahren; Korruptionsbekämpfung; Reform des Sicherheitssektors und der Strafverfolgung (einschliesslich der Polizei) und

Gewährleistung der demokratischen Kontrolle der Streit- und Sicherheitskräfte" (http://europa.eu/rapid/press-release_MEMO-11-342_de.htm).

Die Implementierung der Prioritäten der EU-Ukraine-Assoziierungsagenda war 2010 gemäss der Einschätzung der EU ungenügend. Der entsprechende Bericht der EU stellte Rückschritte in allen fünf Bereichen fest, die die EU als wichtig für eine "vertiefte und tragfähige Demokratie" definiert hatte. Konstatiert wurde eine Verschlechterung der Situation in Bezug auf grundlegende Freiheiten (Versammlungsfreiheit, Medien, demokratische Standards). Die Lokalwahlen hatten die Kriterien eines freien und fairen Urnenganges nicht erfüllt, und es gab verschiedene Fälle selektiver Justiz. In allen diesen Bereichen verschlechterte sich die Lage von 2011 bis 2013 weiter (vgl. *Ukrayinska Pravda*, 1.10.2010). Der Bericht verurteilte zudem die Verfassungsreformen, die nicht transparent gewesen seien und im Dezember 2010 auch von der Venedig-Kommission des Europarates kritisiert wurden (www.venice.coe.int). Diese Reformen kamen bekanntlich 2013/14 unter Beschuss, und im Rahmen der Revolution 3.0 wurden verschiedene Verfassungsbestimmungen rückgängig gemacht. Die Justizreform vom Juli 2010 wurde von der Venedig-Kommission im Oktober 2010 ebenfalls kritisiert. Zudem bemängelte der EU-Bericht den fehlenden Fortschritt bei der Korruptionsbekämpfung – was nicht weiter erstaunte angesichts der wenig vorbildhaften Tatsache, dass der Präsident in einem Palast in Mezhyhirya logierte. Im "Corruption Perceptions Index" von Transparency International rangierten nur vier ehemalige Sowjetrepubliken in Zentralasien schlechter als die Ukraine.

Diese Befunde der EU wurden gestützt durch einen Bericht von ukrainischen zivilgesellschaftlichen Gruppen, der von der "International Renaissance Foundation" (Soros) finanziert wurde. Gemäss dem Bericht wurden die Vorgaben der EU-Ukraine-Assoziierungsagenda in lediglich acht von 70 prioritären Bereichen umgesetzt. Der Bericht stellte Folgendes fest: "Obschon die Regierung die europäische Integration als eine Priorität definiert hat, hatte ihre Politik 2010 einen negativen Effekt auf die demokratischen Freiheiten der ukrainischen Bürger". Auch der jährliche "Eastern Partnership Integration Index" (EPII) weist für die Ukraine seit 2010 Rückschritte aus (http://eap-index.eu/): Die Ukraine entferne sich zusehends von ihrem einstigen Status als Vorbild im Rahmen der Europäischen Nachbarschaftspolitik. Auch die EU stellte fest, in Bezug auf die Demokratie habe es in der Ukraine 2011 wiederum Rückschritte gegeben. Mehrere führende Oppositionsführer, darunter Julia Timoschenko, seien einer selektiven und untransparenten Justiz ausgesetzt.

Gemäss dem EPII war Moldova das Vorzeigemodell in Sachen Reformen, Georgien schnitt in Bezug auf die Demokratie schlecht ab, dafür gut bei allen anderen Reformbereichen. Die Ukraine schnitt sowohl in Bezug auf die Demokratie als auch in Sachen Unternehmensumfeld sogar schlechter als Armenien ab. Die "Heritage Foundation" rangiert die Ukraine auf dem letzten Platz in Europa in Bezug auf die wirtschaftliche Freiheit. Moldova, Georgien und Armenien sind besser klassiert als die Ukraine, wenn es um wirtschaftliche Reformen, Korruptionsbekämpfung und eine unabhängige Justiz geht. Seit 2010 – also während die Verhandlungen für ein Assoziierungsabkommen liefen – war die Ukraine das einzige Land der Östlichen Partnerschaft, wo sich das Unternehmensumfeld verschlechterte. Der Dialog Armeniens mit der EU war weiter fortgeschritten als derjenige der Ukraine, und Kiew fehlte der politische Wille, das Land näher an die Normen und Standards der EU heranzuführen.

Unmittelbar nach seiner Amtsübernahme schloss Janukowitsch verschiedene Regierungsstellen, die mit der europäischen Integration befasst waren, und es gab danach keine Koordinationsstelle für Europafragen mehr. Dass es in Moldova einen Minister für auswärtige Angelegenheiten und europäische Integration (der auch Vize-Premierminister ist) und in Georgien einen Staatsminister für europäische und euro-atlantische Beziehungen gibt, zeigt, welche Priorität diese beiden Länder der europäischen Integration beimessen.

Virtueller Dialog

Die westlichen Politiker brauchten sehr lange, bis sie begriffen, dass die Janukowitsch-Administration nicht an einem Dialog über die demokratische Regression in der Ukraine interessiert war. Noch im Frühling 2011 glaubte Freedom House, dass der Westen "eine Möglichkeit hat, das Verhalten der ukrainischen Führung zu beeinflussen", "weil sich diese darum kümmert, was der Westen denkt": "Es ist an der EU und an den USA, diese Chance jetzt zu nutzen" (Freedom House 2011). Ebenfalls im Frühjahr 2011 argumentierten die beiden früheren US-Botschafter in Kiew, Steven Pifer und William Taylor, die Janukowitsch-Administration höre auf den Westen (Pifer/Taylor 2011).

Das war aber nichts anderes als Wunschdenken. Es gab nie Indizien, dass Janukowitsch überhaupt an einem Dialog interessiert war. In den ersten zwei Amtsjahren Janukowitschs wurde westliche Kritik an der Menschenrechtssituation, an der selektiven Justiz, an Zensur und an den Lokalwahlen, die demokratischen Standards nicht genügten, vom Präsidenten, von Aussenminister Konstantin Grischtschenko, Ministerpräsident Nikolai Azarow und den führenden Abgeordneten der Partei der Regionen routinemässig ignoriert. Auch die Kritik des Westens an der Verurteilung von Julia Timoschenko im Juli 2011 wurde ignoriert und konnte die Inhaftierung der früheren Ministerpräsidentin nicht verhindern (*Interfax-Ukraine*, 29.8.2011). Ukrainische Offizielle behaupteten, die westliche Kritik sei grundlos, und die Demokratie sei bei Präsident Janukowitsch in den besten Händen – was ganz offensichtlich nicht der Fall war. Abgeordnete der Partei der Regionen griffen den Westen regelmässig mit Rhetorik im Sowjetstil an und machten nach russischem Vorbild eine amerikanische Verschwörung für die politische Krise 2013/14 verantwortlich.

Die ukrainischen Behörden haben westliche Kritik nicht nur als irrelevant abgetan, sie haben sie sogar verurteilt. Aussenminister Grischtschenko verteidigte bei internationalen Anlässen immer die "demokratischen Standards" der Ukraine, so zum Beispiel bei Treffen im Rahmen der "US-Ukraine Strategic Partnership" im Februar 2011 in Washington, oder in offenen Briefen an westliche Medien. Negative westliche Äusserungen gegenüber der Ukraine seien – so glaubte Grischtschenko – auf falsche Informationen in Bezug auf die tatsächliche Lage in der Ukraine zurückzuführen. In einem PBS-Dokumentarfilm im Mai 2011 verteidigte Grischtschenko die strafrechtliche Verfolgung von Vertretern der Timoschenko-Regierung: "Wo soll man beginnen? Beim Taxifahrer oder bei den obersten Regierungsverantwortlichen? Bei denen, die jetzt gerade eine Karriere im Staatsapparat begonnen haben, oder bei denen, die fünf Jahre im Amt waren und die dem Staatsbudget, aber auch den ethischen Standards unseres Landes massiv geschadet haben?" (PBS 2011).

Grischtschenko war der Stellvertretende Vorsitzende des Nationalen Sicherheits- und Verteidigungsrates und Botschafter in Russland unter Präsident Juschtschenko. PBS sagte er: "Ich glaube nicht, dass in der Ukraine autoritäre Massnahmen ergriffen worden sind. Wir haben lediglich die Politik eingeführt, welche die Bevölkerung schon lange gewünscht hat. Auf der Grundlage des Mandates, das der Präsident und seine Partei durch Wahlen erhalten haben, machen wir das, was die ukrainische Bevölkerung von uns wünscht". Natürlich war der knappe Sieg mit drei Prozentpunkten Vorsprung kein Mandat, das es Janukowitsch erlaubt hätte, seine Rivalin verhaften und verurteilen zu lassen und ihre elf Millionen Wählerinnen und Wähler zu demütigen. Grischtschenko verstand auch nicht, dass weder die Mehrheit der Ukrainerinnen und Ukrainer noch die EU akzeptieren würden, dass eine Person, nämlich Julia Timoschenko, zum Sündenbock für weit verbreitete Korruption und Amtsmissbrauch gemacht wurde.

Die westliche Kritik an selektiver Justiz und demokratischer Regression wurde in den Wind geschlagen. Die Venedig-Kommission verurteilte die Ukraine im ersten Amtsjahr von Präsident Janukowitsch gleich zwei Mal in Sachen Verfassungsänderung und Justizreform. Beide Male blieb die Kritik ohne Antwort. Janukowitsch wies die Kritik in Bezug auf die Einschränkung der Medienfreiheit und die Einführung von Zensur zurück (zit. in: www.partyofregions.org.ua, 4.5.2011). Abgeordnete der Partei der Regionen waren der Ansicht, die Ukraine habe keinerlei Probleme mit der freien Meinungsäusserung. Die EU solle sich zuerst besser über die Realitäten in der Ukraine informieren, bevor sie "harsche und parteiische Kritik" übe. Für die Probleme bei den Lokalwahlen 2010 machte Janukowitsch das neue Wahlgesetz verantwortlich und "vergass" dabei, dass seine eigene Partei das Gesetz durch das Parlament gepeitscht hatte, obschon es verschiedene internationale Organisationen und NGO scharf kritisiert hatten.

Nach den Wahlen 2010 wurde eine Arbeitsgruppe mit westlichen Experten ins Leben gerufen, welche einen Entwurf für ein neues Wahlgesetz für 2012 erarbeiten sollte. Die westlichen Experten bemerkten indes rasch, dass sie nichts anderes als Feigenblätter waren, um einen undemokratischen Prozess zu legitimieren. Sowohl das "National Democratic Institute" (NDI) als auch das "International Republican Institute" suspendierten im April 2011 ihre Mitarbeit in der Arbeitsgruppe – "bis die Arbeit der Gruppe transparenter wird und die Meinungsverschiedenheit innerhalb der Gruppe ernsthaft thematisiert werden". NDI-Eurasien-Direktorin Laura Jewett sagte, die Arbeitsgruppe sei unausgewogen zusammengesetzt, nämlich dominiert durch die Regierung. Der ukrainische Justizminister gab sich angesichts dieser Kritik überrascht und fragte sich, "ob die Direktorin, die an den Beratungen der Arbeitsgruppe teilgenommen hat, überhaupt verstanden hat, worum es geht". Das Wahlgesetz, das verabschiedet wurde, führte ein gemischtes System ein, das schon 1998 und 2002 angewendet wurde und es der Partei der Regionen erlaubte, sich aufgrund der Mischform von Proporz und Majorz (Ein-Mandat-Wahlkreise) eine satte Mehrheit im Parlament zu sichern. Die Parlamentswahlen 2012 genügten demokratischen Standards wiederum nicht.

Selektive Justiz

Der "virtuellste" Teil des EU-Ukraine-Dialogs betraf die selektive Justiz, die das Image der Janukowitsch-Administration international nachhaltig beschädigte. Die EU forderte die ukrainischen Behörden mehrfach dazu auf, die rechtstaatlichen Prinzipien bei Gerichtsverfahren einzuhalten. Nach der kurzzeitigen Inhaftierung von Julia Timoschenko im Mai 2011 liess Lady Ashton verlauten, die EU werde auch in Zukunft auf die Respektierung der Rechtsstaatlichkeit und der Prinzipien fairer, unparteiischer und unabhängiger Gerichtsverfahren pochen (zit. in: *Kyiv Post*, 26.5.2011).

Michael Emerson fragte sich, ob das Verfahren gegen Timoschenko "den höchsten Standards der Rechtspraxis, u.a. Transparenz, Objektivität und Unabhängigkeit der Gerichte von der Politik", entsprechen werde (zit. in: *Gorshenin Weekly*, 17.12.2010). Die Frage als solche gab dem notorisch korrupten und manipulativen ukrainischen Rechtssystem eine ungebührliche Legitimität, da sich dieses System eben gerade – wie Think Tanks und NGO belegten – durch das Fehlen von Respekt vor Rechtsstaatlichkeit auszeichnete. Weder Timoschenko noch die anderen Oppositionsführer konnten mit einem freien und fairen Prozess in der Ukraine rechnen.

Das dänische Helsinki-Komitee für Menschenrechte publizierte drei vernichtende Berichte zu den massiven Verletzungen rechtsstaatlicher Prinzipien und der Europäischen Menschenrechtskonvention in den Prozessen gegen Oppositionsführer (The Danish Helsinki Committee on Human Rights 2011). Zwei frühere Wirtschaftsminister der Ukraine erhielten politisches Asyl in der Tschechischen Republik, der frühere Gouverneur von Charkow, Arsen Awakow, in Italien. Der ehemalige amerikanische Botschafter in Kiew meinte: "Der laufende Prozess gegen Julia Timoschenko ist eine Farce. Man kann sicherlich die Bedingungen und den Sinn ihres Gasdeal im Januar 2009 mit Putin in Frage stellen – viele tun dies –, aber das macht aus diesem Geschäft noch lange kein Verbrechen". Botschafter Pifer ergänzte: "Nahezu alle Beobachter im Westen sehen in diesem Prozess einen politisch motivierten Versuch, eine politische Rivalin kalt zu stellen" (Pifer 2011).

Nach einer Fact-Finding-Reise nach Kiew und Lemberg vom 5. bis 8. April 2011 kam die Parlamentarische Versammlung des Europarates (PACE) zum folgenden Schluss: "Vor kurzem hat der Generalstaatsanwalt Strafverfahren wegen Kompetenzüberschreitungen und Amtsmissbrauch gegen mehrere frühere Regierungsmitglieder, die nun zur Opposition gehören, eröffnet – u.a. gegen Frau Timoschenko. Wir unterstreichen, dass niemand über dem Gesetz steht, auch Regierungsverantwortliche nicht. Aber die Tatsache, dass lediglich Personen angeklagt werden, die heute zur Opposition gehören, kann ein Hinweis dafür sein, dass es sich hier um politische Revanche oder selektive Justiz handelt, was inakzeptabel wäre. Diese Bedenken werden noch verstärkt durch die Tatsache, dass Korruption nicht zu den Anklagepunkten gehört, sondern dass die Richtigkeit politischer Entscheide in Zweifel gezogen werden, welche die damaligen Regierungsverantwortlichen gefällt haben. Dies käme aber einer Kriminalisierung politischer Entscheidungen gleich" (CoE 2011).

In einer Resolution im Januar 2012 rief PACE zur Freilassung der politischen Gefangenen in der Ukraine auf. In ihrer Resolution warnte PACE, die Parlamentarische Versammlung werde die Entwicklungen eng verfolgen und geeignete Massnahmen vorschlagen – unter Umständen auch Sanktionen –, falls die Situation dies verlange und die Ukraine die Forderungen der Parlamentarischen Versammlung nicht erfülle (CoE 2012). Auch die Parlamentarische Versammlung der NATO zeigte sich beunruhigt ob der Entwicklungen in der Ukraine.

Das Europäische Parlament verabschiedete seinerseits eine scharf formulierte Resolution, die von allen politischen Gruppen – mit Ausnahme der Sozialisten – unterstützt wurde. Das Europäische Parlament äusserte "sich besorgt über die Zunahme der selektiven Strafverfolgung von Angehörigen der politischen Opposition in der Ukraine und über die Unverhältnismässigkeit der getroffenen Massnahmen, insbesondere in den Fällen von Julija Tymoschenko und dem ehemaligen Innenminister Jurij Luzenko". Das Europäische Parlament wies "die ukrainischen Behörden darauf hin, dass es nach dem Grundsatz der kollektiven Verantwortung für Entscheidungen der Regierung nicht zulässig ist, einzelne Regierungsmitglieder wegen im Kollegium getroffener Entscheidungen strafrechtlich zu verfolgen", und betonte, "dass prominente führende Politiker der Ukraine durch die laufenden Ermittlungen gegen sie nicht daran gehindert werden sollten, aktiv am politischen Leben des Landes teilzunehmen, sich mit Wählerinnen und Wählern zu treffen und zu internationalen Treffen zu reisen" (EP 2011). In der Folge verabschiedete das Europäische Parlament unzählige Resolutionen zur Ukraine – zuletzt im Februar 2014 während der politischen Krise.

Während der Gasdeal von 2009 tatsächlich schlecht konzipiert war, ist es undenkbar, dass in europäischen oder nordamerikanischen Demokratien eine aus dem Amt scheidende Regierung für ihre politischen Entscheidungen strafrechtlich zur Verantwortung gezogen würde. Natürlich haben alle Spitzenvertreter des ukrainischen Energiesektors Leichen im Keller

(Chow/Elkind 2009; *Ukraine Analyst*, 31.1.2009, 28.2.2009), und alle vier ukrainischen Präsidenten haben finanziell von Zuwendungen von undurchsichtigen Gas-Intermediären, zum Beispiel RosUkrEnergo, profitiert (Global Witness 2006). Julia Timoschenko, die einzige Politikerin, die 2000/01 und 2008/09 versucht hatte, die aus dem Energiesektor herrührende Korruption zu bekämpfen und die undurchsichtigen Gas-Intermediäre auszuschalten, wurde in beiden Fällen inhaftiert und strafrechtlich verfolgt. Die Strafverfolgung 2011 war die Revanche der Gaslobby für den Gasvertrag von 2009, der RosUkrEnergo ausgeschaltet hatte (Kuzio 2010a; Kuzio 2010b).

Die Partei der Regionen stimmte 2006 zusammen mit BYuT (Block von Julia Timoschenko) gegen den Gasvertrag, den Ministerpräsident Jechanurow im Auftrag von Präsident Juschtschenko unterschrieben hatte. Der Vertrag, der ebenfalls ungünstig war, führte RosUkrEnergo als Intermediär ein. Trotzdem wurden weder Jechanurow noch Juschtschenko zur Rechenschaft gezogen. Die Azarow-Regierung schloss schon im April 2010 ihr Gasabkommen mit Russland ab, bedauerte aber schon nach wenigen Monaten die ausgehandelten Konditionen (Chow 2010a; Chow 2010b). Man kann sich ernsthaft die Frage stellen, ob dieser Vertrag nicht genauso Amtsmissbrauch gleichkam (*Interfax-Ukraine*, 29.8.2011). Die Charkow-Verträge vom April 2010, mit denen Janukowitsch die Nutzungsrechte der Sewastopol-Basis durch die russische Schwarzmeerflotte verlängerte, enthielten auch einen Gas-"Rabatt", der auf dem Preismodell des Gasabkommens von 2009 basierte.

Europäische Werte und die Erweiterung "light"

Als Janukowitsch begann, die ukrainische Demokratie zu attackieren, hätte ihm die EU eine eindeutige "rote Linie" aufzeigen und ihn warnen sollen, dass die Verhandlungen für ein Assoziierungsabkommen gestoppt würden. Doch die EU sendete das falsche Signal aus und verhandelte bis Ende 2013 weiter. Popescu und Wilson (2011) haben kritisiert, dass die EU-Politik gegenüber den Staaten der Östlichen Partnerschaft auf dem Prinzip "etwas Zuckerbrot, fast gar keine Peitsche" (mit Ausnahme der Politik gegenüber Belarus) basierte. Sie forderten eine kantigere Politik, klarere "rote Linien" und mehr Investitionen von politischem Kapital in die europäische Nachbarschaft. Andrew Wilson (2011b) argumentierte vor dem EU-Ukraine-Gipfel im Dezember 2011, die EU solle auch Sanktionen gegen Individuen, die für die demokratischen Rückschritte verantwortlich seien, ins Auge fassen, um aufzuzeigen, dass ihre "roten Linien" nicht vergessen wurden. Die EU müsse zudem die Reisefreiheit und die finanziellen Privilegien für die ukrainische Elite besser überwachen. Aber selbst nach der Verabschiedung der antidemokratischen Gesetze vom "Schwarzen Donnerstag" (16. Januar 2014), nach Folter, Entführungen und Morden während der Euromaidan-Krise war die EU – im Gegensatz zu den USA und Kanada – nicht bereit, Sanktionen einzuführen.

Die Vorstellung, die ukrainische Führung, die während der Verhandlungen für das Assoziierungsabkommen keinerlei Anstalten machte, die Kritik der EU und des Westens ernst zu nehmen, hätte nach der Unterzeichnung des Abkommens plötzlich auf Kritik gehört, war unrealistisch. Der "Economist" warnte, es gäbe in Brüssel zwei wirkungsmächtige Schlagwörter: "kein zweites Zypern", "kein Rumänien und Bulgarien mehr". Die meisten Eurokraten seien der Ansicht, Rumänien und Bulgarien, beide mit Problemen der Korruption und der organisierten Kriminalität belastet, seien "zu früh" aufgenommen werden. Die Beitrittskriterien seien daher verschärft worden, was den Vorwurf der Doppelstandards laut werden liess (*The Economist*, 2.6.2011). Diese "härteren" Kriterien seien bei den Beitrittsverhandlungen mit Kroatien und mit der Türkei, aber auch bei den Verhandlungen mit der Ukraine deutlich geworden. Einige EU-Mitgliedstaaten waren dezidiert der Ansicht, es wäre besser, der Ukraine die "rote Linien" und die Grundregeln klar zu machen, *bevor* das Assoziierungsabkommen unterschrieben würde – genauso wie die EU darauf hätte drängen sollen, dass Rumänien und Bulgarien ihr Haus in Ordnung bringen, bevor sie Mitglied werden (Lange 2009).

Die EU hätte *sowohl* Zuckerbrot *als auch* die Peitsche einsetzen, also "soft power" und "hard power" nutzen müssen. Die ukrainische Regierung wollte gleichzeitig auf zwei Hochzeiten tanzen: die Demokratie in der Ukraine zurückrollen und gleichzeitig gegenüber Brüssel so tun, als sei sie europäischen Werten verpflichtet. Zwei Mal verschob die ukrainische Regierung Wahlen – Lokalwahlen vom Mai auf den Oktober 2010 sowie Parlamentswahlen von 2011 auf 2012 –, sie unterminierte das Verfassungsgericht, die Justiz und das Parlament, und sie schränkte die Medienfreiheit ein.

Die selektive Justiz, die – wie oben dargelegt – von PACE, dem Europäischen Parlament und der Parlamentarischen Versammlung der NATO beanstandet wurde, schadete dem Ansehen der Janukowitsch-Regierung am meisten. Alexander Rahr meinte, der Timoschenko-Fall sei für die EU zu einer "roten Linie" geworden, weil die Strafverfolgung Timoschenkos unmittelbar nach den Wahlen 2010 begann. Es war (zu) evident, dass der ganze Fall "politisiert, rachsüchtig und ein Versuch war, Timoschenko zu erniedrigen". Zudem illustrierte die Strafverfolgung Timoschenkos das Fehlen des Respekts gegenüber der Opposition. Obwohl Timoschenko nicht "sauber" war, konnte dies von ihren Nachfolgern genauso wenig behauptet werden (zit. in: *Gorshenin Weekly* 23, 17.12.2010).

Die selektive Justiz gegen Timoschenko hatte das offensichtliche Ziel, sie daran zu hindern, 2012 (Parlamementswahlen) und 2015 (Präsidentschaftswahlen) anzutreten, da Janukowitsch die Konsequenzen eines allfälligen Wahlsieges seiner Rivalin fürchtete. Angesichts der von der Regierung zu verantwortenden räuberischen Korruption und politischen Hexenjagd wussten Janukowitsch und die Partei der Regionen nur allzu gut, dass eine Rückkehr Timoschenkos an die Macht nichts Gutes verhiess. Diese Angst vor Repressalien verschärfte sich mit der Gewalt und dem Blutbad auf dem Euromaidan. Die Pandorabüchse von Revanche und Gegen-Revanche war nun offen. Elmar Brok meinte, Stabilität sei wichtig, aber eine Stabilität, die keinen Regierungswechsel mehr zulässt, sei gefährlich (zit. in: *Kyiv Post*, 4.10.2010).

Das schiere Ausmass der Reformen, welche die Ukraine nach der Unterzeichnung des Assoziierungsabkommens hätte an die Hand nehmen müssen, hätte nur *mit* der Unterstützung der Opposition bewältigt werden können, welche politisch in der Hälfte der Ukraine faktisch in der Mehrheit war. Zudem hätte der Dialog mit der Bevölkerung im Hinblick auf sicherlich sehr unpopuläre Reformmassnahmen gepflegt werden müssen. EU-Kommissär Stefan Füle war nicht der einzige EU-Offizielle, der das "Fehlen von Transparenz und Offenheit" der ukrainischen Behörden in Bezug auf die Umsetzung der Prioritäten der EU-Ukraine-Assoziierungsagenda bemängelte (zit. in: *Kyiv Post*, 24.3.2011). Daher wäre ein Versuch der Janukowitsch-Regierung, Reformen an die Hand zu nehmen und die Ukraine in Europa zu verankern, gleichzeitig aber die Hälfte des Landes vor den Kopf zu stossen und keinen Dialog mit der Öffentlichkeit und der Zivilgesellschaft zu pflegen, von vornherein zum Scheitern verurteilt gewesen.

Schlussfolgerungen

Alle ukrainischen Präsidenten haben eine Innenpolitik verfolgt, die gar nicht oder nur zum Teil mit den deklarierten aussenpolitischen Zielen einer NATO- und EU-Integration im Einklang war. Zwei eher dem ukrainischen

Osten zugewandte Präsidenten (Kutschma und Janukowitsch) versuchten, un- oder antidemokratische Politiken mit der europäischen Integration zu verbinden. Den beiden eher im Westen des Landes verankerten Präsidenten (Krawtschuk und Juschtschenko) fehlte der politische Wille, um Reformen umzusetzen und die Korruption zu bekämpfen, und ihre jeweilige Administration war chaotisch. Die Multi-Vektoren-Politik à la Kutschma und Janukowitsch war ein Vehikel, um möglichst viel vom Westen zu erhalten – zum Beispiel Visaliberalisierung und Assoziierungsabkommen –, ohne für europäische Werte einstehen zu müssen. Brüssel und Washington waren zunehmend entnervt ob der Diskrepanz zwischen Rhetorik und Realität in der ukrainischen Innen- und Aussenpolitik. Dies führte auch zu einer ausgeprägten "Ukraine-Müdigkeit" in den westlichen Hauptstädten.

Die EU wartete zu lange, bis sie nach der Inhaftierung von Julia Timoschenko im Sommer 2011 eine (erst noch schwache) "rote Linie" vorgab – und dann doch weiter mit Janukowitsch verhandelte. Die Priorität der EU war es, zu verhindern, dass die Ukraine die gesamte Östliche Partnerschaft zum Scheitern bringen würde. Amanda Paul (2011) vom European Policy Centre hielt in diesem Sinne fest: "Falls die EU mit der Ukraine scheitert, würde dies das Scheitern ihrer gesamten Politik bedeuten". Janukowitschs Rückzug vom Assoziierungsabkommen im November 2013 hatte erstens mit seinem schwachen Engagement für Europa zu tun, zweitens mit der Tatsache, dass für ihn primär Macht und Geld zählten, und dass er drittens einen Rettungsplan bevorzugte, der seine Wiederwahlchancen nicht kompromittieren würde. Da China nicht bereit war, die Ukraine zu unterstützen, und da ein IWF/EU-Rettungsplan mit unpopulären Reformen und Massnahmen verbunden gewesen wäre, optierte Janukowitsch für Russland. Nachdem Aserbaidschan und Belarus den autoritären Pfad eingeschlagen haben und Armenien Mitglied der Zollunion geworden ist, konnten lediglich die Assoziierungsabkommen mit Georgien und Moldova paraphiert werden. Eine Rückkehr der Ukraine auf den Weg der europäischen Integration ist erst jetzt, nach dem Sieg der Opposition, wieder eine realistische Option.

Literatur

CoE (2011). *Honouring of obligations and commitments by Ukraine. Information note by the co-rapporteurs on the fact-finding visit to Kyiv and Lviv (5-8 April 2011).* Strasbourg.

CoE (2012). *Resolution 1862 (2012): The functioning of democratic institutions in Ukraine.* Strasbourg.

Chow, Edward (2010a). Energy Bungling, *Kyiv Post* (29.8.2010).

Chow, Edward (2010b). Neighborly Corporate Raid, *Kyiv Post* (7.5.2010).

Chow, Edward and Jonathan Elkind (2009). Where East Meets West: European Gas and Ukrainian Reality, *The Washington Quarterly* 32(1): 77-92.

Emerson, Michael (2011). *The Timoshenko Case and the Rule of Law in Ukraine*. Brüssel (CEPS).

EP (2011). *Entschliessung des Europäischen Parlaments zur Ukraine und zu den Fällen Julija Tymoschenko und anderer Mitglieder der ehemaligen Regierung*. Brüssel.

Freedom House (2011). *Sounding the Alarm: Protecting Democracy in Ukraine. A Freedom House Report on the State of Democracy and Human Rights in Ukraine*. Washington.

Global Witness (2006). *It's a Gas. Funny Business in the Turkmen-Ukraine Gas Trade*. London/Washington.

Kuzio, Taras (2005). Russian Policy to Ukraine During Elections, *Demokratizatsiya* 13(4): 491-517.

Kuzio, Taras (2010a). Gas Lobby Runs Yanukovych Administration, *Kyiv Post* (19.7.2010).

Kuzio, Taras (2010b). Gas Lobby Takes Control of Ukraine's Security Service, *Eurasia Daily Monitor* 7(53).

Kuzio, Taras (2011a). Could Elections be Democratic in Ukraine without Tymoshenko?, *US Atlantic Council Blog* (28.6.2011).

Kuzio, Taras (2011b). Political Culture and Democracy: Ukraine as an Immobile State, *East European Politics and Society* 25(1): 88-113.

Kuzio, Taras (2011c). The West Treats Ukraine Differently to Belarus, *Eurasia Daily Monitor* 8(137) (18.6.2011).

Lange, Nico (2009). Ten Pieces of Advice for a Ukraine EU Membership Perspective, *Ukraine Analyst* 1(1) (15.5.2009).

Paul, Amanda (2011). Yanukovych's Predicament, *EU Observer* (19.5.2011).

PBS (2011). *Nearly 8 Years After the "Orange Revolution", Ukraine Runs Into Reversals:* www.pbs.org/newshour/bb/world/jan-june11/ukrainerev_05-10.html.

Pifer, Steven (2007). European Mediators and Ukraine's Orange Revolution, *Problems of Post-Communism* 54(6): 28-42.

Pifer, Steven (2011). Undemocratic Values will Isolate Ukraine, *Kyiv Post* (28.7.2011).

Pifer, Steven (2012). *Ukraine, Geopolitics and Miscalculation* (Brookings): www.brookings.edu/research/articles/2012/06/01-ukraine-russia-pifer.

Pifer, Steven and William Taylor (2011). Yanukovich's First Year, *The New York Times* (1.3.2011).

Popescu, Nicu and Andrew Wilson (2009). *The Limits of Enlargement-lite: European and Russian Power in the Troubled Neighbourhood*. London.

Popescu, Nicu and Andrew Wilson (2011). *Turning Presence into Power: Lessons from the Eastern Neighbourhood.* London.

Sherr, James (2010). *The Mortgaging of Ukraine's Independence.* London.

The Danish Helsinki Committee on Human Rights (2011). *Legal Monitoring in Ukraine. Preliminary Report on the Trials against former Minister of Interior Yurij Lutsenko and former First Deputy Minister of Justice Yevhen Korniychuk.* Copenhagen.

Wilson, Andrew (2011a). Happy Birthday, Ukraine?, *Kyiv Post* (19.8.2011).

Wilson, Andrew (2011b). *Ukraine after the Tymoshenko Verdict.* London (ECFR).

Der Autor

Dr. Taras Kuzio (geboren 1958) ist ein renommierter Ukraine-Experte und lebt in Kanada. Er studierte an der University of Sussex (Bachelor) und der University of London (Master) und promovierte in Politikwissenschaften an der University of Birmingham. Er ist der Autor oder Herausgeber von fünfzehn Büchern, darunter "Commissars into Oligarchs. A Contemporary History of Ukraine" (2014), "Open Ukraine. Changing Course towards a European Future" (2011), "Democratic Revolution in Ukraine" (2011) und "From Kuchmagate to Orange Revolution" (2009).

Kiews Gretchenfragen. Integrationsoptionen und Entwicklungsperspektiven für die Ukraine und ihre Wirtschaft

Rudolf Hermann

Strategische Reformarbeit oder kurzfristiges Überleben, Oligarchie-Dominanz oder breiter Mittelstand, Export-Orientierung auf Rohwaren oder höherwertige Güter, ein einfacheres Leben jetzt oder mehr Prosperität in der Zukunft – Entscheidungen dieser Art sind für die Ukraine gleichzeitig Grundsatzfragen politischer Ausrichtung und Anlehnung. An ihnen entzündete sich die Winterkrise 2013/2014, und der Kampf ist noch nicht ausgefochten.

Als sich Anfang November 2013 in Kiew Politiker, Wirtschaftskapitäne, Analytiker und Meinungsführer aus ganz Europa zu einem strategischen Dialog über die Zukunft der Ukraine einfanden, wurden ihnen drei mögliche Entwicklungsszenarien zur Diskussion präsentiert. Im ersten ging es um eine innovative und flexible Wirtschaft, die zu Hause Mehrwert erarbeitet und statt Rohwaren hochwertige Produkte auf anspruchsvolle Märkte exportiert, die in einem institutionellen Umfeld operiert, das die ökonomische Entwicklung begünstigt statt behindert, und sich auf eine Bevölkerung stützt, in der sich eine international mobile und zunehmend wohlhabende Mittelklasse herausbildet, die den inländischen Konsum ankurbelt.

Kontrastiert wurde diese Vision durch ein Negativ-Szenario, das von einem ungenügend reformierten und ineffizienten Energiesektor mit hohen Energiepreisen ausgeht, die zusammen mit ungezügelten Staatsausgaben die öffentlichen Finanzen belasten, was wiederum Investoren abschreckt und zu Kapitalflucht und Braindrain führt. Als eine Art Mittelweg zwischen den beiden Extrempunkten wurde schliesslich die Variante skizziert, dass eine Nachfrageschwäche bei den traditionellen Exportprodukten der Ukraine – namentlich Stahl – das Land zu einer Neuorientierung seines Exports zwingt, sowohl geografisch wie auch hinsichtlich des Produkteportfolios. Dieser Strukturwandel würde zwar eine graduelle Verbesserung des institutionellen Umfelds bewirken, in der Wirtschaft würden aber weiterhin grosse Industrie-Konglomerate im Besitz von Personen mit engen Beziehungen zur politischen Macht den Ton angeben. Eine Mittelklasse auf der Grundlage prosperierender Klein- und Mittelbetriebe würde sich nur zögerlich herausbilden.

Wer diese Varianten so auf dem Papier sah, musste kaum lange überlegen, welche die wünschbare wäre. Die Frage war indes eine andere: Würde die Ukraine bereit sein, die notwendigen Vorleistungen zu erbringen?

In welcher Kombination Elemente der dargestellten Szenarien in der näheren Zukunft zum Tragen kommen, hängt zwar einerseits vom weltwirtschaftlichen Umfeld ab und liegt sich damit ausserhalb des direkten Einflusses der Kiewer Wirtschaftspolitiker. Andrerseits können von den Politikern wichtige Weichen aber durchaus selber gestellt werden. So betrachteten an der Tagung zahlreiche Kommentatoren als entscheidende Voraussetzung für die Realisierung eines positiven Szenarios, dass die Ukraine mit der EU bei dem auf Ende November anberaumten Gipfeltreffen der sogenannten Östlichen Partnerschaft das Assoziations- und Freihandelsabkommen unterzeichnen könne, weil sich daraus ein notwendiger Reformschub ableite. Dieser würde nach und nach das institutionelle Umfeld verbessern, was wiederum dringend benötigte Investoren auf den Plan rufen und eine Modernisierung der Wirtschaft einleiten würde, wodurch deren unbestrittenes Potenzial endlich besser zum Tragen käme.

Dennoch wich bekanntlich Präsident Janukowitsch im letzten Moment vor einer Unterzeichnung der EU-Abkommen zurück. Dafür hatte er wirtschaftliche und politische Gründe. Russland hatte klargemacht, dass man mit Handelssanktionen die Ukraine an die Wand drücken würde, namentlich die ostukrainischen Industrieregionen, die die politische Basis Janukowitschs darstellten. Und mit mehr Demokratie und innenpolitischer Transparenz als Folge einer EU-Annäherung hätte der autokratische Staatschef den Ast abgesägt, auf dem er sass. Seine Macht fusste auf einer straff vertikal organisierten Administration, in welcher er mit einem kleinen Kreis auserwählter Oligarchen das Land beherrschte. Mehr Mitsprache breiterer Schichten war da unerwünscht.

Zudem war offensichtlich, dass sich eine Annäherung an die EU kaum sofort in steigendem Wohlstand niedergeschlagen würde (wie es die ukrainische Bevölkerung vielleicht unrealistischerweise erwartete). Vielmehr müsste sich die einheimische Wirtschaft durch den Freihandel unvermittelt dem scharfen Wind der europäischen Konkurrenz aussetzen und sich in diesem Umfeld erst einmal zurechtfinden. Das alles waren für Janukowitsch, der 2015 als Präsident wiedergewählt werden wollte, Gründe für seine Kehrtwende.

Aus wirtschaftlicher Sicht stand dem entgegen, dass eine vertraglich besiegelte Annäherung an die EU ein Impuls für westliche Investoren gewesen wäre, dem Land mehr Vertrauen entgegenzubringen. Zwar wird der Ukraine schon seit Jahren attraktives Potenzial attestiert, namentlich im Bereich der Landwirtschaft. Doch wirken unübersichtliche Verhältnisse mit Bürokratie und verbreiteter Korruption nach wie vor abschreckend. Dass das Land sich im "Ease of doing business"-Report der Weltbank 2013 gegenüber dem Vorjahr substanziell verbessern konnte, ist zweifellos positiv. Aber solange niemand weiss, welche Integrations-Option die Ukraine schliesslich wählt, oder welche ihr letztlich offensteht, und wie sich der gewählte Weg auf das gesellschaftliche und unternehmerische Klima auswirkt, bleiben grosse Unsicherheitsfaktoren bestehen. Unsicherheit aber schreckt Investoren.

Nach den drei stürmischen Monaten, die schliesslich Janukowitschs Regime hinwegfegten, stellt sich das Problem inzwischen anders. Die neue Führung ist klar in ihrem Willen nach westlicher Ausrichtung. Die Frage ist allerdings, ob sie sich ausreichend stabil etablieren kann, um ihren Willen auch umsetzen zu können, angesichts nicht nur der innenpolitischen Herausforderungen, sondern auch des aussenpolitischen Umfelds, in dem Russland nicht mehr nur auf wirtschaftlicher Ebene Druck macht.

Mit dem Sturz des Regimes Janukowitsch sind die wirtschaftlichen Probleme nicht kleiner, aber anders geworden. Ohne fremde Hilfe steuert das Land auf eine Zahlungsunfähigkeit zu, und von Russland ist keine Finanzhilfe zu erwarten. Gefordert ist der Westen, der bisher vor allem moralische Unterstützung geleistet hat. Der über Jahre fehlende Wille Janukowitschs, unpopuläre, aber nötige Strukturreformen anzugehen, bescherte der Ukraine gefährlich dezimierte Devisenreserven, weil die Hrywna durch Interventionen in einem unrealistischen Verhältnis zum Dollar gehalten wurde, ein aus dem Ruder laufendes Leistungsbilanzdefizit, weil die zu starke Währung die Konkurrenzfähigkeit der Exporte erodierte, und ein gefährlich angeschwollenes Budgetdefizit, weil mit Wahlgeschenken und Energiesubventionen die Bevölkerung gekauft werden sollte. Die Bereinigung dieser Ungleichgewichte wird harte Arbeit kosten und den sozialen Zusammenhalt strapazieren. Es muss an dieser Stelle aber hervorgehoben werden, dass nicht die drei Monate politischer Turbulenzen die Hauptursache für den desolaten Zustand der ukrainischen Wirtschaft von heute sind. Sie haben zweifellos dazu beigetragen, doch die entscheidenden Fehler wurden vorher gemacht.

Im mittelfristigen Ausblick ist jedoch nicht alles nur düster. Unter Wirtschaftsakteuren herrscht weitgehende Einigkeit, dass das Land danach streben muss, von seiner Abhängigkeit von Stahlexporten wegzukommen. Lange Zeit stellten diese ein Standbein der Exportwirtschaft mit einem Anteil von 30% bis 40% dar. Doch in einem Umfeld mit weltweiten Überkapazitäten und einer einheimischen Schwerindustrie, die an mangelnden Investitionen leidet und deshalb an Konkurrenzfähigkeit verliert, lautet nun die Forderung, dass die ukrainische Wirtschaft mehr Wertschöpfung im eigenen Land erreichen müsse. Statt Rohwaren und Halbfabrikaten gelte es, höherwertige Produkte zu exportieren.

Die grössten Hoffnungen werden dabei in die Landwirtschaft und die nachgelagerte Lebensmittelindustrie gesetzt. Mit ihrem Reichtum an fruchtbarer Schwarzerde ist die Ukraine dabei neuerdings ins Blickfeld Chinas gerückt, das bemüht ist, im Ausland über Beteiligungen an Agribusiness-Unternehmen seine Versorgung sicherzustellen. Gesprächspartner aus China sowie dem Mittleren Osten sind bereits auf den Plan getreten, um milliardenschwere Deals über Getreide- und Fleischproduktion vorzuzeichnen. Diese Entwicklung zeigt, dass die Ukraine mittelfristig mehr Optionen hat als bloss die Alternativen West oder Ost. Eine funktionierende Staatsverwaltung, vertrauenswürdige Justiz und ein Investitionen begünstigendes Wirtschaftsumfeld als Voraussetzungen für breitere weltwirtschaftliche Integration erreicht die Ukraine allerdings eher, wenn sie sich an westlichen Strukturen orientiert als in postsowjetischen Gepflogenheiten verharrt.

In dieser Hinsicht gilt es auch noch ein anderes Problem anzugehen. In der Modernisierungs-Diskussion taucht immer wieder auch die Forderung auf, das Land müsse sich vom Modell oligarchischer Strukturen hin zu einer Wirtschaft entwickeln, in welcher Klein- und Mittelbetriebe als flexible und innovationsfreudige Elemente eine grössere Rolle spielten. Dies bedingt implizit mehr Demokratie für Entfaltungsspielraum und bedeutet gleichzeitig weniger zentrale Kontrolle. Die Frage ist allerdings, ob eine solche Strukturveränderung plausibel ist angesichts des politischen und wirtschaftlichen Hintergrunds der Ukraine aus zaristischer Zeit und sowjetischer Epoche sowie der Entwicklung in 22 Jahren Unabhängigkeit.

Erhellend ist etwa ein Blick auf die Website von System Capital Management (SCM), der Holdinggesellschaft des Grossunternehmers Rinat Achmetow. Bekannt ist SCM namentlich für Bergbau, Stahlproduktion und Energiegewinnung, doch das weitverzweigte Konglomerat ist auch noch in vielen anderen Bereichen tätig, von Landwirtschaft über Finanzen und Immobilien bis zu Telekommunikation, Transport, Medien und Lebensmittel-Detailhandel. Wenn aber solch grosse Spieler auch Felder besetzen, in denen eigentlich der unternehmerische Mittelstand präsent sein sollte, dann fragt man sich, wo für diesen denn noch Platz sei.

"Wir steigen in Sektoren ein, wo wir gute langfristige Wachstumsmöglichkeiten sehen", sagt der Schotte Jock Mendoza-Wilson, der bei SCM die Abteilung für Investoren- und internationale Beziehungen leitet. "Langfristiges Denken bedeutet, das unternehmerische Portfolio zu diversifizieren und damit das Risiko zu verringern". Dass dies den KMU-Bereich zurückdränge, will Mendoza-Wilson so nicht gelten lassen. Bei SCM bemühe man sich, Klein- und Mittelbetriebe in die Zulieferkette einzubinden und ihnen dadurch zu helfen, Umsatz zu generieren. Indem man als Abnehmer gewisse Standards verlange, könne man zur Unternehmenskultur der Zulieferer beitragen und sie damit voranbringen.

Grundsätzlich ist zwar auch Mendoza-Wilson der Meinung, dass die treibende Kraft in einer zukunftsorientierten ukrainischen Wirtschaft der unternehmerische Mittelstand sein sollte. Er bemerkt aber, dass der Sektor die nötige Stärke noch nicht habe. Die Frage ist indes, ob er sie überhaupt erreichen kann in einem Umfeld, das von einigen wenigen Grossunternehmern beherrscht wird. Diese sind zudem nicht nur wirtschaftlich dominant, sondern auch politisch bestens vernetzt und oft entweder selber oder über Gewährsleute direkt und bis auf höchster Ebene an politischen Entscheidungen beteiligt.

Eine ukrainisch-amerikanische Unternehmerin, die im Anlagebereich tätig ist, glaubt deshalb, dass das gegenwärtige "Top-down"-System auch in einer sich modernisierenden ukrainischen Wirtschaft fortbestehen werde. Für die Klein- und Mittelbetriebe werde es kaum genügend Spielraum für eine tragende Rolle geben. Unbedingt notwendig sei aber für die Förderung des Mittelstands eine Reform des Bildungswesens, das die qualifizierte Arbeitskraft für eine Volkswirtschaft auf der Basis von Wissen heranziehe, und eine Änderung der Gesetzgebung zum Unternehmensbankrott. Ein Bankrott dürfe nicht länger ein gesellschaftliches Stigma darstellen, sondern müsse Ansporn sein, es nochmals zu versuchen.

Die starke Verankerung vertikaler Strukturen sowohl in der politisch-gesellschaftlichen Ordnung wie auch in der Wirtschaft der Ukraine sprechen vorläufig eher gegen einen Paradigmenwechsel hin zu flacheren Hierarchien und einem stärkeren Mittelstand. Was man sich aber bei grossen Spielern wie etwa SCM von einer Westintegration erhofft, ist bessere weltwirtschaftliche Integration und Akzeptanz. Die mächtigen ukrainischen Imperien mögen ihre Existenz dem "wilden Kapitalismus" der ersten Nachwendezeit verdanken. Doch für den Erfolg in einem globalisierten Umfeld wünschen sich ihre Kapitäne nun klarere Regeln.

Der Autor

Rudolf Hermann (geboren 1958) ist Korrespondent der "Neuen Zürcher Zeitung" für Zentral- und Osteuropa.

Ukraine – nationale Einheit durch regionale Vielfalt?

Ludmila Lutz-Arias

Am 22. Januar 1919 zogen trotz klirrender Kälte Tausende Männer, Frauen und Kinder durch die mit gelb-blauen Flaggen, folkloristisch bestickten Tüchern sowie landestypische Motive oder Nationalhelden abbildenden Plakaten dekorierten Strassen Kiews. In einem besonders festlichen Glanz erstrahlte an diesem Tag der mit verschiedenen Gebietswappen verzierte Sophienplatz, welchen die aufgeregten, meist in bunte Trachten gekleideten und wohlgelaunten Pilger ansteuerten. Nach dem Verstummen der Kirchenglocken erklangen um elf Uhr Töne eines pathetisch anmutenden Musikstücks, welches den Startschuss für die weihevolle Militärparade gab – in ganzer Pracht, Perfektion und Präzision marschierten entlang des Versammlungsortes Soldaten der ukrainischen Infanterieeinheiten, der Artillerie sowie der freiwilligen Verbände, welche sich anschliessend an allen vier Ecken des Platzes zur Wache postierten. Rasch füllte die dem gravitätischen Defilee nacheifernde Menschenmenge die gesamte Umgebung, zahlreiche Zuschauer kletterten auf die Bäume, um eine bessere Sicht auf das nun anstehende Ereignis zu bekommen (Litvin/Naumenko 1995: 140ff.).

Nach der Abhaltung feierlicher Gottesdienste in nahezu allen Gebetshäusern Kiews legte sich eine gewisse Stille über die Hauptstadt, welche allerdings schon einige Minuten später das Knattern einer langsam anrollenden Automobilkolonne zerstörte. Begleitet von Ehrenrufen sowie der von dem anwesenden Militärorchester aufgeführten Nationalhymne trat die allseits erwartete, aus hochkarätigen Persönlichkeiten der Politik bestehende Delegation auf die Tribüne. Nach den Kundgebungen der offiziellen Vertreter der Ukrainischen Volksrepublik und der Westlichen Ukrainischen Volksrepublik verlas der Geologie-Professor der Kiewer Universität Fedir Švec' (1882-1940) die von dem pulsierenden Publikum herbeigewünschte Botschaft: "Fortan verschmelzen die seit Jahrhunderten von einander zerrissen Teile der einheitlichen Ukraine – die Westukrainischen Volksrepublik (Galizien, Bukowina und Ungarische Ukraine) und die Dnjepr-Grossukraine. Die uralten Träume, mit welchen die besten Söhne der Ukraine lebten und starben, haben sich erfüllt. Von nun an gibt es eine einzige unabhängige Ukrainische Volksrepublik" (Tymčenko 2009: 184).

Obgleich dieser Traum bereits einige Wochen nach seiner Wahrwerdung mit der Besatzung Kiews durch die Rote Armee wieder zerplatzte, nahm das damalige Staatsoberhaupt Leonid Kutschma dieses Datum im Jahr 1999 mittels eines Präsidialerlasses in den offiziellen Festtagskalender der Ukraine auf. Seit 2008 umranken die sich mittlerweile fest etablierte Rituale den als "Tag der Einheit und Freiheit" bezeichneten 22. Januar – bereits am frühen Morgen treten einige mit gelben und blauen Bänden ausgestattete Unternehmungslustige auf der mächtigen Paton-Brücke über dem Dnjepr in Kiew zusammen, sich in zwei Gruppen dabei aufsplitternd. Beide Mannschaften bewegen sich von den jeweiligen Enden der Brücke aufeinander zu, damit die Einigung der rechts- und der linksufrigen Ukraine symbolisierend. In der Mitte bilden die Teilnehmer anhand der mitgeführten bunten Borten die ukrainische Staatsflagge und skandieren lauthals Slogan wie "Ruhm der Ukraine! Den Helden Ruhm!" oder "Am Tag der Vereinigung fassen wir uns an den Händen!". Ähnliche Aktionen finden auch in anderen Regionen des Landes statt – anlässlich des 92. Jahrestags der denkwürdigen Begebenheit konstruierten die einheimischen Jugendliche auf einer Flussüberquerung in der Nähe von dem westukrainischen Ternopil am 22. Januar 2011 eine Fünfmeternationalfahne und liessen anschliessend Tauben sowie 92 blau-gelbe Luftballons in den winterlichen Himmel steigen (Skoropadskij 2011).

Jedes Zeitalter schöpfte eigene, ihren innovativen Charakter widerspiegelnde Festtage, versuchte jedoch zeitgleich, eine adäquate Lösung für das Problem der historischen Kontinuität zu eruieren. Die Anlässe und Arten des Zelebrierens veranschaulichen recht illustrativ die spezifischen Gewohnheiten, Verhaltens- und Kommunikationsweisen einzelner Nationen. Zudem stellen Feiertage eine äusserst originelle Übertragungsform des kulturellen Erbes dar, transferieren die hervorgegangene geistig-moralische Praxis und übernehmen eine sich an bestimmten ideellen Instruktionen orientierende Erziehungsfunktion bei der heranwachsenden Generation (Benifand 1986). Vor diesem Hintergrund lautet eines der substanziellen Themen, welche die jungen ukrainischen Bürger gegenwärtig zu beschäftigen scheinen, wohl offenkundig die Schaffung einer einheitlichen Kollektividentität. Warum geniesst dieser Gedanke so viel Beachtung in der modernen Ukraine, worauf stützt er sich und warum spielt er 23 Jahre nach der sämtliche territorialen Ansprüche befriedigenden, auf nationaler Autonomie fussenden Staatsgründung immer noch eine solch eminente Rolle?

Am 24. August 1991 verabschiedete die Verchovna Rada zunächst eine formale Unabhängigkeitserklärung, welcher 92,3 Prozent der sich am 1. Dezember 1991 in einem Referendum beteiligenden Ukrainer eindeutig beipflichteten. Aus der "Kornkammer der UdSSR", der drittgrössten Republik des kommunistischen Imperiums, entwickelte sich ein selbständiger Nationalstaat, der seither unter hellblau-goldener Flagge und Dreizack nach einer unantastbaren Identität, nach Selbstbestimmung und Anerkennung auf der politischen Weltbühne sucht. Besonders für Europa hat der junge ukrainische Staat eine enorme geopolitische Bedeutung, verkörpert dieser doch von seiner Fläche von nahezu 604'000 km^2, auf denen etwa 45,5 Millionen Menschen leben, nach Russland und noch vor Frankreich das zweitgrösste Land auf dem europäischen Kontinent (The World Factbook 2013). Im öffentlichen Bewusstsein, aber auch in der akademischen Welt West- und Mitteleuropas absorbiert die Ukraine dennoch ein relativ schwaches Interesse. Eine wesentliche Ursache hierfür liegt in der historischen und auch aktuellen Vormachtstellung der Russländischen Föderation in Osteuropa sowie in der Russifizierung der Osteuropawissenschaften, die sich bislang vorrangig auf Russland beziehungsweise die UdSSR konzentrierten.

Daher überrascht es nicht, dass nach der Erklärung der staatlichen Souveränität die Mehrheit der ukrainischen Bürger aus dem Schatten der sowjetisch-russischen Geschichte heraustreten möchte, um ihre Eigenständigkeit als Nation zu demonstrieren. Im Fall der Ukraine handelt es sich um einen jener Staaten, welche 1991 erstmals in ihrer Geschichte die völlige offizielle Unabhängigkeit erlangt haben. Neben der politischen, ökonomischen und rechtlichen Umgestaltung sieht sich das Land verstärkt mit den Problemen einer Staats- und Nationsbildung konfrontiert. In diesem komplexen Transformationsprozess geht es vor allem um eine Standortsuche, um eine kollektive Selbstfindung sowie um ein Eigenverständnis als Volk und als Staat.

Obwohl sich sowohl in der Verfassung als auch in diversen anderen amtlichen Dokumenten zahlreiche Hinweise auf die "tausendjährige staatliche Tradition" der Ukraine finden, blickt das junge osteuropäische Land mit seiner äusserst heterogenen Bevölkerung über viele Jahrhunderte hinweg auf eine sehr verzweigte Vergangenheit zurück, ohne aber zugleich auf ein kontinuierliches Geschichtsgerüst im Sinne einer durchgehenden Einheit von Gesellschaft, Territorium, Staatswesen und Kultur zurückgreifen zu können. Die wechselvollen historischen Ereignisse zwischen Fremdherrschaften, Trennungen und Teilungen, Kriegen und Friedensschlüssen sowie die Einflüsse der verschiedenen Völker hinterliessen am "Rande Europas" vielfältige Spuren. Die daraus resultierende multiethnische Bevölkerungsstruktur setzt sich heute aus etwa 110 verschiedenen Gruppen zusammen, deren grösste Repräsentanten die ethnischen Ukrainer (73 Prozent), Russen (17 Prozent) sowie Weissrussen (0,6 Prozent) darstellen (Statistisches Nationalkomitee der Ukraine 2001). Im Hinblick auf die konfessionelle Formation ergibt sich folgendes Muster: Den Westen dominieren die katholischen Gemeinden, im Osten die christlich-orthodoxen und im Süden lebt eine Vielzahl muslimischer Gläubiger.

Aus diesen Gründen verwundert es wenig, dass nach der Erlangung der erstmaligen Souveränität die Ukraine sich neben dem neuralgischen Erbe der über 70 Jahre andauernden sozialistischen Periode – Korruption, Lohngefälle, Blockaden, Stagnation, Fremdenfeindlichkeit, Rassismus, extreme Ausbeutung, Entvölkerung – vor allem mit der Staats- und Nationsbildung konfrontiert sieht. Die aktuell geführten politischen, gesellschaftlichen und wissenschaftlichen Debatten bringen die Ukraine häufig mit Begriffen wie "gespaltenes Land", "zerrissene Nation" oder "Land der postsowjetischen Schizophrenie" (Huntington 1997: 263) in Verbindung. Worauf basiert das historische und politische Selbstverständnis der Ukrainer? Wieviel Konfliktpotential steckt tatsächlich in den innerukrainischen Beziehungen? Ist das Verhältnis zwischen den Bewohnern der einzelnen Regionen wahrlich so prekär, dass es einen von einigen Beobachtern prognostizierten Staatszerfall verursachen könnte?

Tradierte Modelle der regionalen Aufgliederung

Ausgehend von dem historischen Werdegang der Ukraine unterscheiden sich die Gebiete durch kulturelle Einflüsse, kirchliche Zugehörigkeit, den Grad der Bewahrung der ukrainischen Sprache als Familien- und Umgangssprache, das Niveau der industriellen Entwicklung sowie das Wahlverhalten von einander. Häufig tritt eine triviale Reduktion der überaus vielschichtigen regionalen Kontraste innerhalb der Ukraine auf einen "proeuropäischen" Westen und einen "pro-russischen" Osten ein, begründet mit der Schwäche der staatlichen Institutionen sowie der politischen Krisenanfälligkeit. Mit den von der "Orangenen Revolution" begleiteten Präsidentschaftswahlen 2004 gelang es den vermeintlich "prowestlichen" Kräften erstmals die Regierungsgeschäfte zu übernehmen, wobei der damalige Wahlsieger Viktor Juschtschenko und sein Herausforderer Viktor Janukowitsch geradezu perfekt die innerukrainischen räumlichen Gegensätze personifizierten: Auf der einen Seite die ukrainisch-sprachige, agrarisch, vorwiegend griechisch-katholisch geprägte, patriotische, progressiv-demokratische Westukraine – trotz der Herkunft Juschtschenkos aus dem östlichen Bezirk Sumy –, auf der anderen die russischsprachige, industrialisierte, orthodox dominierte, national-nihilistische, sowjetnostalgische, autoritäre Ostukraine (Shulman 2004). Damit korrelierten zwei konkurrierende nationale Ideen – die "ethnisch-ukrainische" sowie die "ost-slawische" –, woraus sich zwei konträre Konzeptionen der ukrainischen Geschichts- und Identitätspolitik ergaben.

Die in den westlichen Medien und wissenschaftlichen Publikationen oft zitierte, stark vereinfachte Ost-West-Dichotomie enthüllt sich beim näheren Hinsehen als irreführend, da sich die regionalen nicht einfach mit der besagten geographischen Kluft decken. Das Phantom der nationalen Einheit sowie das Erschrecken über die Abwesenheit dieser bestimmten auch die weitverbreiteten Meistererzählungen in der Ukraine selbst – die von dem renommierten Schriftsteller und Journalist Mykola Rjabtschuk herausgegebene, für grosses Furore sorgenden Abhandlung "Die zwei Ukrainen" verfestigte zunächst das Image von der Labilität der ukrainischen Nation, die kursierenden Stereotypen dabei bestätigend. Tatsächlich relativierte der Autor sowohl in diesem Buch als auch in seinen späteren Publikationen – auch im vorliegenden Band – diesen Mythos, indem er ausdrücklich betonte, dass es eben nicht nur zwei Ukrainen gibt, sondern viele, welche sich nicht durch klar zu markierende Grenzen voneinander trennen, sondern geschmeidig ineinander übergehen und somit den Zusammenhalt erleichtern (Rjabčuk 2003, Rjabtschuk 2005).

Formal besteht die Ukraine aus 27 Verwaltungseinheiten: aus 24 Gebieten (*oblasti*), zwei Städten mit Sonderstatus (Kiew und Sewastopol) sowie der autonomen Republik Krim. Angesichts der geschichtlichen Entwicklung sowie der sich daraus resultierenden ethnokulturellen Unterschiede klassifiziert der britische Sozialwissenschaftler Taras Kuzio das heutige ukrainische Territorium, jedoch unter Vernachlässigung der Sonderfälle Transkarpatien und Krim, in vier Hauptbezirke, welche er wie folgt charakterisiert (Kuzio 1997: 22ff.):

1. Im Westen der Ukraine dominiert die ukrainisch-sprachige Bevölkerung, wobei sich insbesondere die ländlichen Siedler als "national bewusst" und vergleichsweise politisch aktiv zeigen.

2. Der Osten stellt eine hochurbanisierte Region mit russischsprachiger Majorität dar.
3. Die Zentralukraine kennzeichnen ein relativ hoher Anteil der ukrainisch-sprachigen Bevölkerung in den Städten sowie die ukrainischsprachigen Dorfbewohner, welche sich allerdings nur geringfügig politisch engagieren.
4. Die südlichen Gebiete des Landes prägen hauptsächlich russischsprachige Städter und politisch passive Kommunen.

Einen frappanten Sonderfall versinnbildlicht das im äussersten Westen gelegene Transkarpatien, welches rund neun Jahrhunderte unter ungarischer Herrschaft stand, ehe die Region 1918 eine Einverleibung seitens der Tschechoslowakei und 1945 seitens der Sowjetukraine erfuhr. Die Bewohner dieses Gebiets fühlen sich durch eine äusserst spezielle kulturelle Identität miteinander verbunden, welche auf einer multiethnischen Struktur mit den ostslawischen Ruthenen als grösste, sich zum Teil als eine eigene Nation empfindende Gruppe sowie einer grossen und kulturell selbstbewussten ungarischen Minderheit beruht. In Erinnerung an eine kurzzeitige Unabhängigkeit von Oktober 1938 bis März 1939 forderten einige Kommunalpolitiker bereits während der Perestroika-Periode gemeinsam mit den Ungarn Transkarpatiens, die etwa 12,5 Prozent der Gesamtbevölkerung der Region ausmachen, eine schrankenlose Autonomie (Bugajski 2000: 177ff.). Aufgrund des massiven Widerstandes der Zentralregierung, welche sich von den separatistischen Tendenzen Transkarpatiens bedroht sah, gerieten diese Bestrebungen in den Schatten des Alltags.

Eine exklusive Stellung innerhalb des territorialen Gefüges nimmt zudem die "Autonome Republik Krim" ein, welche Nikita Chruschtschow 1954 per Verwaltungsakt aus dem Bestand der Russländischen Föderativen Sowjetrepublik aus- und der Ukrainischen Republik zuwies. Die Krim, die heute in Sewastopol einen strategisch wichtigen russländischen Flottenstützpunkt beherbergt, fungierte bis zu ihrer Eroberung durch das Russische Reich im Jahre 1783 als Domäne der Krimtataren, welche im Zuge des Zweiten Weltkrieges nach Stalins Anordnung eine Deportation in die zentralasiatischen Republiken der UdSSR erfuhren. Durch deren massive Rückwanderung, welche in der Spätphase der UdSSR einsetzte, erhielten die russländisch-ukrainischen Auseinandersetzungen um die Frage, wem die Halbinsel "gehört", eine erneute brisante Dimension. Von einigen Zusammenstössen zwischen den zurückgekehrten Krimtataren und den örtlichen Behörden abgesehen, gelang es den Machtinhabern letztendlich, die allseits befürchtete Eskalation zu einem schärferen regionalen oder gar internationalen Konflikt zu vermeiden. Entgegen anfänglich plakativer Prophezeiungen schaffte es Kiew, die Halbinsel in den neuen ukrainischen Staat sowohl politisch als auch ökonomisch und kulturell zu integrieren (Sasse 2007). Da die rund 1,95 Millionen auf der Krim siedelnden Menschen in der Vergangenheit mehrere Autonomieexperimente erlebten, vertreten sie nun die Überzeugung, in einem Sonderbezirk mit individuellem politischen Anspruch zu residieren.

Beständige Leuchtkraft politischer Farbspiele

Das Jahr 1991 kündigte für die Ukraine und die innerhalb ihrer heutigen Grenzen lebende Bevölkerung eine epochale Zeitwende an, denn ungeachtet der kurzen als "Ära der gescheiterten Staatlichkeit" bezeichneten Zeitspanne von 1917 bis 1920, existierte dieses osteuropäische Land historisch betrachtet nie als eigenständiger staatlicher Akteur. Obwohl die nationale Geschichtsschreibung seit Myhajlo Gruševs'kyj eine tausendjährige staatliche Kontinuität postuliert (Gruševs'kyj 1913), zeugt diese Konstruktion nur von wenig Bestand. Es handelt sich hierbei eher um einen "nationalen Mythos", welcher ausser Acht lässt, dass sich grosse Flächen der Ukraine über Jahrhunderte hinweg im Macht- und Einflussbereich bedeutender Nachbarn, wie der polnischen Adelsrepublik, dem Grossfürstentum Litauen, dem Russischen sowie dem Habsburger Reich, befanden. Die politisch fragmentierten Ukrainer lebten im 19. Jahrhundert verteilt in drei Staaten, wobei sich die "Kleinrussen" des Russischen Reichs, die "Ruthenen" Österreichs und die "Rusyny" in dem ungarisch beherrschten Transkarpatien in ihrer Sprache, Religion, Kultur, historischer Tradition sowie Sozialstruktur erheblich voneinander unterschieden (Kappeler 2003: 26). Keiner der Gewalthaber zeigte dabei ein auffälliges Interesse an der Förderung der ukrainischen Minderheit; viel mehr betrieben alle eine gründliche Assimilation und Integration dieser in den eigenen Herrschaftsbereich.

Die Spuren dieses verworrenen historischen Erbes spiegeln sich in der politische Kultur und dem gegenwärtigen Wahlverhalten der Ukrainer apodiktisch wieder: Die seit den neunziger Jahren dokumentierten Beobachtungen liefern stichhaltige Beweise für die Hypothese, dass die Wählerschaft der westlichen Provinzen, gestützt auf ihre geschichtliche Tradition, eine "nationale, demokratisch ausgerichtete" Stimmabgabe bevorzugt, während sich das "linksorientierte" Votum im Süden und Osten des Landes primär durch sozioökonomische Faktoren erklären lässt. Seit der "Orangen Revolution" im Winter 2004 intensivierte sich die politische Polarisierung in der öffentlichen Wahrnehmung: Für den "orangenen" Kandidaten Viktor Juschtschenko plädierten 17 aneinandergrenzende Wahlkreise in den westlichen und mittleren Landesteilen, wobei der "blaue" Präsidentschaftsanwärter zehn zusammenhängende Regionen im Südosten auf seine Seite zog (Zentrale Wahlkommission der Ukraine 2004).

Auf die nachweislichen Vorwürfe des Wahlbetrugs zugunsten Viktor Janukowitschs agierten die "orangen" Anhänger mit öffentlichkeitswirksamen Massenprotesten, welche vor allem auf den Strassen Kiews und in westlichen Städten stattfanden. Für die im Südosten lebenden Ukrainer blieb kaum Raum, um spürbaren Gegendruck in Form "blauer" Demonstrationen zu entfalten, weshalb sie sich darauf beschränkten, ihrem Favoriten durch eine ziemlich hohe Wahlbeteiligung möglichst viele Stimmen zu verschaffen. Diese Verhaltensmuster im Zuge der "Orangen Revolution" offenbarten einen regional motivierten Ausgleichsmechanismus – während er in "ruhigen" Phasen zur politischen Stabilität sowie Kompromissbereitschaft verhalf, konnte er in Krisenzeiten als schallender Antrieb gegen ein zentral operierendes, korruptes und autoritäres Regime dienen. Die regionalen Diskrepanzen lösten nicht unbedingt die "orange" Mobilisierung aus, verliehen ihr aber Struktur und Aufschwung, womit sie sich als demokratisches Korrektiv zur Rekonvaleszenz der Legitimität eines Systems entpuppten (Sasse 2010: 116ff.).

Der sich 2004 herauskristallisierte Trend hielt zunächst an: Im Rahmen einer Stichwahl erlangte Viktor Janukowitsch mit 48,95 Prozent gegen seine Kontrahentin Julia Timoschenko, welche 45,47 Prozent der Stimmen erntete, im Jahr 2010 das Präsidentschaftsamt. Dabei erhielt der Sieger in den Bezirken Lviv, Ternopil und Ivano-Frankivsk weniger als zehn Prozent Zuspruch, erfreute sich jedoch in Donetsk sowie Lugansk über jeweils rund 90 Prozent. Seine Konkurrentin verzeichnete zwar imposante Erfolge im Westen und Zentrum des Landes, sammelte allerdings in diesen bevölkerungsarmen Gegenden nur knapp 2,4 Millionen Stimmen (Zentrale Wahlkommission der Ukraine 2010).

Diese Ergebnisse zeugen davon, dass es dem Kampfduett Juschtschenko-Timoschenko nicht gelang, die mit der "Orangen Revolution" verzahnten Hoffnungen zufriedenstellend zu erfüllen. Letztlich blieb von der euphorischen Aufbruchsstimmung, welche auf die demokratische Konsolidierung der politischen Ordnung, eine nachhaltige Behebung der endemischen Korruption, die ökonomische Prosperität sowie die Integration der Ukraine in die Europäische Union und die NATO abzielte, nahezu nichts mehr übrig. Am Ende der ersten Regierungsperiode unter dem Staatsoberhaupt Juschtschenko trugen die einstigen Mitstreiter des "orangen" Lagers unverblümt und stets medial begleitet ihre heillosen Streitigkeiten aus, was zu einem unwiderruflichen Einsturz ihrer anfänglich äusserst verheissungsvollen Koalition führte. Ferner vermochten es die zunächst höchst ambitionierten Helden der Revolution nicht, die waltenden regionalen Gegensätze auszubalancieren, sondern erweiterten die bereits vorhandenen Konflikte durch die aufkeimenden Spannungen innerhalb ihrer Allianz um eine neue Dimension.

An dieses Missbehagen anknüpfend positionierte sich Janukowitsch in zahlreichen Stellungnahmen gesamtukrainisch, auf Pointierung einzelner geographischer Einheiten dabei verzichtend. Er kündigte an, er sei nicht gegen die seitens seiner Vorläufer fixierten Losungen: "Ich werde sie umsetzen in meiner weiteren Arbeit" (zit. in: *Ukrajins'ka pravda* 2010). Solche Aussagen ebneten ihm zum einen den Weg zu den Sympathien der nationaldemokratischen Bürger, signalisierten zum anderen, dass die Gräben nicht die Tiefe aufwiesen, welche die politische Polemik ihnen manchmal bescheinigte. Janukowitschs plakativer Slogan "Die Ukraine – unsere Heimat" allegorisierte eine den Osten und Westen des Landes miteinander verbindende Botschaft, welche sich auch in der Bezeichnung der ihn unterstützenden "Partei der Regionen" wiederfand. Die neue Staatsführung stand somit vor der beständigen Herausforderung, das Zusammenwachsen der unterschiedlichen Distrikte zu fördern und allgemeingültige Übereinkünfte bei den Lösungen kniffliger Probleme zu treffen.

Verarmte Bauern im Westen, mächtige Oligarchen im Osten?

Die Ukraine öffnete ihre Volkswirtschaft, welche die Experten aktuell als eine diversifizierte und stark modernisierungsbedürftige charakterisieren, so spät wie kaum einer der übrigen ehemals kommunistischen Staaten. Trotz des gewaltigen ökonomischen Potentials auf der Grundlage eines gehörigen Absatzmarkts, eines ziemlich gut ausgebildeten Personals, begehrter Ressourcen wie fruchtbare Böden, Öl-, Gas- sowie Kohlevorkommen, einer strategisch günstigen Lage zwischen der EU und Russland (durch das ukrainische Territorium verlaufen 80 Prozent aller Gasleitungen nach Europa), gehört die Ukraine mit knapp 7'200 US$ Pro-Kopf-Einkommen in der Kategorisierung der Weltbank zu den "lower middle income"-Ländern (The World Bank 2013).

Mit dem Niedergang der Sowjetunion und dem damit einhergehenden Zusammenbruch der zentralistischen Planwirtschaft erlebte die Ukraine zunächst eine langwierige Dekade negativen Wachstums, umrankt von einer dubiosen sowie äusserst rasch vollzogenen Privatisierung des ehemaligen Staatsvermögens. Die sich über Jahrhunderte hinweg erstreckende Prävalenz zentripetaler Kräfte über die zentrifugalen erklärt die dauerhaften Unterschiede zwischen den ökonomischen Profilen der einzelnen ukrainischen Bezirke, welche die Resultate der angestrebten Profiterfolge dieser enorm beeinflussten. Die entsprechende regionale Spezialisierung auf bestimmte Sektoren lässt sich wie folgt beschreiben: landwirtschaftliche Betriebe im Westen, im Zentrum sowie im Süden des Landes, spezialisierte Industrieökonomie im Osten und fünf Inseln der dienstleistungsorientierten Wirtschaft. Der letztgenannte Komplex differenziert zwischen zwei Regionen, die sich auf Konsum- und Finanzservice konzentrieren (Kiew und Charkow) sowie den drei südlichen, sich auf Transport oder öffentliche Sozialdienstleistungen stützenden Provinzen (Mykhnenko/Swain 2010: 141ff.).

Als Mitgift von ihrer imperialen und sowjetischen Vergangenheit empfing die Ukraine eine der asymmetrischsten Wirtschaftslandschaften Europas, wobei sich die Entwicklungsschieflage der drei segmentierten Regionstypen in der ersten Dekade der Souveränität radikal steigerte. Binnen der Depression nach den politischen Umbrüchen verminderte sich der Grad regionaler Ungleichheit in den neunziger Jahren, da der konjunkturelle Abschwung alle Bezirke etwa gleichermassen streifte. Nach der "Orangen Revolution" setzte eine rasante Beschleunigung der geografisch bedingten Unterschiede an, eine enge Verknüpfung mit den offiziellen Aufbaumodellen und partikularen Machtarrangements dabei aufzeigend.

Von 1999, als die Erholungsetappe einsetzte, bis 2004 demonstrierte das ukrainische Leitbild eine bestimmte Kombination ökonomischer und politischer Strategien, nach dem damaligen Präsident Leonid Kutschma als "Kutschmanomics" etikettiert. Diese Vorgehensweise zielte darauf, eine Gruppe potenter Grosskapitalisten zu etablieren, um die Entstehung einer "Nation belangloser Kleinunternehmer" zu verhindern. Das Kutschmanomics-Konzept schloss einen konkurrenzfähigen und reellen Wechselkurs zum US-Dollar ein, dazu sinkende Zinsen sowie abnehmende Inflation. Ferner handelt es sich um ein exportzentriertes Design, welches auf Eisen,

Stahl und durch billige Energie der staatlich kontrollierten Kohleindustrie sowie günstiges russisches Gas geförderte Metallprodukte basierte. Die Aufrechthaltung dieser sich vorrangig auf den Osten des Landes beziehenden Konstruktion gewährleistete das installierte semi-präsidentielle Regierungssystem, in dem Kutschma eine Form des Korporatismus nutzte, um zwischen rivalisierenden regionalen Konzernen zu vermitteln und ihre lokalen politischen Verbündeten zu kooptieren (Mykhnenko 2011).

Der eingangs vor überdurchschnittlichen Reformeifer strotzende Viktor Juschtschenko demontierte die seitens seines Vorgängers angewandte Taktik, diese durch ein finanzsektor-pointiertes Wachstumsregime substituierend. Die Explosion kreditbasierenden Konsums und damit verbundener Finanzdienstleistungen verzeichneten recht schnell einen signifikanten Anstieg, die industriell geprägten und von der Landwirtschaft profitierenden Gebiete verloren indes an Boden. Das zuvörderst in grossen Metropolen und touristischen Gegenden geförderte Dienstleistungsressort hing extrem von ausländischen Kapitalimporten ab und ermattete ungemein, als die globale Finanzkrise die Ukraine im August 2008 erreichte. Ferner büsste der nur begrenzt handlungsfähige Staat – ein Ergebnis der "Orangen Revolution" – Kapazitäten ein, um die industrielle Modernisierung im Osten anzukurbeln (Mykhnenko 2011). In der Konsequenz sahen sich die Ukraine in zunehmendem Masse auf die Performanz peripherer, schwach wachsender Landwirtschaftsregionen und die Bürger immer stärker auf die Einkommenszuschüsse des Staates angewiesen.

Zusammenfassend lässt sich konstatieren, dass die agrarisch gearteten Regionen seit 1991 nahezu unverändert auf geringe Produktivitätsraten, horrende Arbeitslosigkeit, langsames Wirtschaftswachstum, ziemlich geringe verfügbare Einkünfte, hohe Schwarzarbeitsquoten, eine äusserst ungleiche Gehaltsverteilung und Abhängigkeit von staatlichen Transferleistungen zurückblicken. Die östlichen Industrieenklaven stechen dabei kontinuierlich durch effektivere Produktivität, wesentlich bessere Beschäftigungsraten, niedrige Arbeitslosenzahlen, solide Löhne, eine kleinere Schattenwirtschaft und moderate Wirtschaftsprogression hervor. Diese Gegebenheit resultiert nicht allein aus dem Vorhandensein opulenter Vorräte an kostbaren Bodenschätzen und riesiger Fabrikanlagen in dem Umkreis von Donetsk, Charkow oder Dnipropetrowsk, sondern auch aus der dort waltenden personellen Machtkonstellation. Die wegweisende Elite setzt sich indes überwiegend aus den sogenannten "Oligarchen" zusammen – jenen Grossunternehmern, welche sich parallel zur Generierung monströser Geldsummen aus legalen oder weniger legalen Geschäften nebenberuflich als Parlamentarier beziehungsweise als weitherzige Sponsoren tonangebender Parteien engagieren.

Keiner der bisherigen Spitzenpolitiker erlaubte es sich zu versäumen, die wesentlichen Interessen der begüterten Business-Schickeria in regierungsrelevante Entscheidungen und Handlungen einzuflechten, um anschliessend aus ihrer Grosszügigkeit einen Nutzen zu ziehen. Die Vorstellungen der ukrainischen Milliardäre und Multimillionäre von der wünschenswerten Entwicklung in der Heimat entspriessen ihren Erfahrungen im Westen Europas, wo sie ihren Reichtum verleben sowie die Sicherheit der demokratischen Ordnung geniessen. Inkonsequenterweise machen die resoluten Magnaten davon kaum Gebrauch, sondern präferieren eher den für schwache Volkswirtschaften symptomatischen "Absentismus": In Deutschland, Frankreich oder Grossbritannien erholen sie sich, unterziehen sich medizinischen Behandlungen, kultivieren ihre Kinder. In der Ukraine hingegen streben die Aktionäre eine kontinuierliche politische Festigkeit an, um Ruhe an der vergleichsweise unterbezahlten Arbeiterfront und somit auch die anvisierten Gewinnausschüttungen zu sichern (Kotlajr 2010: 15).

Einen Beweis dafür stellt die recht wankelmütige Karriere von Petro Poroschenko dar, einem der wohlsituiertesten Männer der Ukraine, dessen Privatvermögen laut Schätzungen etwa 1,6 Milliarden Dollar beträgt. Der Inhaber der Schokoladenmanufaktur "Roshen", welche jährlich 410'000 Tonnen über 200 verschiedener, in allen Regionen der Ukraine beliebter Süsswarensorten produziert und einen Umsatz von fast 1,2 Milliarden US$ erzielt (Candy Industry 2014), hat seit 1998 einen Sitz in der Verhovna Rada inne. Sowohl unter Viktor Juschtschenko als auch unter seinem Rivalen Viktor Janukowitsch bekleidete der einst überzeugte Unterstützer der "Orangen Revolution" mehrere Schlüsselpositionen – er agierte als Vorsitzender des Haushaltsausschusses sowie des Nationalen Sicherheits- und Verteidigungsrates, als Aussenminister, bis 2012 als Handelsminister im Kabinett des engen Janukowitsch-Vertrauten Mykola Azarow (Porošenko 2013). Der aktuell als Vizevorsitzender des Parlamentsausschusses für die Zusammenarbeit mit der Europäischen Union figurierende Poroschenko wandte sich Ende 2013 von dem amtierenden Präsidenten aufgrund dessen erneut pro-russisch angeschlagenen Kurses ab, sich mit den hauptsächlich in den westlichen und zentralen Gebiete des Landes populären Oppositionsführern solidarisierend (Hermann 2014).

Der multiple Geist des ukrainischen Nationalbewusstseins – Glücksfall oder Schreckgespenst?

Obwohl im winterlichen Kiew am 22. Januar 2014 ähnliche Witterungsverhältnisse wie zur sakralen Geburtsstunde der ersten Ukrainischen Volksrepublik am 22. Januar 1919 herrschen, unterscheiden sich die gegenwärtigen Zeremonien doch gravierend von den 95 Jahre zurückliegenden Festlichkeiten. Anstelle einer feierlichen Dekoration verdichten sich schwarze Rauchsäulen über dem im Herzen der Hauptstadt pulsierenden, von ausgebrannten Autos, glühenden Mülleimern, Sandsäcken und in ständig in Flammen aufgehenden Autoreifen umgebenden Maidan. Vor sämtlichen Restaurants und Cafés hängen Schutzschilder, stattdessen breiten sich genüssliche Gerüche aus den provisorisch errichteten Feldküchen über den gesamten "Platz der Unabhängigkeit". Über die im "Kampflager" montierten Verstärker laufen in betäubender Lautstärke Nachrichten, welche die anwesenden Ordnungshüter mit einem Mix aus sowjetischer Militärmusik aus dem Zweiten Weltkrieg und Schlager-Ohrwürmern zu übertönen versuchen.

Zehntausende, teilweise mit gelb-blauen Flaggen, Stahlstangen, Motorradhelmen sowie Gasmasken ausgerüstete Menschen strömen seit Tagen in das mit Zelten und Lazarettstationen umsäumte Zentrum. Beim Anbruch der Dunkelheit ereignen sich martialische Szenen – auf den Barrikaden tanzen Vermummte, minutenlang fuchtelt einer von ihnen mit einer laufenden Kettensäge herum, Molotov-Cocktails und Steine fliegen auf die angespannten Polizeieinheiten, welche mit sofortigem Einsatz von Tränengas sowie Wasserwerfern reagieren. Auf die Bühne tritt das sich seit Monaten stets einträchtig präsentierende Trio der Oppositionskapitäne – der frühere Boxweltmeister im Schwergewicht seitens der liberalen Fraktion UDAR Vitalij Klitschko, der Vertreter der liberal-konservativen Vaterlandspartei Arsenij Jazenjuk und der Sprecher des radikal-nationalistischen Bündnisses "Svoboda" Oleh Tiahnybok. Der sichtlich vergrämte Jazenjuk ergreift das Mikrofon: "Heute ist wohl der tragischste und traurigste Tag in der Geschichte der unabhängigen Ukraine. Heute wurden fünf Menschen einfach so erschossen, nur dafür, dass sie in einem freien Land leben wollten" (Handelsblatt 2014). Aus der erzürnten Zuhörermenge erdröhnen daraufhin inbrünstige Rufe wie "Ehre der Ukraine, Ruhm den Helden", "Weg mit der Bande" oder "Wir werden siegen".

Die sich aus den anfangs friedlichen Protestaktionen mutierenden Gewaltexzesse mitten in einer europäischen Metropole speisen sich aus der gescheiterten Unterzeichnung des Assoziierungsabkommens mit der Europäischen Union durch Viktor Janukowitsch am 29. November 2013 in Vilnius, der Vereinbarung mit Moskau über die neue Kreditvergabe am 17. Dezember 2013 sowie der prinzipiellen Unzufriedenheit der Bürger mit den politischen, ökonomischen und sozialen Verhältnissen in der Ukraine. Ursprünglich beteiligten sich überwiegend West- sowie Zentralukrainer an den Demonstrationen, doch schon bald überwanden auch einige im Osten und Süden des Landes lebende Regimekritiker ihre Passivität, sich dem generelle Veränderungen fordernden Aufstand anschliessend. Die Euromaidan-Bewegung unterstützen laut den Ende Dezember 2013 von der regierungsunabhängigen Research & Branding-Gruppe durchgeführten Umfragen 84 Prozent der Respondenten im Westteil der Ukraine, 66 Prozent im Zentrum (inklusive Kiew), 33 Prozent im Süden und 13 Prozent im Osten (Research & Branding 2013).

Das explosive Konglomerat aus Ignoranz seitens der Regierung, Undurchsichtigkeit der Opposition, radikalen Tendenzen sowie allgemeiner Ermüdung, gepaart mit Frustration wegen ausbleibender Erfolge oder zumindest eines rationalen Handlungsplans, bedingte letztlich die geographische Ausweitung der Wiederstandbekundungen. Die Ost-West-Spaltung wich dabei allmählich dem sich fest konsolidierenden Konsens bezüglich der Konfrontation des ukrainischen Volks mit seinen Autoritäten, welche allerorten als eine Bedrohung für Freiheit, Reformen und Einheit in der Ukraine wahrgenommen werden.

Der wesenseigene Regionalismus in der Ukraine enthüllt beim näheren Betrachten eine Janusköpfigkeit – zum einen entlarvt er sich als eine unbequeme Bürde, welche schleunige Entscheidungen hemmt, Stagnationen begünstigt und eine effiziente Abwehr innerer oder äusserer Gefahren kompliziert. Dennoch bietet dieser Umstand auch zukunftsträchtige Perspektiven, welche unter anderem einen unvermeidlichen Verständigungs- und Kompromisszwang im Hinblick auf die Konstruktion einer nationalen Identität erfordern. Seit 1991 fungierten die einzelnen Differenzen als Sicherheitsventil, halfen beim Überwinden politischer Spannungen, pfählten die sukzessiven Umgestaltungsprozesse oder trugen dazu bei, einen von der Staatsführung angepeilten Irrweg zu korrigieren.

Der US-amerikanische Sozialwissenschaftler Craig Calhoun akzentuierte: "Nationen müssen – wenn sie Verbündete der Freiheit sein wollen – interne Unterschiede zulassen und unterstützen. [...] Wenn die Demokratie blühen soll, darf der Nationalismus kein Feind der Unterschiede werden" (Calhoun 2007: 98f.). Ein wichtiges Erfolgskriterium bei der Konsolidierung des modernen ukrainischen Kollektivbewusstseins hängt also davon ab, ob es den mit dieser Aufgabe betrauten Akteuren gelingt, die inklusiven und exklusiven Faktoren wie Sprache, Kultur, Geschichte, Verfassungspatriotismus sowie subjektives Zugehörigkeitsgefühl in eine Balance zu bringen. Doch vorab müssen die verantwortlichen Eliten ein intensiveres Augenmerk auf die herben Realitäten werfen, mit denen sich die heutige ukrainische Gesellschaft konfrontiert sieht: Das Land weist eine äusserst dürftige Menschenrechtsbilanz auf, es mangelt an einer wettbewerbsfähigen und transparenten Marktwirtschaft, während eine endemische Korruption ungestört floriert. Die Kluft zwischen Arm und Reich schwellt konstant an, der durchschnittliche Lebensstandard sinkt ins Unermessliche ebenso wie die Bevölkerungszahl, verursacht durch zunehmende Sterberaten, niedrige Geburtenquoten und eine Massenauswanderung der Einheimischen, die nach einem hinreichenden Einkommen streben. Kein Bezirk kann allerdings im Alleingang den anderen eine Lösung für die ersehnte Fundierung von Stabilität, Frieden und Prosperität in der Ukraine aufdrängen, da dadurch die bislang allseits akzeptierte Integrität des Staates eine Schaden erleiden könnte. Insofern nötigt die regionale Zerklüftung regelrecht zur Kooperation und Verankerung einer möglichst den westlichen Normen entsprechenden Demokratie, um jegliche separatistisch dünkende Neigungen abzuwehren.

Literatur und Quellen

Benifand, A. (1986). *Prazdniki: suščnost', istorija, sovremennost'* [Feiertage: Wesen, Geschichte, Aktualität]. Krasnojarsk.

Bugajski, Janusz (2000): Ethnic Relations and Regional Problems in Independent Ukraine, in Wolchik, Sharon L. and Vladimir Zviglyanich (eds.). *Ukraine. The Search for a National Identity.* Oxford.

Calhoun, Craig (2007). *Nations Matter. Culture, History, and the Cosmopolitan Dream.* London/New York.

Candy Industry (2014): 2014 Global Top 100: www.candyindustry.com/articles/86039-global-top-100-candy-industrys-exclusive-list-of-the-top-100-confectionery-compani es-in-the-world [13.01.2014].

Grusevs'kyj, Myhajlo (1913). *Istorija Ukrajiny-Rusy* [Geschichte der Ukraine-Rus']. Kijiv.

Handelsblatt (2014). *Eskalation in der Ukraine. Klitschko stellt Regierung Ultimatum*: www.handelsblatt.com/politik/international/eskalation-in-der-ukraine-klitschko-stellt-regierung-ultimatum/9371440.html [23.01.2014].

Hermann, Rudolf (2014). Janukowitsch in der Defensive, *Neue Zürcher Zeitung* (27.01.2014).

Huntington, Samuel P. (1997). *Kampf der Kulturen. Die Neugestaltung der Weltpolitik im 21. Jahrhundert*. München (3. Auflage).

Janukovyč: Tymošenko v rozpači, i ce ne dyvno. [Janukovyč: Tymošenko ist verzweifelt, was nicht verwundert], in *Ukrajins'ka pravda* (17.01.2010).

Kappeler, Andreas (2003). *Der schwierige Weg zur Nation. Beiträge zur neueren Geschichte der Ukraine*. Wien.

Kotljar, Alla (2010). "Dve Ukrainy": Što s nimi delat'? ["Zwei Ukrainen": Was tun mit ihnen?], *Zerkalo nedeli* 5 (785).

Kuzio, Taras (1997). *Ukraine under Kuchma. Political Reform, Economic Transformation and Security Policy in Independent Ukraine*. London.

Litvin, M. und K. Naumenko (1995). *Istorija ZUNR* [Geschichte der ZUNR]. L'viv.

Mykhnenko, Vlad (2011). *The Political Economy of Post-Communism: The Donbas and Upper Silesia in Transition*. Saarbrücken.

Mykhnenko, Vlad and Adam Swain (2010). Ukraine's Diverging Space-Economy: The Orange Revolution, Post-Soviet Development Models and Regional Trajectories, *European Urban and Regional Studies* 17(2): 141–165.

Research & Branding (2013). *Ocenka sizial'no-političeskoj situacii v Ikraine. Dekabr' 2013 g.* [Bewertung der sozial-politischen Situation in der Ukraine. Dezember 2013]: http://rb.com.ua/rus/projects/omnibus/8877/ [15.01.2014].

Porošenko, Petro (2013). *Persönliche Website*: www.poroshenko.com.ua [10.12.2013].

Rjabčuk, Mykola (2003). *Dvi Ukrajiny. Real'ny meži. Virtual'ny vijny* [Zwei Ukrainen. Reale Grenzen. Virtuelle Kriege]. Kijiv.

Rjabtschuk, Mykola (2005): *Die reale und imaginierte Ukraine*. Frankfurt am Main.

Tymčenko, Roman (2009). Akt zluky 22 sičnja 1919 roku ta problemy jogo realizacii. [Vereinigungsakt am 22. Januar 1991 und Probleme seiner Realisierung], *Ukrains'kyj istoryčnyj zbirnyk* 12: 183-193.

Sasse, Gwendolyn (2007). *The Crimea Question: Identity, Transition, and Conflict*. Cambridge.

Sasse, Gwendolyn (2010): Stabilität durch Heterogenität. Regionale Vielfalt als Stärke der Ukraine, *Osteuropa* (2-4): 105-121.

Shulman, Stephen (2004). The Contours of Civic and Ethnic National Identification in Ukraine, *Europe-Asia Studies* 1: 35-56.

Skoropadskij, Artem (2011). Prazdničnyje porstrojenija. [Festliche Aufstellungen], *Kommersant Ukrainy* 6 (1280).

Statistisches Nationalkomitee der Ukraine: Volkszählung 2001: http://2001.ukrcensus.gov.ua/results/general/nationality/ [1.12.2013].

The World Bank (2013). *Country Groups*: http://econ.worldbank.org/WBSITE/EXTERNAL/DATASTATISTICS/0,,contentMDK:20421402~menuPK:64133156~pagePK:64133150~piPK:64133175~theSitePK:239419,00.html [4.01.2014].

The World Factbook (2012). *Ukraine*: www.cia.gov/library/publications/the-world-factbook/geos/print/country/countrypdf_up.pdf [12.12.2013].

Zentrale Wahlkommission der Ukraine (2004): www.cvk.gov.ua/vp2004/wp0011.html [20.11.2013].

Zentrale Wahlkommission der Ukraine (2010). www.cvk.gov.ua/pls/vp2010/WP313?PT001F01=701 [20.11.2013].

Die Autorin

Dr. Ludmila Lutz-Auras (geboren 1981) ist wissenschaftliche Mitarbeiterin am Lehrstuhl für Internationale Politik und Entwicklungszusammenarbeit der Universität Rostock. Sie hat an der Lomonosov-Universität in Moskau (Bachelor) und an der Universität Rostock (Master) studiert, wo sie 2012 promovierte. Ihre Forschungsschwerpunkt sind: Geschichte, Kultur, Regierungssysteme und Aussenpolitik in den Transformationsländern Osteuropas; politische Systeme im Kaukasus und in Zentralasien; internationale politische Ökonomie; politische Korruption.

Die Ukraine: Ein ewiger Status-Quo-Staat?

Wojciech Konończuk

Die Entscheidung der Ukraine vor dem Gipfeltreffen zur Östlichen Partnerschaft in Vilnius, das Assoziierungsabkommen mit der EU nicht zu unterzeichnen, kam nicht völlig unerwartet. Schon einige Wochen zuvor gaben die Verlautbarungen der ukrainischen Regierung deutliche Hinweise darauf, dass Kiew möglicherweise von der Unterzeichnung dieses richtungsweisenden Dokuments Abstand nehmen würde. Die Kehrtwende in der Zusammenarbeit zwischen Kiew und der EU hatte einerseits innenpolitische Gründe, war andererseits aber auch auf den von Russland in den vorhergehenden Monaten ausgeübten Druck zurückzuführen. Vor dem Hintergrund der Präsidentschaftswahlen 2015, die die herrschende Elite der Ukraine "um jeden Preis" gewinnen wollte, bestand die wichtigste Aufgabe von Präsident Janukowitsch darin, die sich zusehends verschlechternde Wirtschaftslage in den Griff zu bekommen. Dazu war es notwendig, für ukrainische Waren weiterhin den Zugang zu den russischen Märkten zu garantieren und sich externe Finanzhilfen zu sichern. Die ukrainische Regierung hoffte zu Recht, dass es ihr als Gegenleistung für den Aufschub der Annäherung an die EU gelingen würde, mit Russland einen Kredit zur Stabilisierung der Wirtschaft und – zumindest vorläufig – neue Gaspreise aushandeln zu können. Diese Vereinbarung vom Dezember bedeutete allerdings, dass Moskaus Unterstützung für Janukowitsch an Bedingungen geknüpft war und so den Spielraum der ukrainischen Aussenpolitik erheblich einschränkte.

Was die Regierung dabei nicht vorhersah, war der Ausbruch der Massenproteste, der sowohl die Regierung als auch die Opposition überraschte. Nach drei Monaten Demonstrationen in Kiew und in vielen anderen Städten mit mehreren Dutzend Opfern triumphierte die ukrainische Revolution überraschend. Der Präsident floh nach Russland. Doch rasch zeigte sich, dass das ukrainische Drama damit nicht zu Ende ging. Die neue ukrainische Regierung und die Entwicklungen in Kiew stellten für Russland einen sehr schwerwiegenden aussenpolitischen Rückschlag dar. Nur wenige Tage nach der Flucht Janukowitschs verlor die neue Regierung in Kiew die Kontrolle über die vorwiegend von ethnischen Russen bewohnte Krim-Halbinsel, die von Russland besetzt wurde. Das russische Vorgehen war für die Welt ein Schock und unterminierte die internationale Ordnung, die sich nach dem Kalten Krieg herausgebildet hatte.

An der Nichtunterzeichnung des Assoziierungsabkommens und der russischen Aggression wird deutlich, dass Kiew bei jeder wichtigen aussenpolitischen Entscheidung vor einem ernsthaften Dilemma steht – nämlich der Frage, wie sein Streben nach engeren Beziehungen zur EU unter einen Hut zu bringen ist mit seiner sehr asymmetrischen und gefährlichen Abhängigkeit von Russland in den Bereichen Wirtschaft (wichtigster Handelspartner) und Energie (fast alleiniger Energielieferant) sowie den undurchsichtigen Geschäfts- und Korruptionsbeziehungen zwischen innenpolitischen Interessengruppen beider Länder. Jede echte Entwicklung in den Beziehungen zwischen der Ukraine und der EU und damit in der ukrainischen Aussenpolitik insgesamt würde aufgrund von Russlands unverrückbarem Nullsummenansatz unweigerlich eine Krise in den ukrainisch-russischen Beziehungen nach sich ziehen. Das heisst, dass die Ukraine entweder dazu verdammt ist, den seit ihrer Unabhängigkeit andauernden Status Quo in ihrer Aussenpolitik beizubehalten, oder aber Gefahr läuft, eine heftige russische Reaktion zu provozieren, wenn sie ihre Annäherung an die EU fortsetzt.

Letzteres ist aber von zentraler Bedeutung, denn die Erfahrungen der letzten 20 Jahre zeigen, dass die Ukraine ohne engere Bindungen an die EU und ohne eine Modernisierung im europäischem Stil ganz offensichtlich nicht in der Lage ist, die strukturellen Reformen vorzunehmen, die das Land unbedingt braucht, um der stetig schwindenden Effizienz seiner Politik und Wirtschaft entgegenzusteuern. Auch wenn noch unklar ist, was aus der gegenwärtigen ukrainischen Krise hervorgehen wird, ist in der Ukraine auf jeden Fall eine Abkehr von dem schon viel zu lange währenden Status Quo in ihrer Innen- und Aussenpolitik vonnöten.

Kiews ambivalente EU-Politik

Die von der ukrainischen Regierung seit Viktor Janukowitschs Machtübernahme im Februar 2010 verfolgte Europapolitik liess glauben, dass Kiew entschlossen sei, ein Assoziierungsabkommen zu unterzeichnen, das als wichtigstes Instrument für die Anpassung der Ukraine an das europäische Modell gilt. Meinungsumfragen zufolge wurde dieser Schritt von einem Grossteil der Bevölkerung befürwortet. Eine von der GfK Ukraine im November 2013 durchgeführte Umfrage ergab, dass 45% der Bürger sich für eine Annäherung an die EU aussprachen, während 14% eher für einen Beitritt in die von Russland gestützte Zollunion waren (GfK Ukraine 2013). Im September und Oktober 2013 verabschiedete das ukrainische Parlament im Schnellgang die so genannten "europäischen Gesetze", die Brüssel als Bedingung für die Unterzeichnung des Abkommens auf dem Vilnius-Gipfel gestellt hatte (Konończuk/Olszański 2013). Jedoch blieb trotz Bemühungen und Druck von EU-Mitgliedstaaten und trotz der Cox-Kwaśniewski-Mission der EU das Problem Julia Timoschenko ungelöst. Im Verlauf des letzten Jahres unternahm die ukrainische Regierung einige oberflächliche Versuche, dieses Problem zu lösen; allerdings weist alles darauf hin, dass sie nie die Absicht hatte, die frühere Ministerpräsidentin aus der Haft zu entlassen – nicht einmal für eine medizinische Behandlung in Deutschland. Die EU schien jedoch trotz des offensichtlichen Stillstands in der Timoschenko-Affäre zur Unterzeichnung des Abkommens mit der Ukraine in Vilnius bereit.

Als der Gipfel von Vilnius näher rückte, erhöhte Russland den Druck; dieser gipfelte Mitte August in schärferen Zollkontrollen für Waren aus der Ukraine an der russischen Grenze. Das hatte zur Folge, dass ein beträchtlicher Teil des ukrainischen Exports nach Russland eine Woche lang blockiert war. Damit schickte Moskau Kiew ein Warnsignal mit der Botschaft, dass die Unterzeichnung des Abkommens mit der EU den Zugang ukrainischer Produkte auf den russischen Markt, den wichtigsten Exportmarkt der Ukraine, erheblich erschweren könnte. Anscheinend war dies für die ukrainische Regierung das Schlüsselereignis, das sie von der geplanten Unterzeichnung des Assoziierungsabkommens abbrachte.

Anfangs hoffte Kiew noch, dass die EU aufgrund der ungelösten Timoschenko-Problematik von sich aus entscheiden würde, die Unterzeichnung des Dokuments auf Eis zu legen. Jedoch überwogen nach und nach unter den EU-Mitgliedstaaten die Stimmen, die sich auch ohne eine Lösung dieser Problematik für einen Vertragsabschluss mit der Ukraine aussprachen. Anfang November, als es nicht mehr möglich war, die Schuld am möglichen Scheitern eines Assoziierungsabkommens der EU und der Opposition in die Schuhe zu schieben, ging die ukrainische Regierung dazu über, in der Öffentlichkeit die negativen Folgen herauszustellen, die eine Umsetzung des Dokuments mit sich bringen würde, und forderte von Brüssel finanzielle Kompensation. Am 21. November 2013 verkündete die ukrainische Regierung dann auf erstaunlich unverblümte Art und Weise ihre Entscheidung, die Unterzeichnung des Assoziierungsabkommens mit der EU auf unbestimmte Zeit zu verschieben. Später forderten einige ukrainische Amtsträger, darunter Ministerpräsident Mykola Asarow, von der EU Entschädigungszahlungen in absurder Höhe als Gegenleistung für die Unterzeichnung des Abkommens, aber es war schon deutlich, dass Kiew sein früheres Interesse an einem Assoziierungsabkommen verloren hatte (Asarow 2013).

Die Wirtschaftskrise als Hintergrund

Die Entscheidung der ukrainischen Regierung ist nicht nur im Zusammenhang mit den ukrainisch-russischen Beziehungen zu sehen. Vielmehr ist sie auch auf die innenpolitischen Umstände der Ukraine zurückzuführen, unter anderem auf die zunehmenden wirtschaftlichen Probleme. Seit Mitte 2012 verschärft sich die ukrainische Wirtschaftskrise zusehends, was am steten Rückgang des BIP, der industriellen Produktion, der Exportzahlen und Investitionen sowie der sinkenden Binnennachfrage abzulesen ist. Gleichzeitig wurden Tilgungen der Auslandsschulden fällig (etwa 10 Mrd. US$ im Jahr 2013 und 8 Mrd. US$ 2014), was die Devisenreserven ganz erheblich reduzierte: von 32 Mrd. US$ im Januar 2013 auf 15 Mrd. US$ Ende Februar 2014, den niedrigsten Stand seit 2006.

Hauptgründe für die wirtschaftliche Instabilität sind die ungünstige Situation auf den Auslandsmärkten, die für die exportorientierte ukrainische Wirtschaft von zentraler Bedeutung sind, die hohen Preise für russisches Gas, sinkende Investitionen und nachlassende Binnennachfrage, ein sich verschlechterndes Investitionsklima und der erschwerte Zugang zum russischen Markt. Was für die Ankurbelung der ukrainischen Wirtschaft nötig ist, wurde kurz und präzise in einer Reuters-Analyse zusammengefasst: "[Die] Gasimporte aus Russland müssen billiger und die [ukrainischen] Stahlexporte müssen teurer werden" (Reuters 2013).

Die ukrainische Regierung liess verlauten, dass sie es sich in dieser Situation der Wirtschaftskrise nicht leisten könne, die Bestimmungen des Assoziierungsabkommens zu unterzeichnen und umzusetzen. Nach vorliegenden Schätzungen könnte sich das Abkommen in der Tat zunächst negativ auf die ukrainische Wirtschaft auswirken, und zwar im Zusammenhang mit der Abschaffung der Zollschranken, der Öffnung des Marktes und der notwendigen Anpassung an die Normen und Standards der EU. Die herrschende Elite in Kiew befürchtete, dass die schwierigen Reformen, die das Abkommen mit der EU erfordert, zu einem weiteren Rückgang der Unterstützung für die Regierung führen und die Wirtschaft noch mehr destabilisieren würde. Die positiven Wirkungen der Annahme des Abkommens mit der EU würden wohl tatsächlich erst langfristig zum Tragen kommen. Daher war es aus Sicht der ukrainischen Regierung die beste Entscheidung, das gegenwärtige Modell von Staat und Wirtschaft beizubehalten und so die sozial kostspielige Modernisierung auf die lange Bank zu schieben.

Um das wachsende Risiko einer Staatspleite abzuwenden und die Wirtschaftslage zu stabilisieren, bräuchte die Ukraine einen Auslandskredit von etwa 15 Mrd. US$. Mit dem IWF wird schon seit letztem Jahr verhandelt. Kiew hatte möglicherweise gehofft, dass die Unterzeichnung des Assoziierungsabkommens mit der EU sich letztlich positiv auf die Entscheidung des IWF auswirken würde. Der IWF wollte zwar von seinen wichtigsten Bedingungen für die Kreditgewährung nicht abrücken, liess aber doch die Bereitschaft anklingen, nicht auf eine sofortige Erfüllung der Bedingungen zu pochen. Die Regierung in Kiew erklärte jedoch, dass diese Bedingungen aufgrund ihrer sozialen Kosten unannehmbar seien. Das grösste Problem seien die Forderungen des IWF, den Gaspreis für Privatkunden um 40% zu erhöhen und die Ausgaben des Staatshaushalts zu kürzen, was schmerzliche Einschnitte im Vorfeld der Wahlen bedeutet hätte.

Aufgrund der – aus Sicht der Janukowitsch-Regierung – unakzeptablen und ohne Reformen unerfüllbaren Kreditbedingungen des IWF wandte sich Kiew von der EU ab, um das russische Angebot anzunehmen. Anders als die westlichen Institutionen knüpfte Moskau seine Finanzhilfe nicht an Forderungen nach Reformen. Stattdessen konnte Janukowitsch mit der russisch-ukrainischen Vereinbarung vom 17. Dezember 2013, die eine Senkung des Gaspreises und einen Kredit über 15 Mrd. US$ umfasste, sein wichtigstes Ziel erreichen, einen umfangreichen Kredit und zumindest vorübergehend niedrigere Gaspreise zu sichern, ohne dabei erhebliche wirtschaftliche und politische Zugeständnisse machen zu müssen, die zu sozialer Unzufriedenheit hätten führen können (zumindest mit Blick auf die kommenden Wahlen).

Der (entscheidende) russische Faktor

Das Verhältnis zu Russland ist seit der Unabhängigkeit der Ukraine die allesbeherrschende Frage, da es direkte Auswirkungen auf die ukrainische Wirtschaft, Politik und die Beziehungen zu anderen ausländischen Akteuren hat. Die politische Praxis der letzten 20 Jahre zeigt deutlich, dass das ukrainisch-russische Verhältnis nicht einfach nur das von Nachbarstaaten ist, sondern dass der politische Prozess in der Ukraine immer sehr unter dem

Einfluss dieser Beziehungen zu Russland stand. Die Souveränität der Ukraine, die Fähigkeit, ihre nationalen Interessen zu definieren, und ihr aussenpolitischer Spielraum wurden immer ernsthaft von den politischen Zielen Russlands eingeschränkt, da Moskau die Ukraine immer noch als ein Land sieht, das voll und ganz in den russischen Machtbereich gehört.

Russlands wichtigstes Ziel in der ukrainischen Krise bestand darin, die Opposition daran zu hindern, tatsächlich die Macht im Land zu übernehmen. Deshalb unterstützte Moskau Viktor Janukowitsch, auch wenn dieser nicht der russischen Idealvorstellung eines ukrainischen Präsidenten entsprach. Er war jedoch der Garant für das Fortbestehen des politischen und wirtschaftlichen Systems, das für den Kreml von so zentraler Bedeutung was. Das heisst, dass Russland jede ukrainische Regierung akzeptieren kann, solange diese keine echte Veränderung zum bestehenden (schlecht funktionierenden) System anstrebt, also keine Modernisierung nach europäischen Standards und demzufolge auch keine prowestliche Aussenpolitik. Die Aufrechterhaltung des korrupten und undurchsichtigen ukrainischen politischen Systems ist genau das, was Russland will. Eine autoritäre, politisch unstabile Ukraine, die nicht in der Lage ist, die unbedingt notwendigen strukturellen Reformen durchzuführen, ist die beste Garantie dafür, dass das Land – wenn auch nicht unbedingt im russischen Einflussbereich – so doch wenigstens in weiter Entfernung vom Orbit der EU bleibt.

Die ausserordentliche Bedeutung der Ukraine für Russland wird durch einen weiteren wesentlichen Faktor erhöht. Russland erachtet die "ukrainische Frage" nicht nur als seine aussenpolitische Priorität, sondern auch als Teil seiner innenpolitischen Agenda. Eine Ukraine mit starken demokratischen Institutionen und einem System nach europäischem Vorbild würde die Sicherheit von Russlands eigenem politischem Regime unterminieren. Eine politische Wende in der Ukraine hätte vermutlich weitreichende Konsequenzen für die mögliche Umgestaltung der Russischen Föderation.

Offensichtlich hat die Entwicklung der Situation in der Ukraine auch deshalb eine hohe Priorität für Putin und sein Gefolge, weil der Ausgang der gegenwärtigen Krise in hohem Masse Russlands Position im postsowjetischen Osteuropa bestimmen würde. Anders als für die westlichen Entscheidungsträger scheint es für den Kreml offensichtlich, dass die neue ukrainische "Revolution" enormes geopolitisches Potential in sich birgt. Für Moskau war die ukrainische Aussenpolitik immer ein Nullsummenspiel, und aus dem russischen Blickwinkel könnte die gegenwärtige Krise die ukrainische Zukunft für lange Zeit bestimmen.

Eine föderalistische parlamentarische Republik?

Seit Januar 2014 ist erkennbar, dass Russland zunehmend versucht, die ukrainische Regierung zu beeinflussen und die Situation in russischem Interesse zu steuern. Moskau drängte Präsident Janukowitsch öffentlich zu der Entscheidung, mit Gewalt gegen die Demonstranten in Kiew vorzugehen. Das war die klare Botschaft, die aus einem Gespräch mit Putins Ukraine-Beauftragtem, Sergej Glasew, in der ukrainischen Tageszeitung "Kommersant" hervorging (Glasjew 2014).

Beim massiven Einsatz von ukrainischen Sicherheitskräften in der zweiten Februarhälfte wurden mehrere Dutzend Demonstranten getötet. Ein noch härteres Eingreifen wäre für Janukowitsch sehr risikobehaftet gewesen, da die innenpolitischen Konsequenzen kaum abzuschätzen waren. Wahrscheinlich wäre damit der Konsens innerhalb der regierenden Elite zerbrochen. Die Oligarchen waren nie ein monolithischer Block. Sie fürchteten sich vor einer innenpolitischen Destabilisierung und vor Sanktionen des Westens. Fast alle wichtigen Superreichen der Ukraine sprachen sich gegen den Einsatz von Gewalt gegen die Protestierenden aus (Akhmetov 2014).

Der Versuch der Regierung, die Proteste gewaltsam zu unterdrücken, führte zum erstaunlich schnellen Ende des Regimes. Der Präsident sah sich gezwungen, aus Kiew und dann auch aus der Ukraine zu flüchten. Im Parlament übernahm die neue Mehrheit die Macht, enthob Janukowitsch seines Amtes und setzte Präsidentschaftswahlen auf den 25. Mai 2014 an. Zudem wurde eine neue Regierung eingesetzt. Die Revolution 3.0 hatte unerwartet gesiegt.

Am 20. Februar 2014 entschied sich das Parlament zudem für eine Rückkehr zum parlamentarisch-präsidentiellen System. Die Erfahrungen mit der parlamentarischen Republik von 2006 bis 2010 sollten vor diesem Hintergrund mit aller Sorgfalt analysiert werden. In diesem Zeitraum ging die Ukraine von ihrem stark präsidialen System zu einem gemischten präsidial-parlamentarischen System über, das allerdings die staatlichen Institutionen faktisch lähmte. Aufgrund der unklaren, sich gegenseitig widersprechenden Mechanismen der Verfassung, die keine eindeutige Machtaufteilung zwischen Präsident und Ministerpräsident vorsahen, verfiel die Ukraine zu einem dysfunktionalen System, das eine effektive Regierungsführung praktisch unmöglich machte (Eberhardt 2009). Der wichtigste Urheber der Verfassungsreform von 2004 war Viktor Medwedtschuk, damals Leiter der Präsidialverwaltung Leonid Kutschmas und bis heute eine einflussreiche politische Persönlichkeit in der Ukraine mit starken persönlichen Verbindungen zu Präsident Putin. Die neu-alte Verfassung sollte unbedingt punktuell angepasst werden. Ansonsten würde sich die Ukraine selbst lähmen, jede strukturelle Modernisierung wäre ausgeschlossen, und das Land könnte keinen wirklichen Integrationsprozess mit der EU beginnen.

Die Krim als Geisel Russlands

Die neue ukrainische Regierung und die politischen Entwicklungen in Kiew kommen für Moskau einem massiven – weil unerwarteten – Rückschlag seiner Aussenpolitik gleich. Der Erfolg der ukrainischen Opposition ist eine persönliche Niederlage für Präsident Putin. Da Russland weiterhin die geopolitische Zukunft der Ukraine (mit-)bestimmen will, hat sich der Kreml entschieden, in der Krim zu intervenieren. Die Krim stellt den einfachsten "Leverage" für Moskau dar.

Es begann am 23. Februar 2014 in Sewastopol, der grössten und am stärksten prorussischen Stadt der Halbinsel: Eine Demonstration von einigen tausend Personen, organisiert von der radikalen "Russischen Front", "entliess" den Bürgermeister und "wählte" einen neuen, der offenbar russischer Staatsbürger ist. Die Demonstranten forderten, dass sich die Krim von der Ukraine loslöse und Teil Russlands werde. Am 27. Februar besetzten maskierte und bewaffnete Männer das Parlament der Krim und forderten eine Spezialsession, um über den zukünftigen Status der Region zu entscheiden. In diesem dubiosen Kontext stimmten einige Abgeordnete für ein Referendum zur verstärkten Autonomie für die Krim, sie lösten den Ministerpräsidenten ab und wählten einen neuen, der einer radikal prorussischen Partei angehört.

Als mehrere hundert bewaffnete Personen die Flughäfen, Hauptverkehrsachsen und lokalen Verwaltungsgebäude, also alle strategisch wichtigen Punkte der Krim unter ihre Kontrolle brachten, wurde offensichtlich, dass diese Intervention nicht von irgendwelchen lokalen, prorussischen Selbstverteidigungsgruppen organisiert war. Die wenigen paramilitärischen Einheiten in der Region wären viel zu schwach gewesen, um solche Aktionen durchzuführen. Die südlichste Region der Ukraine war jetzt faktisch unter russischer militärischer Kontrolle.

Russlands unerwartete, gross angelegte Invasion der Krim Ende Februar kann als Versuch gewertet werden, wieder politischen Einfluss in der Ukraine zu gewinnen. Der Kreml will die Entwicklungen in der Ukraine beeinflussen, indem sich russische Truppen auf der Krim festsetzen und östliche und südliche Regionen der Ukraine destabilisiert werden. Ziel dieser Massnahmen ist eine "Föderalisierung" der Ukraine. Russland geht davon aus, dass seine Position der Stärke auf der Krim (und wahrscheinlich auch in anderen Regionen der Ukraine) ein "Leverage" darstellt, um alle strategischen Entscheide der Ukraine – darunter auch den Prozess der europäischen Integration – zu kontrollieren.

Aufgrund ihrer ethnischen, historischen und sozialen Spezifitäten ist die Krim zu Recht als die "Achillesferse" der Ukraine bezeichnet worden. Nur hier kann Moskau die Karte des Separatismus spielen. Der russische Separatismus dürfte im Osten und Süden der Ukraine kaum eine Chance haben. Diese Regionen sind in den letzten 20 Jahren politisch und ökonomisch in die Ukraine integriert worden.

Die Krim-Krise ist von Moskau organisiert, gesponsert und geplant. Eine Unabhängigkeitserklärung der Krim anzuerkennen oder sich die Krim sogar ganz einzuverleiben, dürfte für Russland indes weitreichende negative Konsequenzen haben. Dies gilt besonders für die russischen Beziehungen zur "kontinentalen" Ukraine und zum Westen. Es ist eher unwahrscheinlich, dass der Kreml einen dieser beiden Schritte machen würde – weil Moskaus Ziele komplexer und anspruchsvoller sind.

Russland braucht die Krim als Pfand in den Verhandlungen mit der neuen ukrainischen Regierung. Moskau will Konzessionen für die prorussischen Kräfte in der Ukraine, Einfluss auf die Ausgestaltung der neuen ukrainischen Verfassung und eine "Föderalisierung" des Landes. "Föderalisierung" würde faktisch bedeuten, dass einige prorussische Regionen die Möglichkeit erhielten, alle wichtigen Entscheidungen zu blockieren – zum Beispiel die Annäherung an die EU. All dies würde es Russland erlauben, die Ukraine weitgehend zu kontrollieren und die Abhängigkeit der Ukraine von Russland zu maximieren. Es lohnt sich, sich in Erinnerung zu rufen, dass das aus russischer Sicht ideale Szenario in Bezug auf Transnistrien die "Föderalisierung" Moldovas ist. Dies gäbe dem russischkontrollierten Transnistrien eine Vetomacht, die das gesamte Land letztlich in der russischen Einflusssphäre zurückhalten würde (Rodkiewicz 2011).

Wie auch immer die Krim-Krise ausgeht, Russland verfügt über die ganze Breite von machtvollen politischen, ökonomischen, energiepolitischen, "soft power" und anderen Instrumenten, um auf die Ukraine einzuwirken. Insbesondere kann Russland der ukrainischen Wirtschaft massiven Schaden zufügen. Die "Gaswaffe" ist ebenfalls sehr wirkungsvoll. Die Ukraine hat eine der energieintensivsten Ökonomien weltweit, und Russland ist faktisch der Monopol-Energiezulieferer. Der russische Einfluss wird noch verstärkt durch die Schwäche des ukrainischen Staates und die Korruption. Die Herausforderungen für die Post-Maidan-Regierung in Kiew sind jedenfalls immens.

Wie ist der Status Quo zu ändern?

Im Titel dieses Artikels wurde gefragt, ob der Status Quo in der Ukraine wohl unabänderlich sei – nicht weil das Land ihn in seiner Innen- und Aussenpolitik akzeptiert und keinen Wandel anstrebt, sondern weil die Ukraine unfähig zu sein scheint, ihre gegenwärtige Situation zu verändern. Das ist in erster Linie auf die Schwäche des ukrainischen Staates zurückzuführen, auf mangelndes volksorientiertes Denken, auf die Korruption als untrennbares Element des politischen Systems, auf die Rentenökonomie sowie auf die oben beschriebene Politik Russlands gegenüber der Ukraine. All das bedingt die Unfähigkeit der Ukraine, interne strukturelle Reformen einzuführen und aussenpolitische Initiativen zu ergreifen. Das Scheitern des Abkommens mit der EU ist das jüngste, aber folgenschwerste Beispiel dafür.

Aufgrund des Widerstands und der Unfähigkeit der ukrainischen politischen Elite, strukturelle Reformen durchzuführen, und aufgrund des nicht vorhandenen internen Konsenses war es aus Sicht der Janukowitsch-Regierung am besten, das bestehende Staats- und Wirtschaftssystem beizubehalten und damit die sozial kostspielige Modernisierung in die ferne Zukunft zu vertagen. Dasselbe galt für die ukrainische Aussenpolitik, die sich kaum änderte – oder anders gesagt: "Jedes Mal, wenn die Ukraine einen entscheidenden Schritt zu machen scheint [...], passiert irgendwie das Gegenteil" (D'Anieri 2012, 447).

Man könnte argumentieren, dass die EU der Ukraine nie den Beitritt versprochen habe, ein Versprechen, das sich – wie bei den mitteleuropäischen Ländern – als Anreiz für tiefgreifende Reformen des Staates und der Wirtschaft erweisen könnte. Jedoch würde auch die Aussicht auf einen EU-Beitritt für die Ukraine nicht zwangsläufig bedeuten, dass das Land endlich die erwünschten Veränderungen auf den Weg brächte. Die Verhandlung über die Liberalisierung der Visabestimmungen mit der EU zeigt deutlich, dass Brüssels Versprechen, für Ukrainer die Visaschranken zu beseitigen, nicht zu den von der Europäischen Kommission erwarteten Reformen geführt hat (EurActiv 2013). Vor sechs Jahren nahm die Ukraine Gespräche mit der EU über eine Liberalisierung der Visabestimmungen auf, aber die wichtigsten Bedingungen dafür wurden bis heute nicht erfüllt. Auch dies demonstriert wieder die Ineffizienz der ukrainischen Regierung trotz des klaren Anreizes, ein von der überwiegenden Mehrheit der Bevölkerung gewolltes Ergebnis herbeiführen zu können.

20 Jahre lang war die Innen- und Aussenpolitik der Ukraine von Kontinuität geprägt – man könnte auch von Stagnation sprechen. Die erfolgreiche ukrainische Revolution 3.0 hat das Spiel und die Spielregeln grundsätzlich verändert. Der Maidan bewies, dass eine neue Generation von Ukrainerinnen und Ukrainern herangewachsen ist, die in einer unabhängigen Ukraine aufgewachsen, gebildet und mit neuen Medien vertraut sind, die sich aber gleichzeitig den nationalen Traditionen verbunden fühlen (Konończuk/Olszański 2014). Die zentrale Frage ist nun, ob es gelingt, den innen- und aussenpolitischen Status Quo aufzubrechen und die Modernisierung des Landes endlich in Angriff zu nehmen. Die neue politische Realität in Kiew lässt die Hoffnung aufkeimen, dass die Ukraine nicht für immer und ewig ein Status-Quo-Staat bleiben wird.

Literatur

Akhmetov, Rinat (2014). *Rinat Akhmetov's SCM Statement*: www.scmholding.com/en/media-centre/news/view/1449/.

D'Anieri, Paul (2012). Ukrainian foreign policy from independence to inertia, *Communist and Post-Communist Studies* 45: 447-456.

GfK Ukraine (2013). Українці обирають Євросоюз: www.gfk.ua/public_relations/press/press_articles/011218/index.ua.html.

[Glasjew 2014] Глазьев, Сергей (2014). Сергей *Глазьев*: федерализация – уже не идея, а очевидная необходимость, *Коммерсантъ Украина* (6.2.2014).

Eberhard, Adam (2009). *The Revolution that never was. Five years of 'Orange' Ukraine.* Warsaw (OSW Policy Brief no 20).

EurActiv (2013). *EU demands more reforms from Ukraine to lift visa barrier*: www.euractiv.com/specialreport-ukraine-way-reform/ukraine-treatment-lgbt-rights-ke-news-531797.

Konończuk, Wojciech und Tadeusz A. Olszański (2013). Das ukrainische Parlament führt Teile der europäischen Gesetze ein, *Ukraine-Analysen* 121.

Konończuk, Wojciech and Tadeusz A. Olszański (2014). What do the Maidan protests tell us about Ukraine? Diagnosis and prospects for Ukrainian politics, *OSW Commentary* 125.

Reuters (2013). *Ukraine protests increase risks of currency crisis*: http://uk.reuters.com/article/2013/12/02/ukraine-markets-idUKL5N0JH2GE20131202.

Rodkiewicz, Witold (ed.) (2011). *Transnistrian Conflict after 20 Years. A Report by an International Expert Group*. Warsaw/Chisinau.

Der Autor

Der Autor ist Senior Fellow am Warschauer Zentrum für Oststudien (OSW), wo er den Fachbereich Ukraine, Weissrussland und Moldova leitet. Zu seinen beruflichen Interessen gehören vor allem die politische und wirtschaftliche Situation in Osteuropa und die Energiepolitik. Während er diesen Artikel verfasste, war er Gastwissenschaftler am Kennan Institute des Woodrow Wilson Center in Washington.

Die Ukraine als zivilisatorische Herausforderung

Lilia Shevtsova

Manchmal wird die Welt Zeugin von Ereignissen im Kleinen, die wichtige globale Herausforderungen widerspiegeln. Die Reaktionen auf diese Ereignisse zeigen auch, ob die Weltgemeinschaft bereit ist, die entsprechenden Herausforderungen anzunehmen. Die soziale Explosion in der Ukraine Ende 2013 ist ein solches Ereignis. Der Kampf um die Ukraine ist weit mehr als eine interne Auseinandersetzung zwischen einer verknöcherten Vergangenheit und einer noch amorphen Zukunft. Er verweist vielmehr auf einen Konflikt, dessen Ausgang den zukünftigen Entwicklungspfad aller postsowjetischen Staaten determinieren wird – mit Ausnahme desjenigen der baltischen Staaten, die sich rechtzeitig aus dem postsowjetischen Raum herauszulösen vermochten. Die Ukraine ist ein Test, ob Russland bereit ist, sein imperiales Modell aufzugeben; und die Entwicklungen in der Ukraine werden darüber Aufschluss geben, ob die EU ihre gegenwärtige Paralyse überwinden kann.

Interregnum

Der ukrainische Drang nach Würde und Freiheit fällt in eine Zeit und in einen internationalen Kontext, die für ukrainische Reformen sehr ungünstig sind. Heute passen die aktuelle Weltordnung sowie die bestehenden Formen der sozialen Organisation einerseits und die neuen globalen Herausforderungen andererseits schlicht nicht mehr zusammen. Der italienische Marxist Antonio Gramsci prägte das Konzept des Interregnums, einer "Zeit ausserhalb der Zeit", die das Intervall zwischen einer alten, obsoleten und einer neuen Epoche darstellt. Der Philosoph und Soziologe Zygmunt Bauman bezieht sich auf Gramscis Konzept des Interregnums, um die heutige Realität zu beschreiben. Er spricht von einer Periode, in der "das Alte nicht mehr funktioniert, derweil das Neue noch nicht entstanden ist". Bauman beschreibt die Situation mit einer Metapher: Wir sind in ein Cockpit eingestiegen und bemerken, dass es leer ist, und viele von uns wissen noch nicht einmal, dass der Flughafen an unserer Destination noch gar nicht gebaut wurde (Bauman 2011).

Vieles hat in unserer heutigen Welt zu funktionieren aufgehört. Dieser Zusammenbruch der "alten" Ordnung beeinflusst das internationale System, das nach dem Zweiten Weltkrieg entstanden ist, staatliche Strukturen, das gegenwärtige Modell der liberalen Demokratie und traditionelle Vorstellungen von Politik, Macht und Gewalt. Die Spielregeln, die sich mit dem Kollaps der Sowjetunion ausgeformt haben, fallen auseinander. Walter Russell Mead folgert mit Recht, dass das Ende der Geschichte zu Ende geht und der Status Quo, der sich in den neunziger Jahren ausgebildet hat, zerbröselt (Mead 2013).

Es scheint indes, dass die westlichen Entscheidungsträger keinen Staub aufwirbeln wollen. Damit verzögern sie die Lösung der sich aufstauenden Probleme. Wichtige Herausforderungen der letzten Jahre – Syrien, Iran, die Ukraine – zeigen deutlich, dass dem Westen die strategische Vision fehlt. Der strategischen Vision wurden pragmatische und Ad-hoc-Lösungsansätze vorgezogen. Die liberale Zivilisation ist in einer Krise, was sich an der Zahl der dysfunktionalen Demokratien, der Orientierungslosigkeit der EU und dem Rückzug der USA in sich selbst zeigt. Der neue Autoritarismus, verkörpert durch Putins Russland und durch China, versucht, das Vakuum zu füllen. Dies alles sind klare Hinweise für ein Interregnum. Wir sehen auch, wie absurd der aktuelle Stand der Dinge ist. Diejenigen Staaten, die als mächtig erscheinen, sind genau das Gegenteil: Einer dieser Staaten degeneriert, der andere stösst an die Grenzen des Potenzials seines Systems.

Tatsächlich ist dies das dritte Interregnum in der modernen Geschichte. Der Westen erlebte bereits zwei solche tiefgreifenden Krisen, nämlich in den dreissiger und in den siebziger Jahren. In beiden Fällen war die Krise ein Impetus, der die liberale Zivilisation auf eine höhere Entwicklungsstufe katapultierte. Es gibt gute Gründe anzunehmen, dass die liberale Zivilisation auch diesmal in der Lage sein wird, sich weiterzuentwickeln. Es ist indes unklar, wann dieser Schritt gemacht und welches der Preis dafür sein wird.

Dieses Interregnum ist kein friedliches. Rund um den Globus stellen wir eine Welle der Unzufriedenheit fest. Brasilien, Bulgarien, die Türkei und die Ukraine sind einige der Länder, wo Massenproteste den Status Quo auszuhöhlen beginnen. Es handelt sich um neue Formen des Protests, der sich sowohl gegen das herrschende Regime als auch gegen die Opposition und die Politik im Allgemeinen wendet. Das Erscheinen dieser Protestbewegungen ist als solches etwas Aussergewöhnliches. Es bezeugt die tektonischen Verschiebungen in den Gesellschaften weltweit. In diesem Kontext könnte die Ukraine eine Kraft sein, die den eurasischen Status Quo schwächt und Europa aus seinem lethargischen Tiefschlaf reisst.

Der ukrainische Euromaidan und seine strategischen Implikationen

Was auch immer das Ergebnis der Ereignisse in der Ukraine sein wird, die Entwicklungen beweisen die Unhaltbarkeit des postsowjetischen Modells, das in den meisten früheren Sowjetrepubliken und auch in Russland bis heute vorherrscht. Während dieses Modell gewisse Variationen kennt, basiert es doch überall auf personalisierter Macht und einem paternalistischen Staat. Ebenso wichtig ist, dass sich dieses Modell aus dem sowjetischen Erbe nährt, aus den Überbleibseln des sowjetischen Wirtschaftssystems und den sowjetischen Gepflogenheiten und Stereotypen. Gleichzeitig hat sich in der Ukraine in den vergangenen zwanzig Jahren aber ein signifikantes Segment der Bevölkerung ausgebildet, das genug hat vom "Post-Sowjetismus" und vom Verbleib in der "Grauen Zone". Der Ausgang des Konflikts zwischen dieser neuen Ukraine und denjenigen Eliten, die sich auf die traditionelle sowjetische Wählerschaft abstützen, wird die Zukunft der Ukraine bestimmen. Der ukrainische Analyst Vadim Karasev (2013) hebt hervor, dass "wir an eine Wegkreuzung gekommen sind: Wollen wir nach der postsowjetischen Transition ein Modell einer europäischen Staatlichkeit übernehmen oder wollen wir in die Richtung gehen, die uns Putin heute so krampfhaft vorzugeben versucht".

Die Ereignisse in der Ukraine haben gezeigt, dass ein postsowjetischer Staat, der kein Rechtsstaat geworden ist und seine Ressourcen aufgebraucht hat bzw. den gesellschaftlichen und ökonomischen Druck nicht mehr mit einem "Ressourcenkissen" abfedern kann (wie die autoritären Regime in Aserbaidschan, Kasachstan und Turkmenistan), nur überleben kann, wenn er seine Souveränität gegen die Unterstützung des Kremls eintauscht. Das armenische und das weissrussische Regime haben einem solchen krassen Tauschhandel zugestimmt und sich somit mit einer halbkolonialen Abhängigkeit von Moskau im Rahmen der Eurasischen Union abgefunden. Bis vor kurzem hat die ukrainische Führung unter Kutschma und dann unter Janukowitsch versucht, zwischen Moskau und Europa zu lavieren. Aber diese Schaukelpolitik ist an ihr Ende gekommen. Erstens verlangt der Kreml, dass sich die Ukraine entscheidet, und droht mit Sanktionen für jegliche Abweichungen. Zweitens verlangt auch der national orientierte Teil der ukrainischen Gesellschaft eine eindeutige Entscheidung – allerdings für Europa.

Während der Orangenen Revolution 2004 erstrebten die Ukrainerinnen und Ukrainer faire Regeln im Spiel *innerhalb* des postsowjetischen Rahmens. Jetzt wollen sie ein anderes Spiel, ein *neues* Modell, wobei ich vermute, dass viele sich noch nicht ganz sicher sind, wie dieses neue Modell innerhalb der Strukturen des gegenwärtigen politischen Systems und ohne einen Kontinuitätsbruch erreicht werden kann. Entscheidend wird sein, dass sie dieses Modell mit europäischen Normen in Einklang bringen. Konkret bedeutet dies, dass die Ukraine bereit wäre, ihre Souveränität zu teilen – aber nicht mit Russland, sondern mit der EU! So würde die Ukraine nicht nur eine geostrategische Wahl treffen, sondern auch einen neuen aussenpolitischen Vektor wählen. Wir sprechen hier von einer eigentlichen zivilisatorischen Wahl, der Wahl einer neuen politischen Organisation und normativen Dimension. Wir können beobachten, dass signifikante Teile der Bevölkerung weitaus progressivere Positionen vertreten als die Elite des Landes. Um die politische Transformation der Ukraine zu ermöglichen, hätte eigentlich nicht nur der rückschrittliche politische Führer abgesetzt werden sollen. Auch die Opposition von damals sollte sich zurückziehen, da die Öffentlichkeit sie für den verpfuschten Ausgang der Orangenen Revolution von 2004 verantwortlich macht. Sollte die Ukraine, der zweitgrösste slawische Staat hinter Russland, der Russland kulturell und politisch so ähnlich ist, für einen Rechtsstaat optieren, würde sie dem russischen Autoritarismus und Putins Russland als globale autoritäre Macht einen schweren Schlag versetzen.

In diesem Kontext hat Viktor Janukowitsch mit seinem Zynismus, seinem Provinzialismus und seinem unverhohlenen Drang, die eigene Macht mit allen Mitteln zu erhalten, den Konflikt zwischen den beiden Lagern und ihren jeweiligen Anhängern noch verschärft. Obwohl die unmittelbaren Auswirkungen des Konflikts negativ sind, ist die Auseinandersetzung als solche eine positive Entwicklung, weil sie das Ende der Stagnation signalisiert. Im Gegensatz zum Verfall eröffnen Krisen und Konflikte neue Entwicklungspfade.

Janukowitsch und sein Team sind dafür verantwortlich, dass die Ukraine das Assoziierungsabkommen mit der EU nicht unterzeichnet hat und dass die Situation danach eskalierte. Janukowitsch spielte gleichzeitig Poker mit Moskau und mit Brüssel. Ich glaube nicht, dass er eine Hinwendung der Ukraine nach Europa je ernsthaft ins Auge gefasst hatte. Janukowitsch wusste, dass die Unterzeichnung der Abkommen mit der EU nicht nur Sanktionen von Russland nach sich gezogen hätte, die seine Chancen für eine Wiederwahl 2015 geschmälert hätten, sondern auch die politischen Spielregeln in einer Art und Weise geändert hätte, die eines Tages das Ende seines autokratischen Herrschaftssystems nach sich gezogen hätte. So besann sich Janukowitsch auf die Machterhaltungsformel Putins, indem er traditionalistische Wählerschichten mobilisierte; und diese traditionellen Wähler wollen die Union mit Russland und eine Beibehaltung der alten postsowjetischen Ordnung.

Dies bedeutet indes nicht, dass der russische Druck auf die Ukraine keine Rolle gespielt hätte. "Moskau setzt mich unter Druck", klagte Janukowitsch in Vilnius. Natürlich gab es Druck aus Moskau – aber auch Liebkosungen! Der Kreml "half" Janukowitsch lediglich, die Entscheidung, die er offensichtlich schon lange gefällt hatte – nämlich die Rettung seiner Macht –, zu rechtfertigen. In dieser Situation war Putin also Janukowitschs persönlichen Zielen dienlich.

Am 17. Dezember 2013 unterzeichnete der ukrainische Präsident in Moskau ein Kredit- und Gasabkommen und sicherte sich (vorübergehend) seine Macht und den Status Quo. Der Kreml vertiefte damit bloss die Krise, indem er die nationalen Gefühle der ukrainischen Gesellschaft schürte und den Willen zu einer Loslösung aus Moskaus "Umarmung" beförderte.

Paradoxerweise haben Janukowitsch und Putin den Euromaidan-Protest grossgezogen – der erste, indem er versuchte, seine Macht *in* der Ukraine, der zweite, indem er versuchte, seine Macht *über* die Ukraine zu erhalten. Beide haben also ihren Beitrag an das Erwachen der ukrainischen Zivilgesellschaft geleistet. Der ukrainische soziale und politische Aktivismus ist nunmehr ein wichtiger Faktor in der ukrainischen Innen- und Aussenpolitik. Die Ukraine hat bewiesen, dass sie nicht Russland ist. Ein signifikanter Teil der ukrainischen Bevölkerung hat heute eine neue, nach Europa hin orientierte nationale Identität. Der Euromaidan steht für einen tiefgreifenden Wandel in der ukrainischen Gesellschaft und eine neue soziale Basis für das Land. Es ist hingegen nicht klar, ob die Euromaidan-Proteste ausreichen werden, um eine friedliche Transformation der Ukraine einzuleiten, oder ob das Land mit einer längerfristigen tiefen Spaltung zwischen Gesellschaft und Eliten und neuen Konflikten rechnen muss. Aber Ende Februar 2014 verwandelten sich die Proteste in eine echte Revolution, die das repressive Regime Janukowitschs kollabieren liess.

Neue Konfrontationen und sogar Versuche, die Ukraine aufzuspalten, sind durchaus denkbar, wenn der Kreml seinen Druck aufrechterhält und Teile der ukrainischen Eliten schwanken. Solche Szenarien werden seit längerem in russischen Medien und in der russischen Politik diskutiert. In einem im Dezember 2013 in der Zeitschrift "Russia in Global Politics" publizierten Beitrag mit dem Titel "Szenario einer friedlichen Scheidung der Ukraine" vertreten Juri Romanenko and Alexei Komarov die Ansicht, die Teilung der Ukraine wäre das ideale Szenario für die Entwicklung des Landes (Romanenko/Komarov 2013).

Vielleicht würde eine solche Teilung tatsächlich bürgerkriegsähnliche Konflikte verhindern, aber die Idee einer Spaltung ist äusserst besorgniserregend. Die Tatsache, dass die Pro-Kreml-Lobby in der Ukraine begonnen hat, die Idee einer Föderalisierung (Konföderation?) zu propagieren, beweist, dass dieses Szenario in Moskau diskutiert wird. Die Versuche des alten Regimes und der prorussischen Lobby, am 22. Februar 2014 in Charkow einen Kongress der Befürworter des "prorussischen Vektors" zu organisieren, war ein Zeichen, dass diese Kräfte noch immer versuchen, die Ukraine zu spalten. Allerdings erwies sich dieser Versuch als wenig erfolgreich.

Die Ukraine als ein Faktor der Erhaltung des russischen Autoritarismus

Die Ukraine ermöglicht uns Einblicke in die Funktionsweisen des "Gesetzes der Kompensation". Die autoritären Regime der Staaten der ehemaligen Sowjetrepubliken sind nicht die einzigen, die nach Hilfe rufen, sobald die internen Ressourcen für die Aufrechterhaltung des postsowjetischen Modells aufgebraucht sind; Russland funktioniert nach dem gleichen Gesetz. Während die Staaten der ehemaligen Sowjetrepubliken einer Rolle als Satelliten zustimmen, muss der Kreml – um sein Überleben zu sichern – die Rolle des Zentrums in dieser neuen Galaxie übernehmen. Der Grossmachtkomplex wird so zur essenziellen Ressource für das russische Regime – wie dies schon im Zarenreich und in der UdSSR der Fall war. Daraus wird auch ersichtlich, wie wichtig die Ukraine ist, um die russische Autokratie zu reproduzieren. Die Ukraine ist für den Kreml nicht ein Subjekt der internationalen Politik; sie ist ein Faktor der eigenen, russischen internen Stabilität.

Es muss allerdings darauf hingewiesen werden, dass die russische Gesellschaft Fortschritte in Bezug auf die Überwindung des Grossmachtkomplexes gemacht hat: Gemäss einer Umfrage des Levada-Zentrums im November 2013 gaben 50 Prozent der Russinnen und Russen an, es sei ein intern-ukrainischer Entscheid, ob das Land der EU beitreten möchte oder nicht. Nur 30 Prozent waren der Ansicht, ein EU-Beitritt der Ukraine wäre ein "Verrat an der slawischen Einheit" und die Ukraine müsse der

Zollunion mit Russland beitreten. Somit können wir festhalten, dass sich die Einstellungen der russischen Gesellschaft schneller verändern als diejenigen der russischen Elite (Levada 2013).

Die starke Betonung des Grossmachtkomplexes und des Expansionismus sind die direkte Konsequenz der neuen, 2013 formulierten Doktrin Putins. Während der Kreml rund 20 Jahre lang den Slogan "Wir nähern uns Europa an" vertreten hatte, steht die russische Führung nun für das Konzept von Russland als "einzigartige Zivilisation" ein. Während Russland lange demokratische Institutionen imitiert hat, will es nun den Westen eindämmen und Russland in eine Antithese des Westens umfunktionieren. Der Kampf um die Ukraine wurde zum ersten Test für diese neue aussenpolitische Doktrin und die neuen Überlebensmechanismen des Regimes.

Der ukrainische Maidan hat bei den autoritären Eliten im postsowjetischen Raum Ängste und Befürchtungen ausgelöst. Die Orangene Revolution in der Ukraine 2004 hatte den Kreml veranlasst, sich in Richtung eines harten autoritären Regimes zu bewegen. Den Maidan von 2013/14 nutzt das russische Regime wiederum als einen Vorwand für eine Eskalation seiner repressiven Massnahmen. Solange der Westen demoralisiert ist, gibt es für Russland so oder so keine externen Hindernisse, die Repression zu verstärken.

Die Anstrengungen des Kremls, die Ukraine oder den russischen Teil davon (!) in Russlands Orbit zu behalten, werden sicherlich fortgesetzt, denn die Logik der russischen autokratischen Herrschaft diktiert dies so. Aber diese Anstrengungen dürften kontraproduktive Effekte haben. Der russische Druck war der Katalysator für die Entstehung eines ukrainischen nationalen Bewusstseins und eines auf Europa hin ausgerichteten Nationalismus. Tatsächlich haben ähnliche Prozesse im Baltikum und den zentraleuropäischen Staaten stattgefunden. Wir können feststellen, dass die ukrainische nationale Identität heute durch die Distanzierung von Russland konsolidiert wird.

Wird sich Europa an seine Werte erinnern?

Leider war Europa nicht bereit, der Ukraine zu helfen. Der fehlende politische Wille und die fehlende Vision der europäischen Führungsinstitutionen werden zwar niemanden mehr überraschen. Aber nun hat sich die EU auch noch von ihren aussenpolitischen Werten verabschiedet. Im Vorfeld des Vilnius-Gipfels von Ende November 2013 und während des Gipfeltreffens wurden das Ausmass der europäischen Lethargie und der Verlust einer europäischen Mission besonders deutlich. Joschka Fischer, der frühere deutsche Aussenminister und Vizekanzler, schrieb dazu: "Der Vorwurf muss vielmehr Richtung Europa gehen, nämlich dass die Europäer ihre Interessen schlecht vertreten" (Fischer 2014). Michael Emerson meint zum Fiasko von Vilnius: "Die Schuld tragen die politischen Führer der EU-Staaten und die Technokraten der Kommission. Die Politiker waren unfähig, ihre Differenzen in Sachen EU-Perspektive für die Osteuropäer zu bereinigen" (Emerson 2014).

Janukowitschs Spiel mit der EU und Russland schockierte die unvorbereiteten westlichen Hauptstädte. Dies beweist, wie wenig dort verstanden wird, was in Kiew (und in Moskau) geschieht. Einige Wochen vor Vilnius war sich der Westen sicher, bald den ukrainischen Juwel in der europäischen Krone präsentieren zu können. Der Westen blieb auch dann selbstgefällig, als Russland die Ukraine im August mit Sanktionen einzuschüchtern begann. Hat damals Kanzlerin Merkel Präsident Putin angerufen und ihm gesagt: "Hände weg von der Ukraine!"? Haben amerikanische Politiker – wenigstens Vizepräsident Biden – Janukowitsch telefoniert und mit ihm über seine Zweifel vor dem Vilnius-Gipfel gesprochen? Vielleicht hätte auch dies nichts genutzt, um die Position Moskaus zu beeinflussen, denn der Kreml weiss längst, dass Europa (so wie Russland es sieht) dem rücksichtslosen russischen Vorgehen nichts entgegenzusetzen hat. Aber man hätte es wenigstens versuchen können.

Berlin, der wichtigste europäische Akteur, der allerdings mit seinen eigenen Problemen und Koalitionsgesprächen beschäftigt war, zeigte sich unfähig, auf eine konsolidierte europäische Position hinzuarbeiten und auf den Druck aus Moskau zu reagieren. In der Tat war es die fehlende starke deutsche Unterstützung einer robusten Östlichen Partnerschaft, die dieses Projekt von Anfang an verletzlich machte.

Einen weiteren Faktor gilt es zu nennen: In vielerlei Hinsicht war Kiews Abdriften in Richtung Russland das Resultat des Fehlens einer eindeutigen Position der USA. Die amerikanische Reaktion auf die Entscheidung Janukowitschs, das Assoziierungsabkommen nicht zu unterzeichnen, war bescheiden und kam zu spät ("too little, too late") und bestätigte das fehlende Interesse der USA an der Region. Die USA haben den Fehler gemacht, die Westintegration der Ukraine den Europäern zu überlassen.

Es stimmt, dass der Westen nach dem Entscheid Janukowitschs, das Assoziierungsabkommen mit der EU nicht zu unterschreiben, und als klar wurde, dass die Demonstranten den Maidan nicht verlassen würden, versuchte, Janukowitschs Umarmung Russlands und das gewaltsame Vorgehen gegen die Demonstranten zu stoppen. Aber auch diese Reaktion kam zu spät, sie war zu langsam und zu ineffektiv.

Zudem gibt es ein noch substanzielleres Problem, nämlich die systemische Schwäche der Östlichen Partnerschaft. Die polnisch-schwedische Initiative, eine Östliche Partnerschaft zu schaffen, war zweifellos ein positiver Schritt, der bewies, dass sich diese beiden Länder wirklich um das kümmern, was im östlichen Teil Europas geschieht. Aber das Projekt hatte, jedenfalls von dem Moment an, als es von Brüssel übernommen wurde, inkohärente Zielsetzungen, die unausweichlich zur Lähmung der gesamten Idee führten. Erstens wurde die Östliche Partnerschaft zur Geisel der fehlenden Bereitschaft der EU, Russland zu konfrontieren. Zweitens fokussierte die EU ihre Kooperation auf autoritäre oder halbautoritäre Regime oder auf Regierungen (wie in der Ukraine), die daran waren, sich in Richtung eines personalisierten Herrschaftssystems zu entwickeln. Drittens erwies sich die Idee einer Freihandelszone als zu schwach, um auch eine politische Liberalisierung auszulösen. Wie die Erfahrungen mit Aserbaidschan und Belarus zeigen, konnte die Östliche Partnerschaft einige Mitgliedsstaaten nicht davon abhalten, in Richtung eines harschen Autoritarismus abzugleiten. Viertens wurden sechs Länder in der Östlichen Partnerschaft zusammengefasst, die nicht viel mehr gemeinsam hatten als die Tatsache, dass sie postsowjetische Staaten sind. Aber jedes dieser sechs Länder entwickelte sich anders. Fünftens gingen die europäischen Entscheidungsträger zu weit mit ihren apodiktischen Aussagen, dass die Östliche Partnerschaft keine Garantie für eine spätere EU-Mitgliedschaft sein würde. Wenn die Östliche Partnerschaft nicht zum Beitritt führt, wohin führt sie dann sonst? Wie die Partnerschaft EU-Russland wurde auch die Östliche Partnerschaft zunehmend zu einem unterstützenden Faktor für Initiativen von undemokratischen und illiberalen Regime – anstatt neue Regeln in der Verwaltungs- und Regierungstätigkeit zu fördern.

Paradoxerweise waren es die Ukraine und die breite öffentliche Unterstützung in der Ukraine für das Assoziierungsabkommen, die die Östliche Partnerschaft in etwas verwandelt haben, was sie eigentlich nicht sein sollte, nämlich ein Element einer zivilisatorischen Trennlinie. Diese Tatsache schockierte wohl die Brüsseler Bürokratie, die nicht auf einen derart intensiven Kampf vorbereitet war, wie er nach dem Vilnius-Gipfel entbrannte; und natürlich war Brüssel nicht bereit für diese neue ukrainische Interpretation der Östlichen Partnerschaft. Denn die EU sah die Abkommen mit der Ukraine primär als ein Freihandelsprojekt. Es gab nicht die kleinsten Hinweise dafür, dass jemand in Brüssel ernsthaft einen EU-Beitritt der Ukraine – auch langfristig – in Betracht zog. Aber viele Ukrainerinnen und Ukrainer verwandelten Vilnius in einen Wendepunkt, der ihrem Leben einen neuen Sinn gab.

Die weiteren Entwicklungen haben gezeigt, dass weder Europa noch die USA ein Rezept hatten, um die Zuspitzung der ukrainischen Krise und Janukowitschs Entscheidung, Gewalt anzuwenden, zu stoppen. Die westlichen Emissäre versuchten in Kiew einen politischen Führer zu überzeugen, der sich mit aller Macht an seine Position klammerte. Die Sanktionsdrohung kam viel zu spät. Schliesslich führte Washington Einreisesperren für gewisse Vertreter des Regimes ein, die EU schaffte nicht einmal dies. Am 21. Februar 2014 erreichten die Aussenminister Deutschlands, Frankreichs und Polens in der Präsenz von Putins Emissär die Unterzeichnung eines Übergangsplans. Dieses Abkommen hätte es Janukowitsch erlaubt, bis zu vorgezogenen Präsidentschaftswahlen im Dezember 2014 im Amt zu bleiben. Die Ukraine hätte fast ein ganzes Jahr lang mit dieser unmöglichen Situation leben müssen! Die bittere Ironie des Ganzen war, dass die EU-Vertreter mit allen Mitteln versuchten, die Opposition zur Unterzeichnung dieses Abkommens zu bewegen. Kein Wunder, dass der Maidan und die ukrainische Gesellschaft dieses Abkommen ablehnten und den Kollaps des Regimes herbeiführten!

Was nun?

Nun muss Europa entweder rasch die ukrainische Transition unterstützen – oder sich ganz von der Szene zurückziehen. Tut sie Letzteres, unterstreicht sie, dass sie gegenüber der Ukraine keine ambitionierten Pläne (mehr) hat und dass die Lähmung in Bezug auf das grosse europäische Erweiterungsprojekt nicht zu überwinden ist. Würde sie sich dagegen für die erste Option entscheiden, könnte sie ihre verlorene Mission zurückgewinnen. Die meisten Signale deuten darauf hin, dass die Skeptiker Recht haben: "Lasst uns die Idee der europäischen Expansion vergessen. Die alte Dame Europa hat andere Probleme". Diese Stimmen haben die Oberhand, vor allem auch, wenn man den zunehmenden amerikanischen Isolationismus bedenkt. Natürlich kommt Teilen der europäischen Bürokratie der Druck aus Moskau auf die Ukraine zupass. In diesem Fall kann sie das Scheitern der Östlichen Partnerschaft nämlich elegant auf Russland abschieben.

Während Europa darüber nachdenkt, wie es den Vorgängen in der Ukraine begegnen soll, unterstützen nicht wenige europäische politische Analysten und Politiker eine der grundlegenden Prämissen der Östlichen Partnerschaft, die ebengerade für deren Scheitern verantwortlich ist. Ich spreche hier von der Idee der Östlichen Partnerschaft als einer "Brücke" zwischen Europa und Russland und von der Vorstellung, die Partnerschaft dürfe nicht als Nullsummenspiel gesehen werden und die östlichen Partnerstaaten dürften durchaus weiter Allianzen mit Russland eingehen.

Aber ist eine solche Politik möglich und sinnvoll, wenn der Kreml deklariert hat, Russland sei eine "einzigartige Zivilisation", die bereit ist, das demoralisierte westliche System einzudämmen? Wenn dem so ist, dann spielt es keine Rolle, dass die EU ein Nullsummenspiel mit Russland vermeiden will: Das Spiel wird ein Nullsummenspiel sein, ausser die EU wäre bereit, für ihre Prinzipien und Werte einzustehen. Europa scheint aber nicht einmal dazu bereit, die Frage so zu stellen. Denn würde die EU dies tun, müsste sie ihren Politikansatz gegenüber Russland ändern, der auf der Hoffnung basiert, dass sich Russland modernisieren will (was es eben gerade nicht will).

Der Fehler Europas liegt also, kurz gesagt, nicht darin – wie gewisse Analysten behaupten –, die Ukraine vor die Wahl zu stellen. Europa hat vielmehr den Fehler gemacht, die Ukraine nicht überzeugt zu haben, die richtige Wahl zu treffen, und Kiew nicht zusätzliche Anreize geboten zu haben – auch Anreize finanzieller Art –, um der Ukraine den Entscheid für Europa zu erleichtern.

Falls Europa seinen bürokratischen Politikstil weiterführt, die eigenen Werte verleugnet und sich pragmatisch gibt, wird es die Auseinandersetzung um Einfluss in den ehemaligen Sowjetrepubliken verlieren. Moskau weiss genau, wie man solche Machtspiele spielt. Daher braucht Europa eine neue Strategie. Wie sollte diese Strategie aussehen? Erstens sollte die EU ihre Beziehungen zu den Mitgliedsstaaten der Östlichen Partnerschaft diversifizieren. Belarus und Aserbaidschan sollten anders behandelt werden als Moldova, die Ukraine und Georgien; Armenien wiederum verlangt nach einem nochmals anderen Ansatz. Zweitens müsste das Prinzip der Konditionalität herausgehoben werden: Kredite und Unterstützung gibt es dann, wenn die Partnerländer die neuen Spielregeln akzeptieren. Drittens sollte Europa finanzielle Anreize für diejenigen Staaten schaffen, die bereit sind, rechtsstaatliche Reformen umzusetzen. Unterstützung sollte nicht den Status Quo zementieren, sondern die Transformation und die Entwicklung der Partnerländer befördern. Viertens müsste die EU den Dialog mit der Zivilgesellschaft verstärken und diese in ihrer Entwicklung unterstützen. Es kann nicht angehen, dass nur mit Offiziellen kommuniziert wird.

Sicher ist es noch zu früh für ein Requiem für Europa. Es gibt neben dem "Alten Europa" auch EU-Staaten wie Polen, Schweden oder Litauen, die diese Mission auf sich nehmen könnten. Auch die europäische öffentliche Meinung und die unabhängigen Medien sollten eine aktive Rolle spielen. Vielleicht gelingt es so, die alte Dame Europa aufzuwecken ...

Erstens sollte das Gespräch mit den neuen politischen Kräften gesucht werden – auch mit dem "Rechten Sektor", der bei den Demonstranten relativ viel Unterstützung geniesst. Zweitens sollte die ukrainische Souveränität, Sicherheit und territoriale Integrität geschützt werden. Drittens soll eine EU-Beitrittsperspektive aufgezeigt werden (für den Fall natürlich, dass die Ukraine die entsprechenden Bedingungen erfüllt). Viertens sollten die Ukrainer unterstützt werden, die vom Regime und von den Oligarchen gestohlenen Vermögen zurückzuerhalten.

Der Westen muss verstehen, dass die Situation in der Ukraine sehr fragil ist und bleibt. Es droht die Gefahr, dass die Revolution 3.0 wiederum von den Oligarchen oder den Vertretern der "alten" Garde, welche die Orangene Revolution verraten haben, gekidnappt wird. Daher ist es so wichtig, dass der Westen auf Rechtsstaatlichkeit pocht und die "Entmonopolisierung" der Macht als Bedingung für Unterstützung definiert. Wird der Westen klug genug sein, zu verstehen, wie wichtig das Schicksal der Ukraine für die weiteren Entwicklungen im postsowjetischen Raum ist? Und wo sind die Führungsfiguren, die einst die Stärke und die Einflusskraft der liberalen Demokratien personifizierten?

Der Westen sollte ernsthaft darüber nachdenken, was in der Ukraine geschah und warum die liberalen Demokratien unfähig waren, auf die Ereignisse und Entwicklungen in der Ukraine adäquat zu reagieren. Doch stattdessen scheinen viele im Westen nach Ausflüchten zu suchen – so wird argumentiert, die Ukraine sei halt (noch) nicht für Demokratie bereit – und den Status Quo in der Ukraine zu rechtfertigen. Im Folgenden findet sich ein typisches Beispiel für dieses westliche Status-Quo-Denken, das den Kräften des globalen Autoritarismus natürlich zupasskommt (Charap/Darden 2013). Erstens sei – so schreiben Charap und Darden – die Ukraine ungefähr so bereit für Europa wie ein bankrottes Unternehmen für die

Konkursverwaltung. Diese Aussage illustriert die schiere Verachtung für ein ganzes Land, das als reines Objekt angesehen wird. Zweitens behaupten Charap und Darden, die ukrainische politische Führung unter Janukowitsch habe es verpasst, eine brauchbare Strategie für das Land zu entwickeln. Natürlich hat sie das! Genau deshalb sucht die Ukraine nun einen anderen Entwicklungspfad. Drittens seien die Demonstranten "nicht repräsentativ für die Ukraine als Ganzes". Aber sie vertreten die Mehrheit und den progressiven Teil der ukrainischen Gesellschaft. Fortschritt und Reformen sind meist die Sache einer Minderheit, aber im ukrainischen Fall sind sie die Sache einer Mehrheit der Bevölkerung. Warum wollen die beiden Autoren, dass wir diese Tatsache ignorieren? Viertens wird behauptet, die Ukrainerinnen und Ukrainer im Süden und Osten des Landes dürften kaum ein europäisches Projekt unterstützen, das antirussische Konnotationen hat. Offensichtlich haben die beiden Autoren weder die Abkommen mit der EU noch die Forderungen des Euromaidans gelesen; antirussisch waren weder die Abkommen noch die Forderungen der Demonstranten.

Das Scheitern der ukrainischen Transformation wäre ein Geschenk für den Kreml und für andere autoritäre Regime im postsowjetischen Raum. Aber eine solche Entwicklung wäre nicht nur eine Niederlage für die Ukraine, sondern ein Verlust für die gesamte westliche Zivilisation. Doch wir stehen erst am Beginn der ukrainischen Saga. Die ukrainische Gesellschaft sucht einen Weg, die sowjetischen Realitäten abzustreifen, die das Land bis heute prägen. Das "Tal der Tränen" steht der Ukraine diesbezüglich erst noch bevor. Doch nirgends und niemals waren grosse Transformationen erfolgreich ohne die Unterstützung der liberalen Zivilisation. Es wird sich weisen müssen, ob der Westen die Ukraine als seine eigene Herausforderung erkennt.

Literatur

Bauman, Zygmunt (2011). Текучая модерность: взгляд из 2011 года: www.polit.ru/article/2011/05/06/bauman/.

Charap, Samuel and Keith Darden (2013). Kiev Isn't Ready for Europe, *The New York Times* (21.12.2013).

Emerson, Michael (2014). *After the Vilnius fiasco: Who is to blame? What is to be done?* Brüssel (CEPS).

[Karasev 2013] Карасев, Вадим (2013). Методология Изменилась: сначала президентские выборы, а затем- европейский выбор: www.day.kiev.ua/ru/article/podrobnosti/vadim-karasev-i-ukrainskaya-vlast-i-evropeyskie-politiki-nedoocenili-putina-i.

Fischer, Joschka (2014). Eine gefährliche Dreiecksbeziehung, *Der Standard* (4.1.2014).

[Levada 2013] Левада центр (2013): www.levada.ru/24-11-2013/soglashenie-ob-assotsiirovannom-chlenstve-ukrainy-v-es.

Mead, Walter Russell (2013). Grand Strategy. The End of History Ends, *The American Interest* (2.12.2013).

[Romanenko/Komarov 2013] Романенко, Юрий/Алексей Комаров (2013). Сценарий мирного развода Украины: www.globalaffairs.ru/global-processes/Stcenarii-mirnogo-razvoda-Ukrainy-16230.

Die Autorin

Dr. Lilia Shevtsova (geboren 1951) lebt in Moskau und in Washington und ist eine renommierte politische Analystin. Sie leitet das Programm für russische Innenpolitik und politische Institutionen des "Carnegie Moscow Center" und ist zudem Professorin an der Hochschule für Wirtschaftswissenschaften in Moskau. Shevtsova ist die Autorin oder Herausgeberin von fünfzehn Büchern, darunter "Putin's Russia" (2005), "Russia: Lost in Transition: The Yeltsin and Putin Legacies" (2007) und "Change or Decay: Russia's Dilemma and the West's Response" (2011; zusammen mit Andrew Wood).

Identitäten und Kräfte im Widerstreit. Ursachen und Triebfedern der ukrainischen Krise

Ariel Cohen und Ivan Benovic

Einleitung: Die Besonderheit der Ukraine

Wie so viele andere bedeutende geopolitische Phänomene basiert auch die Zerrissenheit der Ukraine – zwischen Ost und West, zwischen Europa und Russland, zwischen dem mit Rom verbundenen unierten Christentum und der orthodoxen Ostkirche sowie zwischen rechtsstaatlich-pluralistischer und autoritärer Gesellschaft – auf vielen verschiedenen Faktoren. Die geschichtlichen Vorläufer dieser Entwicklungen wurzeln tief. Letztendlich wird das Land sich aber für eine eindeutige Richtung entscheiden müssen: entweder ein Assoziierungsabkommen mit der Europäischen Union, das schliesslich in einer EU-Mitgliedschaft der Ukraine und ihrer Anbindung an den Westen mündet, oder eine Zugehörigkeit zu der von Moskau geführten Zollunion und spätere Mitgliedschaft in der Eurasischen Union, womit das Land ein Teil des wiedererstarkenden russischen Einflussbereichs bliebe. Zwar besteht auch die Option einer Neutralität nach finnischem Muster, jedoch erscheint diese derzeit als wenig wahrscheinlich, da der Kreml alle Hebel in Bewegung setzt, um Kiew in seine Einflusssphäre zu bringen. Im Folgenden betrachten wir diese Triebkräfte mit ihren Wechselwirkungen und erörtern einige der Herausforderungen, vor denen die Europapolitik derzeit steht.

Ethnische und sprachliche Wurzeln

Die meisten Länder Europas sind weitgehend monoethnische Nationalstaaten, in denen Minderheiten zwar Rechte und Freiheiten geniessen, aber keinen entscheidenden Einfluss auf die Innen- und Aussenpolitik nehmen. Im Gegensatz dazu bestehen in der Ukraine zwei grosse Sprachgruppen mit je eigener Identität und eigenen Wertvorstellungen. Die eigene Identität und insbesondere die ethnische Zugehörigkeit sind in diesem Fall von geringerer Bedeutung als die Sprache. In einer der Gruppen wird überwiegend Ukrainisch gesprochen, während in der anderen Gruppe Russisch die Hauptsprache ist. In seinem "Kampf der Kulturen" bezeichnete Samuel Huntington die Ukraine als zerrissenes Land. Der Staat teilt sich in zwei

Hauptregionen, eine nordwestliche und eine südöstliche, die jedoch häufig einfach als "Westen" und "Osten" bezeichnet werden. Die Grenze zwischen den beiden Teilen des Landes verläuft in etwa zwischen den Verwaltungseinheiten Poltawa und Kirowograd, wobei die Hauptstadt Kiew im westlichen Teil liegt. Die Bewohner der weiter nördlich und westlich liegenden Regionen sprechen eher Ukrainisch als Muttersprache und fühlen sich als Ukrainer, während die Menschen weiter östlich und südlich eher Russisch sprechen. Auch bei ihnen handelt es sich in vielen Fällen strenggenommen um ethnische Ukrainer, jedoch sind sie in ihrem Selbstbild noch immer auf Russland und Moskau fixiert (Khrychikov 2000: 6).

Diese ethnisch-sprachlichen Unterschiede liegen auch den divergierenden geopolitischen Loyalitäten der beiden Landeshälften zugrunde: Die Westukraine tendiert eher zum Westen hin, wo sie ihre historische Zugehörigkeit verortet, während der Osten des Landes sich eher mit dem ethnisch verwandten Russland verbunden fühlt, mit dem es der allgemeinen Überzeugung nach grössere Gemeinsamkeiten hat als mit den Ländern Europas. Die öffentliche Meinung in diesen Provinzen unterscheidet sich oft grundlegend von jener des westlichen Landesteils. Die Menschen im Westen sind häufig nationalistischer eingestellt als im Osten (Mite 2004). Darüber hinaus sind sie religiöser (*Focus Ua*, 22.4.2011) und gehören überwiegend der Griechisch-Katholischen (unierten) Kirche oder der Ukrainisch-Orthodoxen Kirche des Kiewer Patriarchats an (Kapustin 2009). Die Bevölkerung des Ostens bekennt sich mehrheitlich zur Ukrainisch-Orthodoxen Kirche des Moskauer Patriarchats. Auch bezeichnen sich die Menschen des östlichen Landesteils oft gleichzeitig als Ukrainer und als Russen, was auch zu ihrer weitgehend positiven Einstellung zu Russland beiträgt (*Сегодня*: www.segodnya.ua, 10.12.2011).

Wähler im Osten stimmen eher für linksgerichtete Parteien, Wähler im Westen hingegen neigen eher zur politischen Rechten. Dies war bereits bei den Präsidentschaftswahlen 1994 der Fall, als im Westen die Mehrheit Leonid Krawtschuk unterstützte, während im Osten Leonid Kutschma die meisten Stimmen erhielt und schliesslich als Wahlsieger die Präsidentschaft übernahm (Erlanger 1994). Auch in den Präsidentschaftswahlen 2004 und 2010 wählte der Westen mehrheitlich den rechtsgerichteten und proeuropäischen Viktor Juschtschenko bzw. Julia Timoschenko, während im Osten Viktor Janukowitsch in beiden Wahlen die Mehrheit der Wählerstimmen gewann. Die Spaltung verschärfte sich, als Präsident Viktor Janukowitsch ein Gesetz unterschrieb, das Russisch in den Provinzen, in denen mehr als 10% der Einwohner Russisch als Muttersprache sprechen, in den Rang einer Amtssprache erhob (polit.ru, 17.8.2012).

Die Ukrainepolitik der Europäischen Union (EU) darf diese Unterschiede nicht ausser Acht lassen. Die Ukraine ist für die EU aus mehreren Gründen ein wichtiges Land, dessen Bedeutung nicht übersehen werden darf. Als flächenmässig grösster Staat Europas mit einer Bevölkerung von etwa 45 Millionen bietet die Ukraine potenziell einen grossen Markt für europäische Waren und Auslandsinvestoren.

Darüber hinaus besitzt das Land eine lange Schwarzmeerküste mit wichtigen Hafenstädten und grenzt an vier EU-Mitgliedsstaaten. Schätzungen zufolge leben und arbeiten etwa 2,79 Millionen Ukrainer in den EU-Ländern (Haydutskyi 2013: 10). Allein im Jahr 2011 zogen rund 200'000 Ukrainer auf Arbeitssuche in die EU (news.finance.ua, 11.7.2013). Im Jahr 2012 exportierte die EU Waren im Wert von etwa 23,8 Mrd. € in die Ukraine, während sich die Importe auf den Wert von 14,4 Mrd. € beliefen. Der bilaterale Handel zwischen der Ukraine und den USA erreichte 2012 ein Volumen von über 5,3 Mrd. US$. Das Land verfügt über eine gut entwickelte Schwerindustrie, die zur Produktion von grossen Frachtflugzeugen und Interkontinentalraketen in der Lage ist, sowie über einen riesigen Agrarsektor, der es zur Kornkammer Europas macht. Sowohl die USA als auch Europa haben sich intensiv darum bemüht, die Ukraine auf ihrem Weg zur Demokratie und zur Marktwirtschaft zu unterstützen. Seit der Unabhängigkeit 1991 haben die USA mehr als 5 Mrd. US$ an Finanzhilfen in die Ukraine geschickt (Melia 2014), während allein schon die EU über 2,5 Mrd. € an Förderung überwiesen hat (EEAS 2014)).

Warum Viktor Janukowitsch die Unterschrift unter das EU-Assoziierungsabkommen verweigerte

Ende November 2013 verkündete der ukrainische Präsident Viktor Janukowitsch, dass er – entgegen den Erwartungen der USA, der EU und vieler Beobachter – das Assoziierungsabkommen und das "vertiefte und umfassende Freihandelsabkommen" (DCFTA) nicht unterschreiben werde. Diese Entscheidung löste die heftigsten Proteste seit der Orangenen Revolution des Jahres 2004 aus. Das Regime reagierte darauf mit Gewalt. Die vielschichtigen Beweggründe für Janukowitschs Entscheidung waren sowohl persönlicher als auch politischer Natur.

Erstens war da möglicherweise die Befürchtung, dass er nach der Annahme der EU-Bedingungen mit ihren Forderungen nach Transparenz und Rechenschaftspflicht der Regierung nicht mehr ohne weiteres hätte über die weit verbreitete Korruption im öffentlichen Sektor hinwegsehen bzw. er und seine Verbündeten nicht mehr von ihr hätten profitieren können. Nach einer Integration der Ukraine in die EU wäre es zudem schwieriger geworden für den Staat, das Vermögen einiger der reichsten ukrainischen Geschäftsleute zu schützen. Diese Janukowitsch nahestehenden Oligarchen genossen unbegrenzten Zugang zu seiner Administration und wurden von ihren Organen – sogar den Strafverfolgungsbehörden und Gerichten – geschützt. Einer der persönlich-politischen Faktoren war Janukowitschs offensichtliche Angst vor und Hassgefühle gegenüber seiner grössten politischen Rivalin Julia Timoschenko, die sich aufgrund einer rachsüchtigen und selektiven Anwendung des Rechts in Haft befand (*Spiegel Online*, 19.11.2013). Verhandlungen über das Assoziierungsabkommen und insbesondere weitere Annäherungen an die EU hätten den Druck auf die Regierung Janukowitsch gesteigert, ihre Transparenz und Rechenschaftspflicht zu erhöhen und Timoschenko freizulassen. Das hätte möglicherweise zur Folge gehabt, dass Timoschenko die Präsidentschaftswahl 2015 für sich hätte entscheiden können, was nicht nur das politische Überleben Janukowitschs und seiner Verbündeten gefährdet hätte, sondern auch die Interessen der bereits erwähnten reichen Geschäftsleute.

Zweitens hat Janukowitsch eine kriminelle Vergangenheit, die Russland gegen ihn hätte verwenden können. Hätte er das Assoziierungsabkommen und das DCFTA unterschrieben, wäre er zum Ziel einer von Moskau gesteuerten Rufmordkampagne geworden. Zwar wurden sämtliche Dokumente, die seine strafrechtlichen Verurteilungen bezeugen, angeblich vernichtet, jedoch dürften die Archive des russischen Geheimdienstes noch immer Beweise für seine kriminelle Vergangenheit enthalten. Als Minderjähriger soll Janukowitsch 1967 wegen Diebstahls und 1970 wegen Körperverletzung verurteilt worden sein (*Frankfurter Allgemeine Zeitung*, 12.3.2012). Gerüchten zufolge soll er dazu noch eine Anklage wegen Vergewaltigung abgewendet haben (*Ukrayinskaya Pravda*, 9.6.2004). Janukowitsch vermied es immer, über diesen Teil seines Lebens Auskunft zu geben. Somit bleiben viele Fragen offen.

Drittens befürchtete der ukrainische Präsident höchstwahrscheinlich, die politische Unterstützung seiner Stammwähler im Osten des Landes zu verlieren, was seine Chancen auf eine Wiederwahl 2015 geschmälert hätte.

Ein Grossteil der russischsprachigen Bevölkerung der Ostukraine ist gegen die Bildung einer Freihandelszone mit der EU und befürchtet, dass ein Vertrag mit der EU längerfristig die NATO-Mitgliedschaft und eine feindliche Einstellung zu Russland nach sich ziehen würde. Das könnte heissen, dass sie sich eventuell auf der anderen Seite einer politischen Trennlinie zu ihren Volksgenossen wiederfinden würden.

Viertens war die EU nicht bereit, die Ukraine während der schwierigen Übergangsphase nach dem Inkrafttreten der Abkommen finanziell zu unterstützen. In dieser Phase hätten zahlreiche ukrainische Arbeiter ihre Jobs verloren. Finanzhilfen aus der EU könnten einige dieser Schwierigkeiten abfedern, jedoch liess die EU durch ihren Sprecher Olivier Bailly verlautbaren, dass keine Änderungen an der ersten Version des Assoziierungsabkommens in Frage kämen, um der Ukraine erleichterte wirtschaftliche Bedingungen einzuräumen oder finanzielle Unterstützung zu gewähren. Es gehe in dem Abkommen um Wachstum und Investitionen und nicht um Entschädigungen oder Zahlenspiele. Das macht deutlich, dass die EU sich nicht wirklich für einen EU-Beitritt der Ukraine einsetzte (Vesti.ru, 11.12.2013).

Und nicht zuletzt befürchteten einige Ukrainer, dass die EU für eine vollständige Öffnung der Ukraine nicht die entsprechenden Gegenleistungen bieten würde. So war die EU zum Beispiel nicht zu einer Liberalisierung der Visabestimmungen für die Ukraine bereit. Derzeit müssen Ukrainer für die Einreise in das Schengen-Gebiet ein Visum beantragen, und seitens der EU ist keine Bereitschaft zu erkennen, diese Bedingung im Interesse des wechselseitigen Vertrauens aufzuheben. Die Ukraine hob die Visumpflicht für EU-Bürger 2005 einseitig auf und bemüht sich seither, die EU gleichfalls zu einer Aufhebung der Visumpflicht zu bewegen.

Die Nachricht von Janukowitschs plötzlicher Kehrtwende in der Frage der EU-Integration traf die ukrainische Öffentlichkeit völlig unvorbereitet. Er beabsichtigte vielleicht, das Assoziierungsabkommen und das DCFTA als Druckmittel gegen Russland einzusetzen, um die Position der Ukraine in den Verhandlungen um Energie und Geld zu stärken – die beiden Dinge, die das Land von seinem Partner im Osten am dringendsten benötigte. Die Strategie schien aufzugehen: Im Januar 2014 erhielt die Ukraine den grössten Rabatt auf russische Gaslieferungen seit ihrer Unabhängigkeit nach dem Ende der sowjetischen Ära.

Davor musste das Land noch über 400 US$ pro 1'000 Kubikmeter Erdgas bezahlen, jedoch gelang es Janukowitsch und seinen Unterhändlern, den Preis auf 268,50 US$ zu drücken. Russland versprach zudem, 15 Mrd. US$ aus dem Nationalen Wohlstandfonds mit einer Rendite von 5% in ukrainische Staatsanleihen zu investieren: ein gutes Geschäft für die Ukraine, die ihre Anleihen zuvor mit 7,5% verzinsen musste (ZN.UA, 20.12.2013). Ausserdem kam die russische Finanzspritze genau zu einer Zeit, als die ukrainische Zentralregierung Geld brauchte, aber nicht die unpopulären Sparmassnahmen umsetzen wollte, die Voraussetzung für finanzielle Hilfe vom IWF gewesen wären. Die Investitionen Russlands bewahrten die ukrainische Regierung daher vor der Notwendigkeit, politisch unbeliebte, aber längst überfällige Wirtschafts- und Sozialreformen einzuführen. Der Druck von russischer Seite dürfte Janukowitschs Entscheidungen also massgeblich beeinflusst haben, allerdings war Russland wohl nicht der einzige und vielleicht nicht einmal der Hauptfaktor in seiner Kosten-Nutzen-Analyse.

Folgen der Entscheidung für die Ukraine, die EU und Russland

Entgegen der Ansicht einiger Beobachter ist die derzeitige Krise in der Ukraine nicht als eine neue Phase des Kalten Krieges zu werten. Beim Kalten Krieg handelte es sich um einen ideologischen Konflikt, in dem die von der Sowjetunion angeführte kommunistische Welt und der liberal-kapitalistische Westen unter US-amerikanischer Führung aktiv um die Weltherrschaft rangen. Heute dreht sich das Spiel um kleinere Einsätze.

Die Ukraine-Krise ist aus mehreren Gründen keine Konfrontation vom Massstab eines Kalten Krieges: Erstens geht es darum, ob Russland sich so einen Einflussbereich aufbauen kann, wie ihn sich viele in der russischen Elite wünschen. Es steht also mehr auf dem Spiel als nur die zukünftige aussenpolitische Orientierung eines – wenn auch grossen – europäischen Staates. Bei den westlichen Eliten – vom Weissen Haus bis hin zur EU-Kommission in Brüssel – herrschte lange Gleichgültigkeit, ob Russland der Wiederaufbau einer quasi-imperialistischen Struktur in Osteuropa gelingt, da ihnen das Gebiet geographisch und kulturell zu fremd ist und es nach ihrer Einschätzung nicht zum "Westen" gehört.

Zweitens hatten die führenden EU-Staaten, insbesondere Deutschland und Frankreich, die Ukraine nicht aktiv unter Druck gesetzt, sich für die EU zu entscheiden, obgleich es unserer Ansicht nach im Interesse der EU wäre, die Ukraine ins Boot zu holen. Insbesondere während der Wirtschaftskrise war in der EU der Widerstand gegen eine Erweiterung gross, und die EU war nicht gewillt, noch mehr Länder mit unverantwortlicher Wirtschaftspolitik aufzunehmen. Das Beispiel Griechenland war abschreckend genug. Somit war die Ukraine-Krise das Ergebnis sowohl äusserer (EU-Russland) als auch EU-interner Triebkräfte (Widerstand gegen Erweiterung, Frankreich und Deutschland vs. Polen und Schweden). Die lange passive Haltung der EU liess vermuten, dass dem Abschluss eines Assoziierungsabkommens mit der Ukraine keine grosse Bedeutung (mehr) beigemessen wurde.

Drittens muss man hier von irrigen politischen Annahmen und Analysen sprechen. Die Entscheidungsträger der EU-Aussenpolitik überschätzten ihre weiche Macht ("soft power") und die Attraktivität der EU, während sie gleichzeitig unterschätzten, wie sehr Janukowitsch Julia Timoschenko fürchtete und als Person verabscheute. Die EU war sich zu sicher, dass der Druck auf die Ukraine Wirkung zeitigen würde, und setzte einfach voraus, dass Janukowitsch die Abkommen unterzeichnen würde. Die Aussenminister Polens und Schwedens machten ihrerseits die Unterschrift der EU unter die Abkommen von Timoschenkos Freilassung abhängig (*Reuters*, 22.10.2013).

Die Zeiten haben sich geändert. In den späten achtziger und frühen neunziger Jahren zog eine Welle prowestlicher Demonstrationen durch die Länder Mitteleuropas und löste demokratische Revolutionen aus. Anderthalb Jahrzehnte später traten diese Länder der bis dahin aus 15 Staaten bestehenden Europäischen Union als Vollmitglieder bei. Vielleicht erweckten diese Ereignisse unter den höchsten Entscheidungsträgern der EU den falschen Glauben, dass die postsowjetischen Länder im Osten Reformen einleiten und alles daransetzen würden, die Vollmitgliedschaft in der Europäischen Union zu erlangen. Die besten Kandidaten hierfür waren Georgien und die Ukraine. Bis dato scheint sich aber diese Hoffnung nicht zu erfüllen. Auch wenn die Bevölkerung dieser Länder eine solche Entwicklung generell befürworten würde, setzen die regierenden Eliten ihre persönlichen und geschäftlichen Interessen vor die Interessen des jeweiligen Landes und Volkes.

Die EU scheint also die Kosten-Nutzen-Analyse für Janukowitsch negativ beeinflusst und ihn somit dazu bewegt zu haben, stärker am (Wieder-)Aufbau besserer Beziehungen zum Kreml gearbeitet zu haben. Nachdem deutlich wurde, dass die Unterzeichnung der Abkommen seitens der Ukraine nicht wie erwartet beschlossene Sache war, zog die EU ihre Forderung nach Timoschenkos Freilassung zurück. Es war jedoch bereits zu spät, und die Finanzmittelknappheit sowie das unwiderstehliche Angebot Russlands hatten Janukowitsch zu seiner Entscheidung getrieben.

Es war eine historische Entscheidung. Janukowitschs Entschluss hatte Konsequenzen. Zunächst spitzte sich die Polarisierung des Landes zu. Die Ukraine besteht seit jeher aus zwei Teilen, einem pro-europäischen Westen und einem pro-russischen Osten. Die Weigerung Janukowitschs, den Weg der EU-Integration zu gehen, hat diese Spaltung verschärft: Die Einwohner der westlichen Provinzen fühlten sich als Geiseln ihrer Mitbürger im Osten. Hätte Janukowitsch die Abkommen unterzeichnet, wäre die Situation umgekehrt gewesen.

Wer also waren die Gewinner, wer die Verlierer? An sich waren alle Verlierer, insbesondere aber die Menschen der Westukraine, die traditionell in ihrer Identität, ihren Einstellungen und ihrer Kultur prowestlich eingestellt sind. Sie befürchteten den Verlust der Chancen auf eine bessere Zukunft für ihre Kinder und fühlten sich von ihrem Präsidenten verraten – denn dieser verhielt sich, als wäre er nur der Präsident seines im Osten gelegenen Geburtsortes Jenakiewo, nicht des ganzen Landes. Verlierer waren vor allem diejenigen, die potentiell von einer freieren Wirtschaft mit mehr Chancen profitiert hätten: die Jungen, Gebildeten, Talentierten, die zu harter Arbeit für eine bessere Zukunft bereit sind.

Aber auch die Menschen der Ostukraine waren Verlierer, selbst wenn sie sich dessen nicht bewusst sind. Auch sie und ihre Kinder hatten die Chance auf eine bessere Zukunft verloren, unterstützten jedoch weiterhin die Entscheidung der Regierung. Sie sprechen vorwiegend Russisch und wollen starke Beziehungen zu Russland. Hätte sich die Ukraine stärker zur EU hingewandt und Russland daraufhin Wirtschaftssanktionen verhängt, wäre diese Gruppe wohl zumindest kurzfristig am meisten davon betroffen gewesen.

Die kurzfristigen Gewinner waren die ukrainischen Oligarchen, die enge Beziehungen zum russischen Markt unterhalten, darunter Rinat Achmetow, Viktor Pintschuk, Dmitri Firtasch sowie andere Geschäftsleute, die wohl kaum im Wettbewerb mit effizienteren und moderneren westlichen Firmen mithalten könnten, ohne in die Modernisierung der veralteten Ausstattung ihrer Unternehmen zu investieren. Aber selbst wenn es ihnen gelingt, ihre Wettbewerbsfähigkeit zu erhöhen, würden sie vielleicht geringere Gewinne machen, als sie derzeit innerhalb der Gemeinschaft Unabhängiger Staaten erzielen. Die Nichtunterzeichnung der Abkommen schirmte sie weiterhin gegen echten Wettbewerb ab. Doch der Wind hat mittlerweile bekanntlich wieder gedreht, und die meisten Oligarchen haben sich entsprechend arrangiert.

Janukowitschs Entscheidung hätte dem Land kurzfristige Stabilität gebracht, jedoch auf Kosten längerfristiger Wettbewerbsfähigkeit und nachhaltigen wirtschaftlichen Wachstums. Russische und westliche Experten sind sich einig, dass die Unterzeichnung der Abkommen vorübergehende wirtschaftliche Probleme in mehreren Wirtschaftssektoren mit sich gebracht hätte, wobei die ukrainische Schwerindustrie am stärksten betroffen gewesen wäre. Insbesondere Städte mit nur einem Industriezweig hätten dies zu spüren bekommen (Моногорода – О проекте, in: www.segodnya.ua). Anschliessend würde die Wachstumsrate nicht nur davon abhängen, in welchem Tempo die Modernisierung ukrainischer Firmen voranschreitet und in welcher Höhe ausländische Investitionen ins Land fliessen, sondern auch vom neuen politischen Klima.

Janukowitschs Entscheidung und das harte Durchgreifen am 16. Januar 2014 zeigten auch, dass das Land noch nicht so grosse Fortschritte in Richtung demokratischer Freiheit gemacht hat, wie sich der Westen erhofft hatte. Julia Timoschenko blieb in Haft, obwohl Janukowitsch sie laut Verfassung hätte begnadigen können, ohne dafür weitere durch das Parlament verabschiedete Gesetze zu brauchen. Die ukrainische Regierung hatte bereits am 30. November 2013 versucht, die Proteste auf dem Unabhängigkeitsplatz mit Gewalt zu unterdrücken, und damit ihren anhaltenden Mangel an Bereitschaft gezeigt, den Willen des Volkes zu berücksichtigen (Grytsenko 2013).

Das Vorgehen gegen die Demonstranten am 30. November 2013 provozierte nur weitere Proteste. Dass die Regierung anschliessend nicht wesentlich härter durchgriff, lag wohl allein an ihrer Befürchtung, dass schärfere Massnahmen nur noch heftigere Proteste nach sich ziehen würden. Die Machthaber wollten zwar den Frieden, jedoch packten sie das Problem nicht an der Wurzel, sondern setzen auf halbherzige Massnahmen, die ohne Wirkung geblieben sind. Am 19. Dezember 2013 etwa verabschiedete das Parlament ein Gesetz zur Begnadigung derer, die an den Protesten teilgenommen hatten. Es erhoffte sich damit eine Normalisierung der Situation, aber aufgrund fehlender Durchführungsvorschriften verweigerten die Gerichte die Umsetzung dieses Gesetzes (www.kommersant.ua, 15.1.2014). Ebenso wenig brachte dieses Gesetz die Demonstranten dazu, das Stadtzentrum Kiews zu verlassen.

Das schlimmste Szenario

Das schlimmste Szenario wäre die Teilung des Landes in zwei Hälften mit ernsthaften Folgen für ihre Wirtschaft und für die regionale Sicherheit, wenn die beiden Landesteile ihre grundlegenden Differenzen bezüglich des zukünftigen Bündnispartners nicht mehr tolerieren könnten. In beiden Landesteilen übernehmen Populisten die politische Führung. Die Ukraine zerfällt in zwei unabhängige Staaten, von denen sich der eine dem Westen, der andere Russland zuwendet.

Nach einer neuen Protestwelle, die in gewalttätigen Ausschreitungen gipfelte, brachte der Vorsitzende der UDAR-Partei, Vitali Klitschko, am 20. Januar 2014 öffentlich seine Befürchtungen zum Ausdruck, dass die politische Situation bis hin zu einem Bürgerkrieg eskalieren könne. Klitschkos Befürchtungen sind – wie die Entwicklungen auf der Krim zeigen – alles andere als unbegründet.

Die Bevölkerung des Ostens, die Russisch als Muttersprache spricht, ist von Russland beeinflusst – und Russland versteht es, Propaganda auf langfristig wirkungsvolle Weise einzusetzen. Laut russischer Behauptungen ist die EU-Freihandelszone eine sorgfältig gestellte Falle für die Ukraine, durch die sich die EU leichten und uneingeschränkten Zugang zu den Märkten und Bodenschätzen der Ukraine verschaffen und gleichzeitig die russische Wirtschaft mit billigen ukrainischen Waren schädigen wolle, die im Westen nicht an den Mann zu bringen seien, wobei auch billige Waren aus der EU mit ukrainischer Etikettierung nach Russland gelangen würden. Aufgrund dieser Behauptungen erscheint die Freihandelszone als Gefahr, die es abzuwenden gilt.

Was sollte die EU unternehmen?

Seit dem Anfang der Ukraine-Krise, als Russland seine Absichten deutlich werden liess, die Abkommen zwischen der Ukraine und der EU mit allen verfügbaren Mitteln zu vereiteln, hat sich die Europäische Union lange nicht sehr initiativ gezeigt (Cohen 2013). Ihr bleibt nur noch wenig Zeit, eine aktivere Rolle zu spielen.

Sowohl die EU als auch ihre Mitgliedstaaten müssen erkennen, dass es in ihrem ureigenen Interesse ist, wenn die Ukraine ungeteilt, frei und friedlich der EU beitritt. Allerdings hätte diese bedeutsame Entwicklung auch ihren Preis. Die Europäer müssten – auch in der derzeitigen, schweren wirtschaftlichen Lage – finanzielle Mittel in ihre eigene Sicherheit investieren. Dies könnte durch die Unterstützung eines innenpolitischen Reformprogramms in der Ukraine sowie eines IWF-Finanzpakets geschehen.

Zweitens müsste die EU der russischen Propaganda aktiv entgegenwirken, indem sie klar und unmissverständlich ihre Absichten erklärt und ihre Beweggründe für die Schaffung einer Freihandelszone mit der Ukraine darlegt. Im Einzelnen wäre der EU Folgendes zu empfehlen:

- Die EU sollte die Länder Mitteleuropas und des Baltikums, die 2004 der EU beitraten, als Beispiele für jene Entwicklung und jenes Wachstum anführen, das auch die Ukraine in einer Wirtschaftsunion mit der EU erreichen könnte. Diese Länder waren vor einigen Jahrzehnten noch Teil des kommunistischen Ostblocks, und ihre wirtschaftlichen Strukturen ähnelten in wesentlichen Aspekten denen der ehemaligen Sowjetunion. Nach dem Zusammenbruch des Kommunismus in Osteuropa und dem Zerfall der Sowjetunion standen diese Länder vor denselben Herausforderungen, mit denen sich die Ukraine heute konfrontiert sieht: mangelnde Wettbewerbsfähigkeit, hohe Arbeitslosigkeit, niedrige Löhne usw. In diesen Ländern stiegen jedoch das Bruttoinlandsprodukt pro Kopf sowie der Lebensstandard nach ihrem EU-Beitritt steil an, obwohl sowohl BIP als auch Kaufkraftparität noch immer unter den Durchschnittswerten Westeuropas liegen. Die negativen Folgen der EU-Mitgliedschaft werden durch die Vorteile mehr als aufgewogen. Es gibt also Länder, die bereits erfolgreich geschafft haben, was viele Ukrainer heute für ihr eigenes Land wollen, und diesen Ländern geht es heute besser als je zuvor.
- Die EU sollte betonen, dass das Ausmass, in dem die Ukraine von einer Assoziierung mit der EU profitieren wird, letztlich davon abhängt, welchen politischen Weg das Land einschlägt. Die einzige Art, auf die die Ukraine von ihrer EU-Assoziierung profitieren kann, ist durch einen grösstmöglichen Zufluss an Auslandsinvestitionen bei gleichzeitiger Verbesserung der Transparenz und Rechtsstaatlichkeit, um die Sicherheit von Investoren und anderen Bürgern zu erhöhen. Die Assoziierung mit der EU wäre der Beweis für die Vertrauenswürdigkeit des Landes. Allerdings kann diese Vertrauenswürdigkeit durch politische Instabilität, mangelnde Rechenschaftspflicht der Regierung sowie anhaltend hohe Korruption im öffentlichen Sektor unterminiert werden. Die Höhe der Auslandsinvestitionen hängt also davon ab, wie

wirksam die Regierung die Korruption in ihren eigenen Reihen bekämpfen kann.

- Die EU sollte nicht nur die Vorteile einer Assoziierung für die Ukraine, sondern auch ihre eigenen Interessen im Auge behalten. Zwar ist eine Annäherung an die EU langfristig im Interesse der Ukraine, jedoch sind engere Kontakte mit der Ukraine auch im Interesse Europas. Somit muss die EU einer Integration des Landes in die Zollunion und später in die Eurasische Union entschieden entgegenwirken. Ein solcher Einflussbereich könnte nämlich zu einer Art Mischung zwischen Zarenreich und COMECON werden, die keinen günstigen politischen und wirtschaftlichen Rahmen für nachhaltige Entwicklung bieten könnte. Die EU-Mitgliedsstaaten sollten die Konten jener ehemaligen ukrainischen Entscheidungsträger und ihrer engsten Familienmitglieder einfrieren, die Menschenrechtsverletzungen begingen und Gewalt- und Gräueltaten befahlen.
- Die EU sollte die Umsetzung des Assoziierungsabkommens mit Moldova vorantreiben, einem Nachbarland der Ukraine, das das Abkommen beim Gipfel in Vilnius unterschrieb. Wie die Ukraine ist auch Moldova eine postsowjetische Republik mit einer an Russland orientierten Wirtschaft. Bislang konnte es aber dem Druck Russlands widerstehen und mit der EU-Integration beginnen. Die EU sollte nun alles daransetzen, dass dieser Prozess erfolgreich verläuft, und Moldova auch finanzielle Unterstützung gewähren. Moldova ist zwar wesentlich kleiner als die Ukraine, kann aber trotzdem als Vorzeigeprojekt für die Vorteile der Östlichen Partnerschaft dienen. Wenn sich herausstellt, dass es dem moldawischen Volk durch diese Partnerschaft besser geht, kann dies die Menschen in der Ostukraine, die bis jetzt noch mehrheitlich ein Bündnis mit Russland unterstützen, dazu bringen, ihre Sichtweisen zu überdenken.

Schlussbemerkung

Die Instabilität der Ukraine ist das Ergebnis der lange nicht ernst genommenen Spaltung des Landes in zwei getrennte Sprachgruppen mit unterschiedlichen politischen Orientierungen. Nach mehr als zwei Jahrzehnten der ukrainischen Unabhängigkeit macht sich diese Spaltung heute stärker bemerkbar als je zuvor. Es häufen sich Stimmen, die eine föderalistische Umstrukturierung des Landes fordern. Angesichts der aktuellen Stimmung in der ukrainischen Gesellschaft wird letztlich jede mögliche Ausrichtung des Landes, ob nach Westen oder nach Osten, in einem Teil der Gesellschaft auf heftige Ablehnung stossen. Für eine friedliche Lösung dieser festgefahrenen Situation braucht es einen breiten öffentlichen Konsens und eine Zukunftsvision, die sowohl dem Osten als auch dem Westen des Landes erstrebenswert erscheint.

Literatur

Cohen, Ariel (2013). Why the U.S. Should Support Ukraine's Association and Free Trade Agreements with Europe, *Heritage Foundation Backgrounder* (2849).

EEAS (ed.) (2014). *EU financial co-operation with Ukraine*. Kyiv (EU-Delegation): http://eeas.europa.eu/delegations/ukraine/eu_ukraine/tech_financial_cooperation/index_en.htm

Erlanger, Steven (1994). Ukrainians Elect a New President, *The New York Times* (12.7.1994).

Grytsenko, Oksana (2013). Ukraine's bloody crackdown leads to call for sanctions, *The Guardian* (1.12.2013).

Haydutskyi, Pavlo (2013). Ukraine: Integration Problems, *Razumkov Center: National Security and Defense* 4-5.

[Kapustin 2009] Капустин, Андрей (2009). Патриарх улетел, но обещал вернуться, *Novaya Gazeta* (7.8.2009).

Khrychikov, Sergey (2000). *The Effect of NATO Partnership with Ukraine on Inter-Ethnic Relations within the Country*. Brussels (NATO).

Melia, Thomas O. (2014). *The Situation in Ukraine. Testimony before the Senate Foreign Relations Committee*. Washington: www.state.gov/j/drl/rls/rm/2014/219827.htm.

Mite, Valentinas (2004). Ukraine: East And West – Different Histories, One Future, *Radio Free Europe* (22.12.2004).

Die Autoren

Ariel Cohen (geboren 1959) ist ein international renommierter Experte für Russland/Eurasien und Osteuropa sowie für internationale Sicherheits- und Energiepolitik. Dr. Cohen arbeitet als Senior Research Fellow für Russlandstudien und Eurasien sowie für internationale Energiepolitik an der Heritage Foundation in Washington.

Ivan Benovic ist MA-Absolvent der School of Advanced International Studies (SAIS) der Johns Hopkins University in Washington und BA-Absolvent des Staatlichen Moskauer Instituts für Internationale Beziehungen (MGIMO-Universität) in Moskau. Im Herbst 2013 war er Mitglied des Young Leaders Program der Heritage Foundation.

Meine Ukraine. Eine persönliche Erinnerung

Gerhard Gnauck

Sind wir Migranten? Nein, wir sind es nicht. Migrare bezeichnet im Lateinischen "wandern", und wandern geschieht freiwillig, ist angenehm wie im Lied "Das Wandern ist des Müllers Lust". Meine Familie ist immer gewandert in Europa, zumeist von Ost nach West, und nie freiwillig. Vielleicht werden Historiker und Archäologen, wenn sie einmal unsere Zeit untersuchen, von einer "Völkerwanderung" sprechen. Angenehm war sie nicht, so viel ist sicher.

Richard von Weizsäcker, der deutsche Bundespräsident, sprach in seiner berühmten Rede zum 8. Mai einst von einer "erzwungenen Wanderschaft" der Vertriebenen, und meine Familie hat sich, wie ich mich erinnere, damals ziemlich darüber aufgeregt. Was erzwungen ist, das ist doch keine Wanderschaft! Ein guter Grund, sagten wir damals, nicht mehr CDU zu wählen.

Der erste erzwungene Ortswechsel, auf den weitere folgen sollten, hatte bei uns mit der Ukraine zu tun. Jetzt, es ist März 2014, hören wir, dass dieses Land am Rande eines Bürgerkriegs oder gar eines Krieges steht. Politiker in Europa beraten schon, wie viele Flüchtlinge man aufnehmen könne und wo. Dann denke ich an meine Grossmutter und daran, dass sie damals niemand aufnehmen wollte.

Tynna heisst der Ort, in dem sie lebte, auf schwarzer Erde im Südwesten der Ukraine. Podolien heisst die Region. Ein Landgut, daneben das dazugehörige Dorf. Dazwischen, wo der Boden sich senkt, ein Teich mit schnatternden Gänsen. Kleinadelige sollen unsere Vorfahren gewesen sein. Damals bildete die Region den äussersten Rand des Zarenreichs. Einige Hügel und Täler weiter begann Österreich-Ungarn.

Wenn Janina, so hiess unsere Grossmutter, von ihrer Kindheit erzählte, die vor dem Ersten Weltkrieg begann, ging es feierlich oder schaurig zu. Der Zar visitierte die Region. Nikolaus II. in seiner ganzen Pracht. Die Kinder waren festlich gekleidet und standen Spalier, der gütige Herrscher hielt seine Hand aus dem offenen Wagen und fuhr ihnen über die Köpfe.

Eine andere Geschichte war jene mit den Wölfen. Es war Winter, und die Familie fuhr mit dem Pferdeschlitten ins Nachbardorf. Da näherte sich ein Rudel hungriger Wölfe dem Schlitten und nahm die Verfolgung auf. Vater trieb die Pferde bis zum äussersten. Als auch das nicht mehr half, als die Wölfe schon auf gleicher Höhe waren, links und rechts des Schlittens, griff Vater zu den wenigen Patronen, die er mit sich führte, und schoss die Angreifer tot.

Dann kam die Revolution. Unruhe kam auf, selbst in den Dörfern. "Das Land den Bauern", hiess es plötzlich. Männer rotteten sich zusammen und griffen Gutshöfe an. Unsere Familie wurde von Landarbeitern rechtzeitig gewarnt: Seht euch vor, sie wollen euren Hof anzünden. Die Bolschewiken griffen nach der Macht, der Bürgerkrieg tobte durch das Land. Einmal kamen Männer mit dem roten Stern an der Mütze und Waffen in der Hand auf den Hof. Sie legten an, sie drohten, die Frauen auf dem Hof zu erschiessen. Da warf sich die Kleine schreiend vor ihre Mutter. Die Angst von damals, die Angst vor der Revolution, muss Janina geprägt haben bis 1988, bis zu ihrem Tod.

Bald neigte sich der Bürgerkrieg seinem Ende zu. Da packte Janinas Vater die Familie auf einen Pferdewagen, fuhr mit ihr in Richtung Grenze, bezahlte die Schleuser, und ab ging es bei Nacht und Nebel über den Grenzfluss Sbrutsch nach Westen. Zum ersten Mal in unserer Familie: Stunde Null. Unsere Vorfahren waren Polen aus der Ukraine, und so waren sie froh, dass jenseits des Flusses der neue Staat Polen lag, auferstanden aus Ruinen und arm wie eine Kirchenmaus. Hier war man wenigstens unter sich. Niania, unser ukrainisches Hausmädchen, hatte die Flucht mitgemacht. Sie blieb bei uns – für immer, für mehr als sechzig Jahre. Als alte Frau hatte sie eine gegerbte, zerfurchte Haut. Das faltenreichste Gesicht dieser Welt. Dazu eine raue, heisere Stimme, die uns Kindern Angst einflösste.

Es vergingen zwei Jahrzehnte, da war wieder Krieg angesagt. Diesmal traf es vor allem den deutschen Teil unserer Familie. Grossvater Gerhard, Breslauer Kleinbürgertum, Diplom-Handelslehrer und Wandervogel. Juni 1941 erlebte er das "Unternehmen Barbarossa". Für ihn eine ungewohnte Art des Wanderns, auch diese nicht des Müllers Lust. Immerhin, der Feldzug ging gegen die Sowjetunion, den "Feind des Abendlands", darin mochte er einen gewissen Sinn sehen, oder so etwas wie Pflicht.

Aber als fünffacher Familienvater von Mitte dreissig vom Lehrerzimmer in den Krieg zu ziehen ist gefährlich. Acht Tage hat er gekämpft in der Provinz Wolhynien, im Westen der Ukraine. Dann, so heisst es, habe man beim Dorf Rudnja am Styr einen Brückenkopf gestürmt, dabei seien Truppenteile isoliert worden. Einer der vielen hunderttausend Schüsse, die an jenem 30. Juni abgegeben wurden, traf ihn.

Ein Feldgrab wurde angelegt, gleich für mehrere Gefallene der Kompanie. Ein Kreuz aus Birkenholz, darauf der Stahlhelm. Irgendwann wurden die Gefallenen noch umgebettet, dann verlor sich die Spur. In den letzten Jahren haben wir die Spur wieder aufgenommen, sind hingefahren in die Ukraine, ein kleines Holzkreuz im Gepäck. Am Waldrand haben wir es eingepflanzt, mit Blumen versehen, dort liegt er nun, Grossvater Gerhard, beschattet von Eichenlaub.

Hier in der Provinz Wolhynien, dort in Podolien: Wir kommen als die Urenkel der Gutsbesitzer, als Enkel der Wehrmachtssoldaten – die Ukrainer nehmen uns freundlich auf. Mit Neugier schauen sie uns an, auch mit Sehnsucht nach Europa oder "dem Westen", wo die Leute ziemlich reich sein müssen: Wie hätten sie sich die weite Reise bis in diesen Winkel sonst leisten können?

Das Dorf Tynna heute: ein kleines Abbild der grossen Ukraine. Im Westteil des Dorfes, also links der Hauptstrasse, eine katholische Kirche. Rechts davon, im Osten, eine orthodoxe mit Zwiebeltürmen. Links der Strasse, hinter dem Gebüsch, ein verwunschener alter Friedhof. Rechts der Strasse ein neues Gedenkkreuz, aus schwarzem Stein und gut sichtbar. Ein Vers darauf: "Noch immer wandern ihre Seelen wie Schatten und suchen nach Brot in der ganzen Ukraine".

Seelen wie Schatten. Noch ein Unglück, das dieses Land heimgesucht hat, zwischen der Oktoberrevolution zu Beginn und dem grossen Krieg in der Mitte des Jahrhunderts. Die von Stalin gewollte Hungersnot der Jahre 1932/33, sie hat, verrät uns das neue Kreuz, also auch in unserem Dorf Opfer gefordert. Die neue Hungersnot-Gedenkstätte in Kiew teilt mit: "Mindestens 48 Menschen" seien in Tynna ums Leben gekommen, "bisher wurden 43 Namen ermittelt". Wäre Janina nicht vorher mit ihren Eltern nach Polen geflohen – wer weiss.

Drei Katastrophen in einem Vierteljahrhundert mit Millionen Toten. Wie hält ein Land so etwas aus? Ist es dort immer so gewesen? "Die Geschichte der Ukraine ist eine Abfolge von Aufständen, Kriegen, Feuersbrunst, Hunger, Invasionen, Militärputschen, Intrigen, Streit und Verschwörungen". Dies schrieb einst Wolodymyr Wynnytschenko in sein Tagebuch. Er war Schriftsteller, Organisator eines Aufstands, kurzzeitig Regierungschef, das alles in den Wirren gegen Ende des Ersten Weltkriegs. Damals waren die Ukrainer noch von deutschen Truppen besetzt, versuchten, einen eigenen

Staat zu gründen. Aber wieder war ein anderer stärker. In Kiew wechselte ein Dutzend Mal die Herrschaft, am Ende siegten die Kommunisten.

Vielleicht war die bleierne Zeit, die Friedhofsruhe der fünfziger, sechziger, siebziger, achtziger Jahre des zwanzigsten Jahrhunderts, der Versuch einer Antwort auf die Schrecknisse davor. Keine Aufstände mehr, kein Krieg, keine Feuersbrunst, kein Hunger. Nur die sowjetische Gleichschaltung und Mangelwirtschaft. Aber wie schlimm ist so etwas, nach Millionen Gefallenen, Verhungerten, Erschossenen und Vergasten?

Meine Grossmutter ist nie mehr an den Ort gefahren, an dem sie sich damals schreiend vor ihre Mutter warf. Aber in den achtziger Jahren, unter Gorbatschow, wurde die Sowjetunion für uns Nachfahren plötzlich interessant. Menschen in Ost und West streckten ihre Fühler nacheinander aus. Ein junger Kiewer Designer namens Sergej tat es auf der einen Seite des Eisernen Vorhangs, auf der anderen Seite: ich. Eine Dissidentin, nach Deutschland ausgewiesen, stellte den Kontakt her. Im Jahr 1988, als meine Grossmutter starb, kam ich so zu meinem ersten Brieffreund in der Sowjetunion, in der Ukraine.

Daraus wurde ein reger Austausch. Sergejs Briefe waren in der Regel viel länger als meine; dafür erhoffte er, wenn ich einmal in die Ukraine fahren sollte, möglichst viele Mitbringsel und Konsumgüter, während ich meine Sprach- und Landeskenntnisse vertiefen wollte. Als er mir enthüllte, er habe über die Ereignisse von Tschernobyl Tagebuch geführt, war ich fasziniert. Sergej hat grossartig festgehalten, wie die lange vertuschte Reaktorkatastrophe nicht weit von der Millionenstadt Kiew in der Bevölkerung die merkwürdigsten Reaktionen auslöste. Alle paar Tage schwappte damals eine neue Welle von Gerüchten durch das Land, worauf die verängstigten Bürger sich erst in ihren Wohnungen einigelten, dann, als sei ein Krieg ausgebrochen, mit allen Verkehrsmitteln das Weite suchten, um wenig später in Apathie und Gleichgültigkeit zu versinken.

Auch Sergej ist gewandert: Er erwartete für die Zukunft nichts Gutes für die Ukraine. Eines Tages tauchte er bei uns im Studentenwohnheim in Berlin-Schlachtensee auf. Ganz unten in seiner riesigen, blau-weiss gestreiften Reisetasche hatte er eine sowjetische Geburtsurkunde versteckt, die seiner Mutter "Nationalität: jüdisch" bescheinigte. Er hoffte, damit als "jüdischer Kontingentflüchtling" anerkannt zu werden, und es hat geklappt.

Im Sommer 1989 kam für mich die Reisezeit. Klaus Meyer und Hans-Joachim Torke, zwei West-Berliner Professoren, trommelten ein paar Studenten zusammen, um mit ihnen die Ukraine zu erkunden. Im Schlafwagenzug rollten wir von einer Stadt zur anderen, begannen jeden Morgen im Menschengewimmel eines anderen Bahnhofs. Wir erlebten ein Land, das gerade erst erwachte. Gorbatschows Perestrojka stiess bei der hiesigen Parteiführung auf heftigen Widerstand. Reformen? Um Himmels willen!

Auch die Gesellschaft hatte gerade erst zaghaft begonnen, über ihre Lage und ihre Zukunft zu diskutieren. Tschernobyl wirkte als Katalysator. Aber auch ein weiterer Schock, der vor allem die Einwohner von Kiew traf: Die Enthüllung, dass die Massengräber in Bykiwnja, am Rande der Hauptstadt, "nicht von den Faschisten, sondern von den unsrigen" angelegt wurden. Spätere Schätzungen sollten von 50'000, manche sogar von 120'000 Opfern sprechen; damit wäre Bykiwnja vermutlich das größte Massengrab mit Opfern des Kommunismus zwischen der Elbe und dem Pazifik. Plötzlich waren die Zeitungen voll von alten Familienfotos, voll von Berichten über den stalinistischen Terror. Plötzlich wurde klar, dass das hübsche Palais über dem Maidan von Kiew, heute ein Kulturzentrum, früher ein Ort der Folterungen und Erschiessungen gewesen war.

Das Imperium zerbrach, doch die bleierne Sowjetzeit, sie wollte und wollte nicht vergehen. Die alten Kommunisten holten die rote Fahne ein und hissten schnell die blau-gelbe, ukrainische. Hauptsache, sie blieben im Amt. Immerhin: Es blieb friedlich. Es gab keine Beschiessung des Parlaments wie 1993 in Russland. Aber der Preis dafür war hoch: Stillstand, Stagnation, Schattenwirtschaft.

Und dann kam, was wie ein zweiter Fall der Mauer erschien: eine friedliche Revolution. Der Vertreter der alten Kräfte, Viktor Janukowitsch, auch heute nicht ganz unbekannt, machte 2004 seinen ersten Anlauf, Präsident zu werden. Immerhin, es gab bereits eine Opposition im Parlament, es gab tatsächlich eine Wahl. Aber es gab auch Drohung, Druck und Fälschung. Als am Wahlabend der Regierungskandidat offiziell knapp vorne lag, rief die Opposition die Bürger auf den Maidan. Und das Wunder geschah: Sie kamen!

Was folgte, war ein Wintermärchen der Freiheit. Ein Erlebnis, das einen mitreisst: als Journalist, als Bürger, als Mensch. Ich fror auf dem Maidan und spürte eine Atmosphäre, die nur zu vergleichen war mit jener in den Berliner Novembernächten 1989. Die "orange Revolution", benannt nach der Parteifarbe der damaligen Opposition, setzte eine Wahlwiederholung durch, und die Reformkräfte siegten. Aus unserer Bevölkerung, sagten damals die Redner auf dem Platz, ist ein Volk geworden. Und aus der unabhängigen Ukraine: ein freies Land.

Seitdem hat sich vieles verändert. Kritische Journalisten – zum Beispiel – werden nicht mehr ermordet, nur noch verprügelt. Im Wald von Bykiwnja, am Ort der Massengräber, wurde eine große, ukrainisch-polnische Gedenkstätte eingeweiht (nicht zuletzt auf Betreiben des polnischen Staates und polnischer Forscher, die hier 2000 Leichen von Opfern des Massakers von Katyn gefunden haben). Doch es hat in der Ukraine, wie nach jeder Revolution, auch viel Enttäuschung gegeben und Streit im Land und wirtschaftliche Not. Nach fünf Jahren kamen die alten Kräfte um Janukowitsch wieder an die Macht, diesmal ganz demokratisch.

Aber gelernt hatten sie nicht viel. Das wusste auch Putin, der neue Zar. Er setzte sie mächtig unter Druck: Kommt in mein neues Reich, flüsterte er ihnen zu, dann dürft ihr Macht und Reichtümer behalten. Als Janukowitsch schliesslich einwilligte, gingen die Menschen auf die Strasse. Noch mehr Menschen als damals, vor zehn Jahren. Aus dem Volk, sagte jetzt ein Redner auf dem Maidan, sind Bürger geworden. Sie organisierten sich. Und nachdem es Tote gegeben hatte, bewaffneten sie sich. Wutbürger. Hier, in der Ukraine, wuchsen die Wut und die Angst um die Zukunft. Und die Bürger bildeten eine Bürgerwehr.

Wenn Bürger gegen Bürger kämpfen, so steht es im Wörterbuch, herrscht Bürgerkrieg. All das nur, weil ein KGB-Oberst im Kreml sich nicht damit abfinden will, dass die Kolonialzeit vorbei ist.

So werde auch ich morgen aufwachen mit der Frage: Hat heute Nacht in der Ukraine der Bürgerkrieg begonnen? Sind in meinem Grossmutterland die russischen Truppen vorgerückt, hat es Tote gegeben? Dann werde ich einen zärtlich-rauen Schlager auflegen, der jeden Tag auf dem Maidan zu hören ist: "Wstawaj, Myla moja, wstawaj!" Er handelt von Liebe und Revolution. "Steh auf, meine Liebe, steh auf / Trinke einen Tee mit Milch / Und bete um eine warme Dusche".

Hat heute Nacht der Krieg begonnen? Wo bringen wir die Flüchtlinge unter? Haben wir eine warme Dusche und ein Zimmer frei?

Der Autor

Dr. Gerhard Gnauck (geboren 1964), Osteuropa-Historiker und Politologe, ist der Warschauer Korrespondent der "Welt"; die Ukraine gehört zu seinem Berichtsgebiet. Er ist Autor des Warschau-Porträts "Syrena auf dem Königsweg" (2004) und einer Biografie Marcel Reich-Ranickis, die (unter dem Titel "Wolke und Weide") in Deutschland und zugleich in Polen erschienen ist (2009).

SOVIET AND POST-SOVIET POLITICS AND SOCIETY

Edited by Dr. Andreas Umland

ISSN 1614-3515

1 *Андреас Умланд (ред.)*
Воплощение Европейской конвенции по правам человека в России
Философские, юридические и эмпирические исследования
ISBN 3-89821-387-0

2 *Christian Wipperfürth*
Russland – ein vertrauenswürdiger Partner?
Grundlagen, Hintergründe und Praxis gegenwärtiger russischer Außenpolitik
Mit einem Vorwort von Heinz Timmermann
ISBN 3-89821-401-X

3 *Manja Hussner*
Die Übernahme internationalen Rechts in die russische und deutsche Rechtsordnung
Eine vergleichende Analyse zur Völkerrechtsfreundlichkeit der Verfassungen der Russländischen Föderation und der Bundesrepublik Deutschland
Mit einem Vorwort von Rainer Arnold
ISBN 3-89821-438-9

4 *Matthew Tejada*
Bulgaria's Democratic Consolidation and the Kozloduy Nuclear Power Plant (KNPP)
The Unattainability of Closure
With a foreword by Richard J. Crampton
ISBN 3-89821-439-7

5 *Марк Григорьевич Меерович*
Квадратные метры, определяющие сознание
Государственная жилищная политика в СССР. 1921 – 1941 гг
ISBN 3-89821-474-5

6 *Andrei P. Tsygankov, Pavel A.Tsygankov (Eds.)*
New Directions in Russian International Studies
ISBN 3-89821-422-2

7 *Марк Григорьевич Меерович*
Как власть народ к труду приучала
Жилище в СССР – средство управления людьми. 1917 – 1941 гг.
С предисловием Елены Осокиной
ISBN 3-89821-495-8

8 *David J. Galbreath*
Nation-Building and Minority Politics in Post-Socialist States
Interests, Influence and Identities in Estonia and Latvia
With a foreword by David J. Smith
ISBN 3-89821-467-2

9 *Алексей Юрьевич Безугольный*
Народы Кавказа в Вооруженных силах СССР в годы Великой Отечественной войны 1941-1945 гг.
С предисловием Николая Бугая
ISBN 3-89821-475-3

10 *Вячеслав Лихачев и Владимир Прибыловский (ред.)*
Русское Национальное Единство, 1990-2000. В 2-х томах
ISBN 3-89821-523-7

11 *Николай Бугай (ред.)*
Народы стран Балтии в условиях сталинизма (1940-е – 1950-е годы)
Документированная история
ISBN 3-89821-525-3

12 *Ingmar Bredies (Hrsg.)*
Zur Anatomie der Orange Revolution in der Ukraine
Wechsel des Elitenregimes oder Triumph des Parlamentarismus?
ISBN 3-89821-524-5

13 *Anastasia V. Mitrofanova*
The Politicization of Russian Orthodoxy
Actors and Ideas
With a foreword by William C. Gay
ISBN 3-89821-481-8

14 *Nathan D. Larson*
Alexander Solzhenitsyn and the Russo-Jewish Question
ISBN 3-89821-483-4

15 *Guido Houben*
Kulturpolitik und Ethnizität
Staatliche Kunstförderung im Russland der neunziger Jahre
Mit einem Vorwort von Gert Weisskirchen
ISBN 3-89821-542-3

16 *Leonid Luks*
Der russische „Sonderweg"?
Aufsätze zur neuesten Geschichte Russlands im europäischen Kontext
ISBN 3-89821-496-6

17 *Евгений Мороз*
История «Мёртвой воды» – от страшной сказки к большой политике
Политическое неоязычество в постсоветской России
ISBN 3-89821-551-2

18 *Александр Верховский и Галина Кожевникова (ред.)*
Этническая и религиозная интолерантность в российских СМИ
Результаты мониторинга 2001-2004 гг.
ISBN 3-89821-569-5

19 *Christian Ganzer*
Sowjetisches Erbe und ukrainische Nation
Das Museum der Geschichte des Zaporoger Kosakentums auf der Insel Chortycja
Mit einem Vorwort von Frank Golczewski
ISBN 3-89821-504-0

20 *Эльза-Баир Гучинова*
Помнить нельзя забыть
Антропология депортационной травмы калмыков
С предисловием Кэролайн Хамфри
ISBN 3-89821-506-7

21 *Юлия Лидерман*
Мотивы «проверки» и «испытания» в постсоветской культуре
Советское прошлое в российском кинематографе 1990-х годов
С предисловием Евгения Марголита
ISBN 3-89821-511-3

22 *Tanya Lokshina, Ray Thomas, Mary Mayer (Eds.)*
The Imposition of a Fake Political Settlement in the Northern Caucasus
The 2003 Chechen Presidential Election
ISBN 3-89821-436-2

23 *Timothy McCajor Hall, Rosie Read (Eds.)*
Changes in the Heart of Europe
Recent Ethnographies of Czechs, Slovaks, Roma, and Sorbs
With an afterword by Zdeněk Salzmann
ISBN 3-89821-606-3

24 *Christian Autengruber*
Die politischen Parteien in Bulgarien und Rumänien
Eine vergleichende Analyse seit Beginn der 90er Jahre
Mit einem Vorwort von Dorothée de Nève
ISBN 3-89821-476-1

25 *Annette Freyberg-Inan with Radu Cristescu*
The Ghosts in Our Classrooms, or: John Dewey Meets Ceauşescu
The Promise and the Failures of Civic Education in Romania
ISBN 3-89821-416-8

26 *John B. Dunlop*
The 2002 Dubrovka and 2004 Beslan Hostage Crises
A Critique of Russian Counter-Terrorism
With a foreword by Donald N. Jensen
ISBN 3-89821-608-X

27 *Peter Koller*
Das touristische Potenzial von Kam''janec'–Podil's'kyj
Eine fremdenverkehrsgeographische Untersuchung der Zukunftsperspektiven und Maßnahmenplanung zur Destinationsentwicklung des „ukrainischen Rothenburg"
Mit einem Vorwort von Kristiane Klemm
ISBN 3-89821-640-3

28 *Françoise Daucé, Elisabeth Sieca-Kozlowski (Eds.)*
Dedovshchina in the Post-Soviet Military
Hazing of Russian Army Conscripts in a Comparative Perspective
With a foreword by Dale Herspring
ISBN 3-89821-616-0

29 *Florian Strasser*
Zivilgesellschaftliche Einflüsse auf die Orange Revolution
Die gewaltlose Massenbewegung und die ukrainische Wahlkrise 2004
Mit einem Vorwort von Egbert Jahn
ISBN 3-89821-648-9

30 *Rebecca S. Katz*
The Georgian Regime Crisis of 2003-2004
A Case Study in Post-Soviet Media Representation of Politics, Crime and Corruption
ISBN 3-89821-413-3

31 *Vladimir Kantor*
Willkür oder Freiheit
Beiträge zur russischen Geschichtsphilosophie
Ediert von Dagmar Herrmann sowie mit einem Vorwort versehen von Leonid Luks
ISBN 3-89821-589-X

32 *Laura A. Victoir*
The Russian Land Estate Today
A Case Study of Cultural Politics in Post-Soviet Russia
With a foreword by Priscilla Roosevelt
ISBN 3-89821-426-5

33 *Ivan Katchanovski*
Cleft Countries
Regional Political Divisions and Cultures in Post-Soviet Ukraine and Moldova
With a foreword by Francis Fukuyama
ISBN 3-89821-558-X

34 *Florian Mühlfried*
Postsowjetische Feiern
Das Georgische Bankett im Wandel
Mit einem Vorwort von Kevin Tuite
ISBN 3-89821-601-2

35 *Roger Griffin, Werner Loh, Andreas Umland (Eds.)*
Fascism Past and Present, West and East
An International Debate on Concepts and Cases in the Comparative Study of the Extreme Right
With an afterword by Walter Laqueur
ISBN 3-89821-674-8

36 *Sebastian Schlegel*
Der „Weiße Archipel"
Sowjetische Atomstädte 1945-1991
Mit einem Geleitwort von Thomas Bohn
ISBN 3-89821-679-9

37 *Vyacheslav Likhachev*
Political Anti-Semitism in Post-Soviet Russia
Actors and Ideas in 1991-2003
Edited and translated from Russian by Eugene Veklerov
ISBN 3-89821-529-6

38 *Josette Baer (Ed.)*
Preparing Liberty in Central Europe
Political Texts from the Spring of Nations 1848 to the Spring of Prague 1968
With a foreword by Zdeněk V. David
ISBN 3-89821-546-6

39 *Михаил Лукьянов*
Российский консерватизм и реформа, 1907-1914
С предисловием Марка Д. Стейнберга
ISBN 3-89821-503-2

40 *Nicola Melloni*
Market Without Economy
The 1998 Russian Financial Crisis
With a foreword by Eiji Furukawa
ISBN 3-89821-407-9

41 *Dmitrij Chmelnizki*
Die Architektur Stalins
Bd. 1: Studien zu Ideologie und Stil
Bd. 2: Bilddokumentation
Mit einem Vorwort von Bruno Flierl
ISBN 3-89821-515-6

42 *Katja Yafimava*
Post-Soviet Russian-Belarussian Relationships
The Role of Gas Transit Pipelines
With a foreword by Jonathan P. Stern
ISBN 3-89821-655-1

43 *Boris Chavkin*
Verflechtungen der deutschen und russischen Zeitgeschichte
Aufsätze und Archivfunde zu den Beziehungen Deutschlands und der Sowjetunion von 1917 bis 1991
Ediert von Markus Edlinger sowie mit einem Vorwort versehen von Leonid Luks
ISBN 3-89821-756-6

44 *Anastasija Grynenko in Zusammenarbeit mit Claudia Dathe*
Die Terminologie des Gerichtswesens der Ukraine und Deutschlands im Vergleich
Eine übersetzungswissenschaftliche Analyse juristischer Fachbegriffe im Deutschen, Ukrainischen und Russischen
Mit einem Vorwort von Ulrich Hartmann
ISBN 3-89821-691-8

45 *Anton Burkov*
The Impact of the European Convention on Human Rights on Russian Law
Legislation and Application in 1996-2006
With a foreword by Françoise Hampson
ISBN 978-3-89821-639-5

46 *Stina Torjesen, Indra Overland (Eds.)*
International Election Observers in Post-Soviet Azerbaijan
Geopolitical Pawns or Agents of Change?
ISBN 978-3-89821-743-9

47 *Taras Kuzio*
Ukraine – Crimea – Russia
Triangle of Conflict
ISBN 978-3-89821-761-3

48 *Claudia Šabić*
"Ich erinnere mich nicht, aber L'viv!"
Zur Funktion kultureller Faktoren für die Institutionalisierung und Entwicklung einer ukrainischen Region
Mit einem Vorwort von Melanie Tatur
ISBN 978-3-89821-752-1

49 *Marlies Bilz*
Tatarstan in der Transformation
Nationaler Diskurs und Politische Praxis 1988-1994
Mit einem Vorwort von Frank Golczewski
ISBN 978-3-89821-722-4

50 *Марлен Ларюэль (ред.)*
Современные интерпретации русского национализма
ISBN 978-3-89821-795-8

51 *Sonja Schüler*
Die ethnische Dimension der Armut
Roma im postsozialistischen Rumänien
Mit einem Vorwort von Anton Sterbling
ISBN 978-3-89821-776-7

52 *Галина Кожевникова*
Радикальный национализм в России и противодействие ему
Сборник докладов Центра «Сова» за 2004-2007 гг.
С предисловием Александра Верховского
ISBN 978-3-89821-721-7

53 *Галина Кожевникова и Владимир Прибыловский*
Российская власть в биографиях I
Высшие должностные лица РФ в 2004 г.
ISBN 978-3-89821-796-5

54 *Галина Кожевникова и Владимир Прибыловский*
Российская власть в биографиях II
Члены Правительства РФ в 2004 г.
ISBN 978-3-89821-797-2

55 *Галина Кожевникова и Владимир Прибыловский*
Российская власть в биографиях III
Руководители федеральных служб и агентств РФ в 2004 г.
ISBN 978-3-89821-798-9

56 *Ileana Petroniu*
Privatisierung in Transformationsökonomien
Determinanten der Restrukturierungs-Bereitschaft am Beispiel Polens, Rumäniens und der Ukraine
Mit einem Vorwort von Rainer W. Schäfer
ISBN 978-3-89821-790-3

57 *Christian Wipperfürth*
Russland und seine GUS-Nachbarn
Hintergründe, aktuelle Entwicklungen und Konflikte in einer ressourcenreichen Region
ISBN 978-3-89821-801-6

58 *Togzhan Kassenova*
From Antagonism to Partnership
The Uneasy Path of the U.S.-Russian Cooperative Threat Reduction
With a foreword by Christoph Bluth
ISBN 978-3-89821-707-1

59 *Alexander Höllwerth*
Das sakrale eurasische Imperium des Aleksandr Dugin
Eine Diskursanalyse zum postsowjetischen russischen Rechtsextremismus
Mit einem Vorwort von Dirk Uffelmann
ISBN 978-3-89821-813-9

60 *Олег Рябов*
«Россия-Матушка»
Национализм, гендер и война в России XX века
С предисловием Елены Гощило
ISBN 978-3-89821-487-2

61 *Ivan Maistrenko*
Borot'bism
A Chapter in the History of the Ukrainian Revolution
With a new introduction by Chris Ford
Translated by George S. N. Luckyj with the assistance of Ivan L. Rudnytsky
ISBN 978-3-89821-697-5

62 *Maryna Romanets*
Anamorphosic Texts and Reconfigured Visions
Improvised Traditions in Contemporary Ukrainian and Irish Literature
ISBN 978-3-89821-576-3

63 *Paul D'Anieri and Taras Kuzio (Eds.)*
Aspects of the Orange Revolution I
Democratization and Elections in Post-Communist Ukraine
ISBN 978-3-89821-698-2

64 *Bohdan Harasymiw in collaboration with Oleh S. Ilnytzkyj (Eds.)*
Aspects of the Orange Revolution II
Information and Manipulation Strategies in the 2004 Ukrainian Presidential Elections
ISBN 978-3-89821-699-9

65 *Ingmar Bredies, Andreas Umland and Valentin Yakushik (Eds.)*
Aspects of the Orange Revolution III
The Context and Dynamics of the 2004 Ukrainian Presidential Elections
ISBN 978-3-89821-803-0

66 *Ingmar Bredies, Andreas Umland and Valentin Yakushik (Eds.)*
Aspects of the Orange Revolution IV
Foreign Assistance and Civic Action in the 2004 Ukrainian Presidential Elections
ISBN 978-3-89821-808-5

67 *Ingmar Bredies, Andreas Umland and Valentin Yakushik (Eds.)*
Aspects of the Orange Revolution V
Institutional Observation Reports on the 2004 Ukrainian Presidential Elections
ISBN 978-3-89821-809-2

68 *Taras Kuzio (Ed.)*
Aspects of the Orange Revolution VI
Post-Communist Democratic Revolutions in Comparative Perspective
ISBN 978-3-89821-820-7

69 *Tim Bohse*
Autoritarismus statt Selbstverwaltung
Die Transformation der kommunalen Politik in der Stadt Kaliningrad 1990-2005
Mit einem Geleitwort von Stefan Troebst
ISBN 978-3-89821-782-8

70 *David Rupp*
Die Rußländische Föderation und die russischsprachige Minderheit in Lettland
Eine Fallstudie zur Anwaltspolitik Moskaus gegenüber den russophonen Minderheiten im „Nahen Ausland“ von 1991 bis 2002
Mit einem Vorwort von Helmut Wagner
ISBN 978-3-89821-778-1

71 *Taras Kuzio*
Theoretical and Comparative Perspectives on Nationalism
New Directions in Cross-Cultural and Post-Communist Studies
With a foreword by Paul Robert Magocsi
ISBN 978-3-89821-815-3

72 *Christine Teichmann*
Die Hochschultransformation im heutigen Osteuropa
Kontinuität und Wandel bei der Entwicklung des postkommunistischen Universitätswesens
Mit einem Vorwort von Oskar Anweiler
ISBN 978-3-89821-842-9

73 *Julia Kusznir*
Der politische Einfluss von Wirtschaftseliten in russischen Regionen
Eine Analyse am Beispiel der Erdöl- und Erdgasindustrie, 1992-2005
Mit einem Vorwort von Wolfgang Eichwede
ISBN 978-3-89821-821-4

74 *Alena Vysotskaya*
Russland, Belarus und die EU-Osterweiterung
Zur Minderheitenfrage und zum Problem der Freizügigkeit des Personenverkehrs
Mit einem Vorwort von Katlijn Malfliet
ISBN 978-3-89821-822-1

75 *Heiko Pleines (Hrsg.)*
Corporate Governance in post-sozialistischen Volkswirtschaften
ISBN 978-3-89821-766-8

76 *Stefan Ihrig*
Wer sind die Moldawier?
Rumänismus versus Moldowanismus in Historiographie und Schulbüchern der Republik Moldova, 1991-2006
Mit einem Vorwort von Holm Sundhaussen
ISBN 978-3-89821-466-7

77 *Galina Kozhevnikova in collaboration with Alexander Verkhovsky and Eugene Veklerov*
Ultra-Nationalism and Hate Crimes in Contemporary Russia
The 2004-2006 Annual Reports of Moscow's SOVA Center
With a foreword by Stephen D. Shenfield
ISBN 978-3-89821-868-9

78 *Florian Küchler*
The Role of the European Union in Moldova's Transnistria Conflict
With a foreword by Christopher Hill
ISBN 978-3-89821-850-4

79 *Bernd Rechel*
The Long Way Back to Europe
Minority Protection in Bulgaria
With a foreword by Richard Crampton
ISBN 978-3-89821-863-4

80 *Peter W. Rodgers*
Nation, Region and History in Post-Communist Transitions
Identity Politics in Ukraine, 1991-2006
With a foreword by Vera Tolz
ISBN 978-3-89821-903-7

81 *Stephanie Solywoda*
The Life and Work of Semen L. Frank
A Study of Russian Religious Philosophy
With a foreword by Philip Walters
ISBN 978-3-89821-457-5

82 *Vera Sokolova*
Cultural Politics of Ethnicity
Discourses on Roma in Communist Czechoslovakia
ISBN 978-3-89821-864-1

83 *Natalya Shevchik Ketenci*
Kazakhstani Enterprises in Transition
The Role of Historical Regional Development in Kazakhstan's Post-Soviet Economic Transformation
ISBN 978-3-89821-831-3

84 *Martin Malek, Anna Schor-Tschudnowskaja (Hrsg.)*
Europa im Tschetschenienkrieg
Zwischen politischer Ohnmacht und Gleichgültigkeit
Mit einem Vorwort von Lipchan Basajewa
ISBN 978-3-89821-676-0

85 *Stefan Meister*
Das postsowjetische Universitätswesen zwischen nationalem und internationalem Wandel
Die Entwicklung der regionalen Hochschule in Russland als Gradmesser der Systemtransformation
Mit einem Vorwort von Joan DeBardeleben
ISBN 978-3-89821-891-7

86 *Konstantin Sheiko in collaboration with Stephen Brown*
Nationalist Imaginings of the Russian Past
Anatolii Fomenko and the Rise of Alternative History in Post-Communist Russia
With a foreword by Donald Ostrowski
ISBN 978-3-89821-915-0

87 *Sabine Jenni*
Wie stark ist das „Einige Russland"?
Zur Parteibindung der Eliten und zum Wahlerfolg der Machtpartei im Dezember 2007
Mit einem Vorwort von Klaus Armingeon
ISBN 978-3-89821-961-7

88 *Thomas Borén*
Meeting-Places of Transformation
Urban Identity, Spatial Representations and Local Politics in Post-Soviet St Petersburg
ISBN 978-3-89821-739-2

89 *Aygul Ashirova*
Stalinismus und Stalin-Kult in Zentralasien
Turkmenistan 1924-1953
Mit einem Vorwort von Leonid Luks
ISBN 978-3-89821-987-7

90 *Leonid Luks*
Freiheit oder imperiale Größe?
Essays zu einem russischen Dilemma
ISBN 978-3-8382-0011-8

91 *Christopher Gilley*
The 'Change of Signposts' in the Ukrainian Emigration
A Contribution to the History of Sovietophilism in the 1920s
With a foreword by Frank Golczewski
ISBN 978-3-89821-965-5

92 *Philipp Casula, Jeronim Perovic (Eds.)*
Identities and Politics During the Putin Presidency
The Discursive Foundations of Russia's Stability
With a foreword by Heiko Haumann
ISBN 978-3-8382-0015-6

93 *Marcel Viëtor*
Europa und die Frage nach seinen Grenzen im Osten
Zur Konstruktion ‚europäischer Identität' in Geschichte und Gegenwart
Mit einem Vorwort von Albrecht Lehmann
ISBN 978-3-8382-0045-3

94 *Ben Hellman, Andrei Rogachevskii*
Filming the Unfilmable
Casper Wrede's 'One Day in the Life of Ivan Denisovich'
Second, Revised and Expanded Edition
ISBN 978-3-8382-0044-6

95 *Eva Fuchslocher*
Vaterland, Sprache, Glaube
Orthodoxie und Nationenbildung am Beispiel Georgiens
Mit einem Vorwort von Christina von Braun
ISBN 978-3-89821-884-9

96 *Vladimir Kantor*
Das Westlertum und der Weg Russlands
Zur Entwicklung der russischen Literatur und Philosophie
Ediert von Dagmar Herrmann
Mit einem Beitrag von Nikolaus Lobkowicz
ISBN 978-3-8382-0102-3

97 *Kamran Musayev*
Die postsowjetische Transformation im Baltikum und Südkaukasus
Eine vergleichende Untersuchung der politischen Entwicklung Lettlands und Aserbaidschans 1985-2009
Mit einem Vorwort von Leonid Luks
Ediert von Sandro Henschel
ISBN 978-3-8382-0103-0

98 *Tatiana Zhurzhenko*
Borderlands into Bordered Lands
Geopolitics of Identity in Post-Soviet Ukraine
With a foreword by Dieter Segert
ISBN 978-3-8382-0042-2

99 *Кирилл Галушко, Лидия Смола (ред.)*
Пределы падения – варианты украинского будущего
Аналитико-прогностические исследования
ISBN 978-3-8382-0148-1

100 *Michael Minkenberg (ed.)*
Historical Legacies and the Radical Right in Post-Cold War Central and Eastern Europe
With an afterword by Sabrina P. Ramet
ISBN 978-3-8382-0124-5

101 *David-Emil Wickström*
Rocking St. Petersburg
Transcultural Flows and Identity Politics in the St. Petersburg Popular Music Scene
With a foreword by Yngvar B. Steinholt
Second, Revised and Expanded Edition
ISBN 978-3-8382-0100-9

102 *Eva Zabka*
Eine neue „Zeit der Wirren"?
Der spät- und postsowjetische Systemwandel 1985-2000 im Spiegel russischer gesellschaftspolitischer Diskurse
Mit einem Vorwort von Margareta Mommsen
ISBN 978-3-8382-0161-0

103 *Ulrike Ziemer*
Ethnic Belonging, Gender and Cultural Practices
Youth Identitites in Contemporary Russia
With a foreword by Anoop Nayak
ISBN 978-3-8382-0152-8

104 *Ksenia Chepikova*
‚Einiges Russland' - eine zweite KPdSU?
Aspekte der Identitätskonstruktion einer postsowjetischen „Partei der Macht"
Mit einem Vorwort von Torsten Oppelland
ISBN 978-3-8382-0311-9

105 *Леонид Люкс*
Западничество или евразийство? Демократия или идеократия?
Сборник статей об исторических дилеммах России
С предисловием Владимира Кантора
ISBN 978-3-8382-0211-2

106 *Anna Dost*
Das russische Verfassungsrecht auf dem Weg zum Föderalismus und zurück
Zum Konflikt von Rechtsnormen und -wirklichkeit in der Russländischen Föderation von 1991 bis 2009
Mit einem Vorwort von Alexander Blankenagel
ISBN 978-3-8382-0292-1

107 *Philipp Herzog*
Sozialistische Völkerfreundschaft, nationaler Widerstand oder harmloser Zeitvertreib?
Zur politischen Funktion der Volkskunst im sowjetischen Estland
Mit einem Vorwort von Andreas Kappeler
ISBN 978-3-8382-0216-7

108 *Marlène Laruelle (ed.)*
Russian Nationalism, Foreign Policy, and Identity Debates in Putin's Russia
New Ideological Patterns after the Orange Revolution
ISBN 978-3-8382-0325-6

109 *Michail Logvinov*
Russlands Kampf gegen den internationalen Terrorismus
Eine kritische Bestandsaufnahme des Bekämpfungsansatzes
Mit einem Geleitwort von Hans-Henning Schröder und einem Vorwort von Eckhard Jesse
ISBN 978-3-8382-0329-4

110 *John B. Dunlop*
The Moscow Bombings of September 1999
Examinations of Russian Terrorist Attacks at the Onset of Vladimir Putin's Rule
Second, Revised and Expanded Edition
ISBN 978-3-8382-0388-1

111 *Андрей А. Ковалёв*
Свидетельство из-за кулис российской политики I
Можно ли делать добро из зла? (Воспоминания и размышления о последних советских и первых послесоветских годах)
With a foreword by Peter Reddaway
ISBN 978-3-8382-0302-7

112 *Андрей А. Ковалёв*
Свидетельство из-за кулис российской политики II
Угроза для себя и окружающих (Наблюдения и предостережения относительно происходящего после 2000 г.)
ISBN 978-3-8382-0303-4

113 *Bernd Kappenberg*
Zeichen setzen für Europa
Der Gebrauch europäischer lateinischer Sonderzeichen in der deutschen Öffentlichkeit
Mit einem Vorwort von Peter Schlobinski
ISBN 978-3-89821-749-1

114 *Ivo Mijnssen*
The Quest for an Ideal Youth in Putin's Russia I
Back to Our Future! History, Modernity, and Patriotism according to *Nashi*, 2005-2013
With a foreword by Jeronim Perović
Second, Revised and Expanded Edition
ISBN 978-3-8382-0368-3

115 *Jussi Lassila*
The Quest for an Ideal Youth in Putin's Russia II
The Search for Distinctive Conformism in the Political Communication of *Nashi*, 2005-2009
With a foreword by Kirill Postoutenko
Second, Revised and Expanded Edition
ISBN 978-3-8382-0415-4

116 *Valerio Trabandt*
Neue Nachbarn, gute Nachbarschaft?
Die EU als internationaler Akteur am Beispiel ihrer Demokratieförderung in Belarus und der Ukraine 2004-2009
Mit einem Vorwort von Jutta Joachim
ISBN 978-3-8382-0437-6

117 *Fabian Pfeiffer*
Estlands Außen- und Sicherheitspolitik I
Der estnische Atlantizismus nach der wiedererlangten Unabhängigkeit 1991-2004
Mit einem Vorwort von Helmut Hubel
ISBN 978-3-8382-0127-6

118 *Jana Podßuweit*
Estlands Außen- und Sicherheitspolitik II
Handlungsoptionen eines Kleinstaates im Rahmen seiner EU-Mitgliedschaft (2004-2008)
Mit einem Vorwort von Helmut Hubel
ISBN 978-3-8382-0440-6

119 *Karin Pointner*
Estlands Außen- und Sicherheitspolitik III
Eine gedächtnispolitische Analyse estnischer Entwicklungskooperation 2006-2010
Mit einem Vorwort von Karin Liebhart
ISBN 978-3-8382-0435-2

120 *Ruslana Vovk*
Die Offenheit der ukrainischen Verfassung für das Völkerrecht und die europäische Integration
Mit einem Vorwort von Alexander Blankenagel
ISBN 978-3-8382-0481-9

121 *Mykhaylo Banakh*
Die Relevanz der Zivilgesellschaft bei den postkommunistischen Transformationsprozessen in mittel- und osteuropäischen Ländern
Das Beispiel der spät- und postsowjetischen Ukraine 1986-2009
Mit einem Vorwort von Gerhard Simon
ISBN 978-3-8382-0499-4

122 *Michael Moser*
Language Policy and the Discourse on Languages in Ukraine under President Viktor Yanukovych (25 February 2010–28 October 2012)
ISBN 978-3-8382-0497-0 (Paperback edition)
ISBN 978-3-8382-0507-6 (Hardcover edition)

123 *Nicole Krome*
Russischer Netzwerkkapitalismus
Restrukturierungsprozesse in der Russischen Föderation am Beispiel des Luftfahrtunternehmens "Aviastar"
Mit einem Vorwort von Petra Stykow
ISBN 978-3-8382-0534-2

124 *David R. Marples*
'Our Glorious Past'
Lukashenka's Belarus and the Great Patriotic War
ISBN 978-3-8382-0574-8 (Paperback edition)
ISBN 978-3-8382-0675-2 (Hardcover edition)

125 *Ulf Walther*
Russlands "neuer Adel"
Die Macht des Geheimdienstes von Gorbatschow bis Putin
Mit einem Vorwort von Hans-Georg Wieck
ISBN 978-3-8382-0584-7

126 *Simon Geissbühler (Hrsg.)*
Kiew – Revolution 3.0
Der Euromaidan 2013/14 und die Zukunftsperspektiven der Ukraine
ISBN 978-3-8382-0581-6 (Paperback edition)
ISBN 978-3-8382-0681-3 (Hardcover edition)

***ibidem*-Verlag**

Melchiorstr. 15

D-70439 Stuttgart

info@ibidem-verlag.de

www.ibidem-verlag.de
www.ibidem.eu
www.edition-noema.de
www.autorenbetreuung.de

Zeitfracht Medien GmbH
Ferdinand-Jühlke-Straße 7
99095 Erfurt, Deutschland
produktsicherheit@kolibri360.de